"十四五"时期国家重点出版物出版专项规划项目

转型时代的中国财经战略论丛

碳限额与交易政策规制下的企业低碳制造与定价策略

Firms' Low-carbon Manufacturing
and Pricing Strategies under the Regulation of
Cap-and-Trade Policies

马常松 著

中国财经出版传媒集团

经济科学出版社
Economic Science Press

图书在版编目（CIP）数据

碳限额与交易政策规制下的企业低碳制造与定价策略／
马常松著 . -- 北京 ：经济科学出版社，2024. 7.
（转型时代的中国财经战略论丛）. -- ISBN 978 - 7 - 5218
- 6030 - 6

Ⅰ. F426. 4

中国国家版本馆 CIP 数据核字第 2024WH3255 号

责任编辑：刘战兵
责任校对：王京宁
责任印制：范　艳

碳限额与交易政策规制下的企业低碳制造与定价策略
马常松　著
经济科学出版社出版、发行　新华书店经销
社址：北京市海淀区阜成路甲 28 号　邮编：100142
总编部电话：010 - 88191217　发行部电话：010 - 88191522
网址：www. esp. com. cn
电子邮箱：esp@ esp. com. cn
天猫网店：经济科学出版社旗舰店
网址：http：// jjkxcbs. tmall. com
北京季蜂印刷有限公司印装
710 × 1000　16 开　11. 25 印张　181000 字
2024 年 7 月第 1 版　2024 年 7 月第 1 次印刷
ISBN 978 - 7 - 5218 - 6030 - 6　定价：46. 00 元
（图书出现印装问题，本社负责调换。电话：010 - 88191545）
（版权所有　侵权必究　打击盗版　举报热线：010 - 88191661
QQ：2242791300　营销中心电话：010 - 88191537
电子邮箱：dbts@ esp. com. cn）

前　言

　　近年来，随着全球持续变暖趋势的加剧，日益严重的气候问题已经威胁到了人类的生存与发展，联合国政府间气候变化委员会（IPCC）第五次评估报告指出，近 130 多年（1880~2012 年），全球地表平均温度上升了约 0.85℃，1901~2010 年，全球海平面上升了 0.19 米，1971 年以来，全球冰川平均每年减少 2260 亿吨，高温、热浪以及强降水频率增加。导致这一切问题的原因除了自然因素影响以外，还与二氧化碳（CO_2）、甲烷（CH_4）等温室气体排放增加引起的温室效应密切相关。因此，为了在全球范围内减少二氧化碳等温室气体的排放，遏制温室效应，国际社会召开了一系列以减少温室气体排放为主题的会议。尤其是在 1997 年，联合国气候变化框架公约第三届缔约国会议上通过的《京都议定书》第一次提出"碳排放交易"是实现减缓气候变化国际合作的重要机制。自此，实施碳减排政策以应对人类生存环境的恶化成为世界各国的共识。

　　制造企业作为社会经济发展的重要组成部分，其在制造、加工、仓储、运输等过程中不可避免地会产生二氧化碳，因此在生产运作领域存在诸多减少二氧化碳排放的机会。在绿色低碳呼声不断提高的情况下，以碳交易政策为代表的政府碳减排政策陆续出台，减少二氧化碳排放已经成为制造企业必须面对的新课题。制造企业的生产环境在此背景下发生了显著变化。一方面，继续采用传统的高投入、高消耗、高污染的生产方式将面临巨大的环境成本压力；另一方面，面对政府的碳减排政策，制造企业应该如何调整自己的生产运作行为，如何平衡自身的经济效益与碳减排需求，如何开展有效的生产与定价决策，如何进行碳减排技术的投入，成为制造企业决策者必须思考的问题。现有的研究多从碳交易机制如何建立等宏观层面出发，而对于如何将政府的碳减排政策作为一种约束引入制造企业的生产与定价决策，经典的生产与定价优化理论又如何适应碳交易机制对制造企业的要求，相关研究还比较少。本书立足微观视角，以制造企业的生产和定价决策为研究内容，研究在碳交易政策规制下，面临随机需求，制造企业的生产和定价决策问题。

首先，本书研究了一个面临随机市场的单一产品制造企业，在排放交易政策规制下的生产决策问题。研究表明，在碳限额与交易政策下：（1）制造企业的最优生产量低于无限额下的最优生产量。（2）制造企业可以通过购买或出售碳配额提升企业期望利润。因此，制造企业的期望利润是否高于无限额下的期望利润主要取决于政府的初始碳配额量，这说明了碳限额与交易机制的有效性。（3）制造企业进行绿色技术投入后的最优生产量与无绿色技术投入的最优产量之间的大小关系主要取决于制造企业的绿色技术投入水平。制造企业进行绿色技术的投入能够在一定程度上提升制造企业的期望利润水平。

其次，本书研究了一个面临随机市场的单一产品制造企业，在碳限额与交易政策下的定价决策问题。研究表明，在碳限额与交易政策下：（1）制造企业的最优定价水平不低于无限额下的最优定价水平。（2）制造企业的期望利润是否高于无限额下的期望利润主要取决于政府的初始碳配额量。（3）制造企业进行绿色技术投入后的最优定价水平与无绿色技术投入的最优定价水平之间的高低关系主要取决于制造企业的绿色技术投入水平。制造企业进行绿色技术投入能够在一定程度上提高制造企业的期望利润水平。

再次，本书研究一个面临随机需求的两产品（绿色产品和普通产品）制造企业，在碳限额与交易政策下的生产决策，分别考虑了无替代情形和向下替代情形两种情况。研究表明：（1）无替代情形：制造企业的最优生产量不会大于在无限额下的最优生产量。制造企业的期望利润是否高于无限额下的期望利润主要取决于政府的初始碳配额量。制造企业进行绿色技术投入后的最优生产量与无绿色技术投入的最优产量之间的大小关系主要取决于制造企业的绿色技术投入水平。绿色技术的投入能够在一定程度上提高制造企业的期望利润水平。（2）考虑向下替代情形：制造企业的最优生产量不会大于在无限额下的最优生产量。制造企业的期望利润是否高于无限额下的期望利润主要取决于政府的初始碳配额。制造企业进行绿色技术投入可以在一定程度上减弱向下替代的作用，普通产品生产量不小于原普通产品最优生产量。相反，绿色产品生产量不大于原绿色产品的最优生产量。当制造企业进行绿色技术投入后所取得的利润高于向下替代作用减弱后的利润差值与节约的碳排放权交易成本时，绿色技术的投入能够在一定程度上提高制造企业的期望利润水平。

最后，本书主要研究一个面临随机需求的两产品（绿色产品和普通产品）制造企业，在碳限额与交易政策下的定价决策，分别考虑了无替代情形和向下替代情形两种情况。研究表明：（1）无替代情形：制造企业的最优定价水平不低于在无限额下的最优定价水平。制造企业的期望利润是否高于无限额下的期望利润主要取决于政府的初始碳配额量。制造企业进行绿色技术投入后的最优定价水平与无绿色技术投入的最优定价水平之间的高低关系主要取决于制造企业的绿色技术投入水平。绿色技术的投入能够在一定程度上提高制造企业的期望利润水平。（2）考虑向下替代情形：制造企业的最优定价水平不低于在无限额下的最优定价水平。制造企业的期望利润是否高于无限额下的期望利润主要取决于政府的初始碳配额量。制造企业进行绿色技术投入可以在一定程度上减弱向下替代的作用，绿色产品的最优定价水平不低于原绿色产品的最优定价水平。相反，普通产品的最优定价水平不高于原普通产品的最优定价水平。当制造企业进行绿色技术投入后所取得的利润高于向下替代作用减弱后的利润差值与节约的碳排放权交易成本时，绿色技术的投入能够在一定程度上增加制造企业的期望利润水平。

本书根据模型分析及优化结论，还得到了一些重要的管理学启示。本书的研究结论可以为制造企业在碳排放交易政策规制下的低碳运营决策提供一些有益的思路，也可以为政府的碳排放政策制定提供一定的参考。

本书的出版得到下列基金、项目的资助，在此表示感谢：教育部人文社会科学研究规划基金（项目号：21XJA630004）、四川省科技支撑计划（项目号：2023JDR0194）、四川省社科规划重点研究基地重大项目（项目号：SC21EZD016）、重庆市社会科学规划重点项目（项目号：2024NDZD07）、四川省社会科学重点研究基地四川县域经济发展研究中心重点项目（项目号：XY2020002）、绵阳师范学院高层次人才科研启动项目（项目号：QD2020A10）。

目　录

第1章 绪 论

1.1 研究背景和问题提出

近年来，随着气候变暖趋势的加剧，全球极端天气频发，环境灾害已经对人类的生产生活产生了严重的影响，环境问题已经引起了人们的普遍关注。联合国政府间气候变化专门委员会 [The Intergovernmental Panel on Climate Change，IPCC，IPCC 由世界气象组织（WMO）和联合国环境规划署（UNEP）于 1988 年建立] 分别于 1990 年、1995 年、2001 年、2007 年、2014 年、2023 年连续发布了 6 份评估报告。

IPCC 在 1990 年发布的第一次评估报告《气候变化 1990》指出：全球平均地表气温在过去的 100 年中上升了 0.3 ~ 0.6℃，全球平均最暖的 5 个年份均出现在 20 世纪 80 年代，并且全球海平面升高了 0.1 ~ 0.2 米（IPCC，1990）。

IPCC 在 1995 年发布的第二次评估报告《气候变化 1995》指出：全球平均地表温度从 19 世纪末以来的 100 年间上升了 0.45℃，全球海平面高度上升了 0.10 ~ 0.25 米。并且由于全球冰川的融化，平均海平面在 1990 ~ 2100 年很可能上升 0.5 米（IPCC，1995）。

IPCC 在 2001 年发布的第三次评估报告《气候变化 2001》指出：全球平均地表温度自 1861 年以来一直在升高，其中 20 世纪期间提高了 0.6℃左右，比 1995 年 IPCC 第二次气候评价报告《气候变化 1995》发布的数据高了 0.15℃。全球雪盖和冰川面积自 20 世纪 60 年代末以来很可能已减少了 10% 左右，20 世纪全球平均海平面上升了 0.1 ~ 0.2 米（IPCC，2001）。

IPCC 在 2007 年发布的第四次评估报告《气候变化2007》指出：全球平均地表的温度在 1906～2005 年的 100 年中增加了 0.74℃，这一数据高于 IPCC 第三次评估报告《气候变化2001》中的 0.6℃。在 1995～2006 年的 12 年中有 11 年位列 1850 年以来最暖的年份。全球平均海平面上升的平均速度，自 1961 年以来为每年 0.18 厘米，自 1993 年以来为每年 0.31 厘米（IPCC，2007）。

IPCC 在 2014 年发布的第五次评估报告《气候变化2014》指出：近 130 多年（1880～2012 年），全球地表平均温度上升了约 0.85℃，1983～2012 年可能是过去 1400 年来最热的 30 年。1901～2010 年，全球平均海平面上升了 0.19 米，1971 年来，全球冰川平均每年减少 2260 亿吨（IPCC，2014）。

IPCC 在 2023 年发布的最新的第六次评估报告《气候变化2023》指出：人类活动产生的温室气体排放是导致全球变暖的重要原因。2011～2020 年，全球地表温度比 1850～1900 年升高了 1.1℃。由于人为因素导致的全球气候变化已经使诸多地区出现极端天气和气候事件，对人类社会造成了广泛的不利影响以及相关的损失与损害，并改变了世界的陆地、淡水和海洋生态系统。在未来 20 年内全球变暖可能达到或超过 1.5℃，能否将温度升高限制在这一水平并防止最严重的气候影响取决于未来 10 年采取的行动。只有加大力度减少碳排放量，全球气温上升才能控制在 1.5℃以内，才能防止出现最恶劣的气候影响。报告还指出，在高排放的情况下，到 2100 年全球温升可能高达 5.7℃，这将带来灾难性的后果。

从 IPCC 发布的系列气候变化报告可以看到，全球气候变暖的趋势在不断加剧和恶化。IPCC 系列气候变化报告在分析全球气候变暖趋势的同时，对全球气候变暖产生的影响和引起全球气候变暖的原因也进行了分析。IPCC 在 IPCC 第六次评估报告——《气候变化2023》中指出，全球气候变暖将对全球的水资源、生态系统、人体健康和农业等产生影响。具体表现为：导致全球水文系统发生改变，影响水量和水质，水循环得到加强但形式更加多变；生态系统中某些物种数量、习性、迁徙模式等改变，甚至导致部分物种灭绝；某些区域与炎热有关的疾病增加，死亡率增高；全球自然灾害加剧，粮食减产，贫穷化扩大，全球海平面抬升导致部分海岸被淹没；全球极端气候事件发生概率增加，气候变化更加剧烈。对于引起全球气候变暖的原因，IPCC 指出，人类活动导致了二氧化碳、甲烷等温室气体排放增加，进一步引起温室效应增强，从而导致气候变暖。IPCC 进一步研究发现，有 95% 以上的把握可以确信，20 世纪 50 年代以来一半以上的全球气候变暖均是由人类活动导致的，其中影响最大的是化石燃料的使用（IPCC，2023）。

国内外众多学者关于气候变化对于人类社会的影响方面的研究也印证了 IPCC 的研究结论。佩罗特（Perrott，1997）、黄（Huang，2001）、菲特（Fitter，2002）、庄等（Zhuang et al.，2011）研究了全球气候变暖对陆地动植物生理和生态等方面的影响；阿尔沃德（Alward，1999）、格里姆（Grime，2000）、布什（Bush，2004）、肖（Shaw，2002）、庄等（Zhuang et al.，2011）、朴世龙等（Piao et al.，2020）研究了全球气候变暖对草原、森林等生态系统的影响；乔利（Jolly，1997）、约翰逊（Johnson，1999）、曾（Zeng，1999）、赫伯特（Herbert，2001）、卢希特（Lucht，2002）、肖等（Xiao et al.，2019）研究了气候变暖对非洲东部山区、大洋洲、西非荒漠草原、美国加州、北半球高纬度地区等特定区域植被的影响。上述学者的研究表明，全球气候变暖已经对地球上的生物，以及海洋、陆地、森林、草原等生态系统产生了严重的影响。而古尔登（Goulden，1996）、韦丁（Wedin，1996）、布拉斯韦尔（Braswell，1997）、沃克（Walker，1999）、克里门（Kremen，2000）、施梅尔（Schimel，2000）、舒尔兹（Schulze，2000）、梅利罗（Melillo，2002）、周涛（2003）、陈广生等（Chen et al.，2007）、施梅尔等（Schimel et al.，2015）通过对陆地生态系统中的碳循环问题进行研究，证明了由于陆地生态系统对二氧化碳的吸收在所有生态系统中占有的比重较大，而陆地生态系统受到人类活动影响和破坏的程度最严重，所以全球气候变暖的重要诱因之一就是人类活动对陆地生态系统的破坏。可以说在气候自然变化的同时，人类的生产、生活等活动改变了大气的化学成分，从而导致今天的气候变化。反过来，这种变化对人类社会的发展和进步又产生了阻碍作用，甚至影响到了人类的生存（郑新奇等，2005）。

如何降低二氧化碳等温室气体的排放，遏制全球气候的进一步恶化，在国际社会已经引起了高度关注。国际社会也已经展开了一系列以碳减排为主题的行动。《联合国气候变化框架公约》（UNFCCC）于

1992 年 5 月在纽约联合国总部通过，1994 年 3 月正式生效，这是全球第一个以应对气候变化，控制碳排放量为目标的正式的国际公约。1997 年 12 月，在碳减排史上具有里程碑意义的《联合国气候变化框架公约的京都议定书》（又称《京都议定书》）在日本京都签署，并于 2005 年 2 月生效。《京都议定书》的生效代表着国际条约对以二氧化碳为代表的温室气体排放的约束达到了一个新的高度（Boyd et al.，2009）。《京都议定书》在国际范围内具有普遍的法律效力，它从国家层面出发，第一次针对发达国家设定了排放限额，引入"碳交易"概念，并提出"碳交易"是实现减缓气候变化国际合作的重要机制（Tietenberg，1990）。《京都议定书》提出的"碳交易"机制以通过管制和市场的双重手段达到有效减排为目的，其法律约束力使得温室气体排放权成为一种具有流通性的稀缺资源，从而在世界范围内催生了以二氧化碳为主的碳排放交易市场。而建立碳排放交易市场的目的，是通过引入市场机制影响制造企业的决策行为，从而发挥制造企业节能减排的主动性。2001 年 11 月，《联合国气候变化框架公约》第七届缔约国会议在摩洛哥马拉喀什通过了一系列称为"马拉喀什协定"的文件，以落实《京都议定书》。这些文件约定了清洁发展、联合履行和排放交易三种减排机制，以允许国与国之间进行碳减排单位的转让或获得。2008 年 12 月，联合国气候变化大会在波兰波兹南同意在 2009 年 2 月中旬提出至 2020 年各国国内的减量计划与措施。2009 年 12 月，联合国气候变化大会在丹麦哥本哈根通过了《哥本哈根议定书》，以代替 2012 年到期的《京都议定书》，提出根据各国 GDP 的多少确定减少二氧化碳的排放量。2012 年 11 月，联合国气候变化大会在卡塔尔多哈推动的"巴厘岛路线图"谈判取得实质成果，敦促发达国家承担大幅度减排目标。

2014 年 12 月，在秘鲁首都利马召开的联合国气候变化大会推动了气候谈判多边进程，各国政府、国际投资方以及金融机构共同就投资发展中国家的低碳项目做出承诺并筹集资金。2015 年 12 月，在法国巴黎召开的联合国气候变化大会上，通过了史上第一份全球减排协定《巴黎协定》，标志着全球应对气候变化迈出历史性的重要一步，与《京都议定书》一致，至少 55 个参与国签署且排放占比超过全球的 55%，《巴黎协定》才能让协定生效。《巴黎协定》的长期目标是将全球平均气温较前工业化时期上升幅度控制在 2℃以内，并努力将温度上升幅度限制在 1.5℃以内。《巴黎协定》的发布，意味着在《联合国气候变化框架公约》的基础上，确立了一个相对松散、灵活的应对气候变化国际体系。2016 年 10 月，经过了近一年的签署过程，《巴黎协定》正式通过并生效。2018 年 12 月，各缔约方在波兰气候大会上就实际执行《巴黎协定》的操作细节达成一致，即俗称的《巴黎协定》规则手册，并于 2021 年 11 月在英国格拉斯哥的联合国气候变化大会上最终完成了《巴黎协定》实施细则。《巴黎协定》是以国家自主贡献的形式推进的，各国每五年提交的国家气候行动计划，体现了各国在减排和适应气候变化方面的承诺。这些贡献旨在实现协定的目标，包括减少温室气体排放和建立气候复原力。2023 年的"全球盘点"评估了这些贡献的进展，鼓励各国采取更积极的气候行动，以控制全球气温上升幅度在 1.5℃以下。为了实现《巴黎协定》的目标，IPCC 提出了"净零"这一要求，意味着将温室气体排放量尽可能减少到接近零，并确保任何剩余排放能够被重新吸收，如被海洋和森林重新吸收。越来越多的国家、城市、企业和其他机构已经承诺实现净零排放。超过 70 个国家，包括中国、美国和欧盟在内的污染物排放量较大的国家和地区，都制定了净零目标，覆盖了全球排放量的约 76%。然而，目前的国家气候计划将导致到 2030 年全球温室气体排放量比 2010 年水平大幅增加近 11%。要实现净零，所有政府，尤其是排放大国，需要大幅加强其国家自主贡献，并立即采取大胆的减排步骤（Jian et al.，2019）。然而，发展中国家面临着资金缺乏、技术落后等问题，为了保证可持续发展的公正目标，《联合国气候变化框架公约》提出了新的倡议，即"全球气候融资"。自 2009 年以来，全球气候谈判商定每年筹集 1000 亿美元，用于发展中国家采取气候行动，包括适应气候变化和减少排放。然而，这一目标尚未实现，资金分配不公平。经济合作与发展组织的数据显示，2020 年发达国家提供了 833 亿美元，其中仅有 8% 的资金流向低收入国家，约 1/4 的资金流向了非洲。联合国环境规划署秘书长呼吁将用于适应气候变化的资金增加 1 倍，并以不造成额外限制的方式公平分配。联合国环境规划署估计，为了应对气候变化，到 2030 年，各国每年可能需要花费 3000 亿美元，到 2050 年可能需要花费 5000 亿美元。此外，碳市场被认为能够降低各国减排成本，同时帮助发展中国家增加对清洁创新的投资并加速减排。然而，碳市场的建立一直面临两大问题，即如何避免碳减排双重核算以及如何确保减排力度的净增长，而非排放问题的地区转移。为此，《巴黎协定》的第六条提出了一个新的方法，这也被视为目前建立国际碳市场的最新多边共识。该条的第二款、第三款设定了合作方法，要求缔约方建立区域性碳交易核算机制和规则框架，将国际转让的减缓成果作为统一的最基本交易单位，实现碳市场的全球性互联互通。该条的第四款至第七款则要求建立可持续发展机制，由缔约方联合建立一个全新的、以联合国为中心的全球碳排放权交易体系，并由各缔约方组成的监督机构进行管理。在技术方面，这一可持续发展机制本质上延续了《京都议定书》的清洁发展机制，继承了《京都议定书》下的碳排放权交易机制的核心理念，包括基准线法和额外性原则等。这些举措旨在促进全球碳市场的发展，推动跨国合作，实现全球气候治理的共同目标。这一方案的推行可以帮助解决温室气体排放困难或成本高昂的国家所面临的挑战，允许它们从减排量已经超过承诺减排量的国家购买减排信用额度。同时，在巴黎气候大会上，关于碳定价的倡议得到了多个国家的积极响应，组成了碳定价领导联盟，帮助整理全球公立和私营组织对碳定价政策的支持。

为落实上述协议，世界各国政府都针对国情制定了相应的碳排放规制政策。目前，最为常见的碳排放政策主要包括碳税（carbon emissions tax）、碳限额（mandatory carbon emissions capacity）和碳限额与交易（cap-and-trade）（Jin et al.，2014）。碳税是按照碳排放量对排碳企业征收的一定比例的税收。比如，芬兰作为在欧洲率先实行碳税制度的国家，其碳税政策的制定与实施都取得了较为成功的效果。1990 年，芬兰开始对所有矿物材料征收税率为 1.62 美元/吨碳的统一碳税。到 1993 年，芬兰开始对柴油与汽油实行差异税率。1995 年，芬兰开始实行混合税，并且每年根据经济发展的需要对碳税进行调整，比如 2003 年为 26.15 美元/吨，2008 年则调整为 30 美元/吨（赵玉焕，2011；周剑等，2008）。2011 年，澳大利亚参议院通过了以碳税立法为核心内容的《清洁能源法》。澳大利亚碳税的实施对象主要是包括力拓、必和必拓等 500 家澳大利亚最大的碳排放企业，其涵盖的主要领域为矿产、石油、电力和钢铁等领域（陈晖，2012）。碳限额政策和碳限额与交易政策都是政府制定碳减排上限。这两个政策的相同点在于：碳限额政策和碳限额与交易政策都是由政府针对不同的碳排放企业分配不同的初始碳排放权配额（Ma et al.，2020）。这两个政策的不同点在于：碳限额政策与碳税政策一样是一种控制命令性手段，需要政府采取强制措施来保障实施，但当初始碳排放权不足或过剩时，企业无法通过外部碳交易市场进行碳排放权的交易；而碳限额与交易政策则允许企业在初始碳排放权不足或过剩时到碳交易市场进行碳排放权的买卖以满足生产需求，提高收益（Keohane，2009）。最早实施碳限额以及碳限额与交易的欧洲碳排放交易体系（EU ETS），目前已成为世界最大的碳排放交易市场（Bohringer，2014）。

可以看到，国际社会已经意识到，只有提出切实可行的战略并付诸实施，才有可能避免因人为原因引起的气候变暖，减少极端气候变化给人类社会带来的重大灾难，实现人类社会的可持续发展。严峻的气候变化问题及随之而来的碳减排压力也引起了作为全球最大二氧化碳排放国之一的中国的高度重视。据统计，2012 年中国 GDP 占全世界的 10%，但是能耗占 20%，碳排放占 25%，而且碳排放的增量占全世界的 45%（梅德文，2013）。中国于 1992 年签署了《联合国气候变化框架公约》，是该公约最早的 10 个缔约方之一，并于 1998 年签署了《京都议定书》。在 2014 年 12 月秘鲁利马举行的《联合国气候变化框架公约》第 20 轮缔约方会议上，中国承诺 2016 ~ 2020 年中国将把每年的二氧化碳排放量控制在 100 亿吨以下，并承诺中国的二氧化碳排放量在 2030 年左右达到峰值 150 亿吨[1]。2010 年中央经济工作会议明确提出，应对全球气候变暖的主要手段是转变人类生产和生活方式，实现低碳经济和低碳生活，并将碳排放作为低碳经济发展的重要约束性指标纳入"十二五"发展规划（章升东等，2005）。党的十八届三中全会明确提出了建设"生态文明"的理念，要求"建设生态文明，必须建立系统完整的生态文明制度体系……用制度保护生态环境"[2]。深圳作为全国碳排放交易试点七个省市之一，于 2013 年 6 月正式开展碳排放权交易，成为全国第一个开业的碳排放权交易所。随后上海、北京、广东、天津、湖北、重庆六个碳交易市场也相继开市。在已经启动的七个试点碳

---

① 外媒称：中国设定 2016 至 2020 年碳排放上限 每年能碳排放量达百亿吨［R/OL］. 碳交易网，http://www.tanjiaojyi.com/article – 5556 – 1.html.

② 中共中央关于全面深化改革若干重大问题的决定［R/OL］. 中华人民共和国中央人民政府网，https：//www.gov.cn/jrzg/2013 – 11/15/content_2528179.htm.

交易市场都已建立了登记注册系统和交易平台，制定了主要行业企业温室气体排放核算和报告指南、第三方核查指南、交易规则等配套细则，基本完成了中国碳交易市场从无到有的建设任务。中国已经成为除欧盟之外利用碳排放交易管控温室气体排放的第二大市场（WRI，2013）。通过建立健全绿色低碳循环发展经济体系，持续推动产业结构和能源结构调整，在2017年底，中国正式启动了全国碳排放权交易，2021年7月16日，全国碳排放权交易市场开市。与此同时，中国一直在积极应对气候变化，落实推动《巴黎协定》的达成，2016年10月，中国正式加入《巴黎协定》。中国政府长期以来高度重视气候变化应对，将绿色低碳发展纳入生态文明建设重要议程，视之为加速经济发展方式转变和结构调整的重要契机。自2017年以来，中国在减缓气候变化、适应气候变化、改革体制机制、强化能力建设、促进地方行动以及提升公众意识等方面取得了显著进展，提前采用了《巴黎协定》中的目标。截至2022年底，中国单位GDP二氧化碳排放比2005年降低了51%，非化石能源占一次能源的比重从7.4%提高到17.5%[①]，森林蓄积量达到194.93亿立方米[②]。习近平总书记强调，"实现碳达峰、碳中和是一场广泛而深刻的经济社会系统性变革，要把碳达峰、碳中和纳入生态文明建设整体布局，拿出抓铁有痕的劲头，如期实现二〇三〇年前碳达峰、二〇六〇年前碳中和的目标"[③]。围绕着"双碳"目标，中国通过碳市场的总量设定，控制碳排放总体走势，通过碳减排释放价格信号，为企业提供经济激励机制。要认识到推行"双碳"工作是顺应技术进步趋势、推动经济结构转型升级的迫切需要，节能降碳有助于扩大有效投资、振作工业经济。习近平总书记指出："减排不是减生产力，也不是不排放，而是要走生态优先、绿色低碳发展道路。"[④] 中国是在工业化、城镇化仍在快速发展的情况下开启降碳进程的，因此，在推进"双碳"工作过程中，必须时刻注意产业链、供应链的安全，注意保证制造企业

---

① 刘振民. 在能源基金会COP28展馆开幕式上致辞 [R/OL]. 碳中和发展研究院网，https://ricn.sjtu.edu.cn/Web/Show/1008.

② "十四五"期间我国规划完成造林种草等国土绿化5亿亩 [R/OL]. 中华人民共和国中央人民政府网，https://www.gov.cn/xinwen/2022-09/09/content_5709213.htm.

③ 习近平. 论坚持人与自然和谐共生 [M]. 北京：中央文献出版社，2022：254-255.

④ 中共中央宣传部，中华人民共和国生态环境部. 习近平生态文明思想学习纲要 [M]. 北京：学习出版社，人民出版社，2022：59.

的正常有序发展。既要立足当下，也要放眼长远，处理好长远目标和短期目标的关系，也要处理好政府与市场的关系。

从理论研究角度看，制造企业生产与定价决策问题一直是理论界的研究热点，从确定性需求的经济订货批量模型（EOQ），到考虑随机性需求的报童模型；从单周期到多周期；从单供应源到多供应源；从一个制造商到供应链。精益生产、即时制（JIT）、零库存等经典理论在实际挑战中应运而生，理论研究不断深入与完善，取得了丰富的研究成果（Ma et al.，2021；C. Ma et al.，2017）。但传统研究中，制造企业的决策目标大多是在总成本最小或总收益最大的前提下满足顾客的多样化需求，较少考虑制造企业在生产活动中的碳排放问题（Herbert et al.，2001）。然而，随着政府碳排放政策的不断出台和限制性措施不断严格，未来如何有效限制碳排放，在政府碳排放政策的约束下展开生产活动，已经成为制造企业必须解决的问题和学术界研究的热点，特别是对于电力、能源、化工等传统的排放依赖型制造企业（Ma et al.，2015）。因为，一方面，从决策目标来看，碳排放政策的实施给制造企业运营管理带来了新的挑战，使制造企业的管理决策更加复杂。不考虑碳排放政策时，制造企业的决策目标一般为利润最大化或成本最小化，而碳排放政策下，制造企业除考虑利润最大化的目标外，还需要考虑减少制造企业碳排放的目标。从决策变量来看，制造企业必须在传统的生产、订货、定价等决策下考虑碳减排投资、碳排放权交易等决策变量（Ma et al.，2022）。从决策环境看，不考虑碳排放政策时一般有产能或资金约束，但考虑碳排放政策后，还应该考虑碳排放约束，以及随之而来的环境成本增加和更高的材料、能源和服务成本。另一方面，随着消费者环保意识的逐渐增强，购买低碳产品日益成为趋势。研究表明，消费者愿意购买带有低碳标志的产品，并愿意为此支付高于原有价格的价格（Echeverría et al.，2014）。因此，越来越多的制造企业意识到，依靠技术创新尽可能地提高能源利用率，才能增加制造企业利润（He et al.，2018）。所以，面对碳减排政策，制造企业如何在实现可持续发展和社会责任的同时找到新的利润增长点，已成为制造企业运营的关键及其发展优先考虑的问题，同时也成为国内外的研究热点。

综上所述，随着全球能源消耗不断增多，碳排放所导致的全球气候变化已给人类社会与经济发展带来了显著的不利影响。制造企业在其生

9

产、加工等过程中不可避免地会产生二氧化碳，作为二氧化碳排放的重要主体，在生产活动过程中存在诸多减排的机会。因此，面对国际社会、政府对节能减排的高要求和新挑战，面对日益高涨的低碳环保呼声，减少二氧化碳排放成为制造企业必须面对的新课题。制造企业必须研究自身生产环境的显著变化：一方面，继续采用传统的高投入、高消耗、高污染的生产方式将面临巨大的环境成本压力；另一方面，面对碳排放交易等碳减排政策，制造企业应该如何调整自己的生产运作行为，如何平衡自身的经济效益与碳减排需求，如何开展有效的生产与定价决策，如何进行碳减排技术的投入，成为制造企业的决策者必须思考的问题。

1.2　研究思路和研究内容

1.2.1　研究思路

本书采用理论研究的方法，结合实际问题，采用生产与定价的理论和工具，针对制造企业在碳限额与交易政策下的生产与定价问题进行建模。本书首先通过文献阅读法，收集、整理和分析与碳限额与交易政策有关的国内外研究成果，奠定本书的理论基础。其次，通过引入报童模型，分别考虑无绿色技术投入与有绿色技术投入，以及无替代和向下替代等情形，构建制造企业在碳限额与交易政策规制下的生产与定价模型。最后，本书总结了研究的结论，指出了研究的不足，以及未来的研究方向。

1.2.2　研究内容

本书立足微观视角，以制造企业的生产和定价决策为研究内容。从结构上看，本书分为 7 章。

第 1 章介绍了研究的背景、研究的思路、研究的内容，以及主要的创新点。

10

第 2 章为文献综述。

第 3 章主要研究一个面临随机市场的单一产品制造企业在碳限额与交易政策下的生产决策问题。首先研究制造企业面临随机需求时在碳限额政策下的生产决策；其次研究制造企业面临随机需求时在碳限额与交易政策下的生产决策；最后考虑制造企业可以通过绿色技术投入来减少碳排放量的情形，研究制造企业面临随机需求时在碳限额与交易政策下有绿色技术投入的生产决策。

第 4 章主要研究一个面临随机市场的单一产品制造企业在碳限额与交易政策下的定价决策问题。首先研究制造企业面临随机需求时在碳限额政策下的定价决策；其次研究制造企业面临随机需求时在碳限额与交易政策下的定价决策；最后考虑制造企业可以通过绿色技术投入来减少碳排放量的情形，研究制造企业面临随机需求时在碳限额与交易政策下有绿色技术投入的定价决策。

第 5 章主要研究一个面临随机需求的两产品（绿色产品和普通产品）制造企业在碳限额与交易政策下的生产决策。首先在无替代情形下，分三种情况研究制造企业面临随机需求，在碳限额政策下、在碳限额与交易政策下、在碳限额与交易政策下考虑绿色技术投入的两产品生产决策。其次在向下替代情形下，分三种情况研究制造企业面临随机需求，在碳限额政策下、在碳限额与交易政策下、在碳限额与交易政策下考虑绿色技术投入的两产品生产决策。

第 6 章主要研究一个面临随机需求的两产品（绿色产品和普通产品）制造企业在碳限额与交易政策下的定价决策。首先在无替代情形下，分三种情况研究制造企业面临随机需求，在碳限额政策下、在碳限额与交易政策下、在碳限额与交易政策下考虑绿色技术投入的两产品定价决策。其次在向下替代情形下，分三种情况研究制造企业面临随机需求，在碳限额政策下、在碳限额与交易政策下、在碳限额与交易政策下考虑绿色技术投入的两产品定价决策。

第 7 章为结论与展望。

本书的研究框架如图 1 – 1 所示。

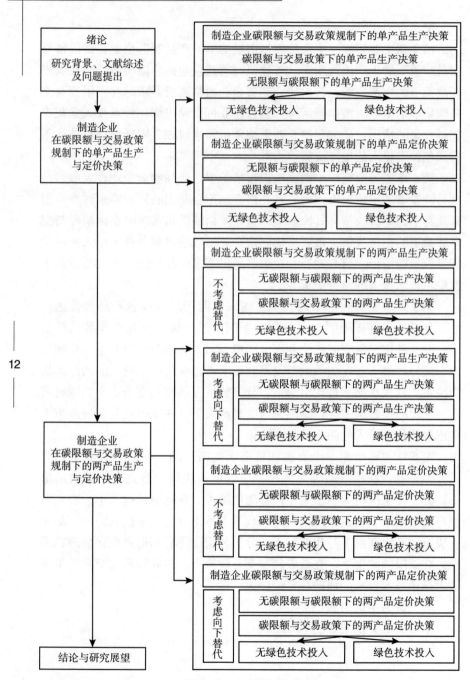

图1-1 本书的研究框架

1.3 研 究 意 义

近年来，随着能源消耗的不断增多，碳排放导致的全球气候变化已给人类社会与经济发展带来了显著的不利影响，实施碳减排政策以应对人类生存环境的恶化已经成为世界各国的共识。制造企业作为二氧化碳排放的重要主体，面对政府的碳减排政策，如何调整自己的生产运作行为以平衡自身的经济效益与碳减排需求，成为制造企业和政府的决策者必须思考的问题。本书在碳限额与交易政策规制下，对制造企业的生产和定价决策进行研究，不论在学术方面还是在实践方面都具有较大的研究意义。

（1）传统研究有诸多不足，存在局限性。本书在前人研究的基础上，从微观层面，立足随机需求，研究在碳限额与交易政策规制下的制造企业生产与定价决策，丰富了碳限额与交易政策的研究视角和内容，并将替代和绿色技术投入纳入研究中，让问题更符合实际情况。

（2）本书的理论研究成果将可以在制造企业实践中推广和应用。将研究成果用于制造企业管理决策，将理论与实践有机结合，将指导碳限额与交易政策规制下制造企业的经营实践，引导制造企业顺应节能减排的趋势。

（3）今后政府对碳排放的规制必定会越来越严，而且随着公众环保意识的增强，消费者对绿色低碳产品的需求也会越来越大，绿色低碳产品的生产是制造企业生产的必然方向。所以，为了赢得竞争优势，考虑绿色技术投入等低碳化生产决策是制造企业未来的必然选择。因此，深入研究碳限额与交易政策规制下考虑绿色技术投入的制造企业生产与定价决策问题，将为制造企业带来新的利润增长点。

1.4 本书的创新点

本书以制造企业的生产决策和定价决策为研究内容，研究在碳限额与交易政策规制下，面临随机需求，制造企业的生产决策和定价决策问题。在具体研究过程中，又分别考虑了无绿色技术投入和有绿色技术投入、无替代和向下替代等情形。本书的主要创新点体现在以下三个方面：

一是立足随机需求，研究在碳限额与交易政策规制下的制造企业生产与定价。随着产品开发速度的日益加快和消费者购买习惯的日益多变，制造企业面临的需求变得越来越不确定。而通过文献研究发现，现有研究碳排放政策约束下企业运作的文献，多以确定性需求为研究背景。然而在现实情况下，一方面制造企业面临碳减排的压力不断增大，另一方面制造企业面临的需求越来越难以确定，因此，研究随机需求下考虑碳排放政策约束的制造企业生产运作问题就显得尤为重要。本书针对现有研究的不足，综合考虑了随机需求下考虑碳限额与交易政策规制下的制造企业生产与定价问题，使本书的研究更符合实际情况，研究结果不仅拓展了生产与定价理论工具的适用领域，而且可以用于指导制造企业生产与定价实践。因此，本书的研究具有较为重要的理论价值和现实意义。

二是在碳限额与交易政策规制下，研究了考虑替代的制造企业生产与定价。随着人们的环保意识逐渐增强，购买绿色产品成为趋势。因此，越来越多的制造企业开始生产绿色产品以实现更低的碳排放。因此，在市场上就出现了绿色产品和普通产品并存的现象。绿色产品和普通产品相比，其生产成本更高，价格更高，但是在其生产和消费的过程中，碳排放量比普通产品低。制造企业将其作为碳排放节约的重要手段，而消费者则是为了其低碳的消费观念而购买绿色产品。两类产品基本功能相同，而绿色产品能给消费者带来额外的效用，如心理安全效用、社会责任感效用等，因此二者具有较强的替代关系。现有关于替代产品的理论研究很多，而在碳限额与交易政策规制下，研究当绿色产品对普通产品产生向下替代作用时制造企业生产与定价决策的还不多。本书在碳限额与交易政策规制背景下，研究了制造企业在向下替代情形下的生产与定价策略，具有一定的创新性。

三是在碳限额与交易政策规制下，研究了考虑绿色技术投入的制造企业生产与定价。由于全球碳减排的压力和碳交易机制的建立，制造企业面临的外部环境压力已经凸显，这对制造企业的生产、库存管理以及定价决策带来了新的挑战。所以，在碳交易政策约束下，绿色技术投入已成为制造企业生产运作必须考虑的要素，越来越多的制造企业意识到依靠技术创新、新能源开发、产业转型等多种手段，能够提高能源利用率，从而带来新的利润增长点。但是现有的理论研究多是从投资角度对绿色技术投入进行研究，而研究绿色技术投入对制造企业生产决策和定价决策的影响，将绿色技术投入纳入制造企业的生产决策尤其是定价决策的研究较少。因此，本书研究了制造企业面临随机需求，在碳限额与交易政策规制下，将绿色技术纳入制造企业的生产决策和定价决策中，并分析了绿色技术投入对制造企业生产决策与定价决策的影响。研究结论能有效指导制造企业绿色技术投入实践。

第2章 文献综述

近年来，随着能源消耗的不断增多，碳排放导致的全球气候变化已给人类社会与经济发展带来了显著的不利影响，发展低碳经济，实施碳减排政策，以应对人类生存环境的恶化，已经成为世界各国的共识，也成为理论研究者关注的重点。以下从三个方面对国内外相关研究进行综述。

2.1 低碳经济的内涵与碳排放交易机制的由来

2.1.1 低碳经济的内涵

低碳经济的概念来自1992年6月由150多个国家和地区签署的《联合国气候变化框架公约》。该公约第一次提出在世界范围内全面控制二氧化碳等温室气体排放。

在世界范围内第一次提出"低碳经济"概念的是英国政府。2003年，英国政府发布了政府白皮书——《我们未来的能源：创建低碳经济》。在这本书中，英国政府提出，"低碳经济就是用更少的资源消耗、更少的环境污染，换取更多的经济产出，并为创造更高的生活标准、更好的生活质量、更新的商机、更多的就业机会提供更多的途径和更广泛的机遇"（DTI，2003）。

英国著名的环境专家保罗·鲁宾斯（Robbins，2008）认为，低碳经济是一种全新的经济模式，它代表着全新的市场和全新的商业机会。低碳经济的核心是在市场机制的基础上，运用市场经济手段，通过制度创新，推动新技术手段的开发和应用，实现经济发展朝着高效能、低能耗和低碳排放的新模式转变。

我国较早研究低碳经济的学者庄贵阳（2005，2007）认为，低碳经济的实质是如何提高能源的运用效率，改变清洁能源的结构问题。而要解决这两个问题，实现经济发展的低碳化，只有依靠能源技术和制度创新，使经济增长与温室气体排放脱钩，最终切断经济增长与温室气体排放之间的联系。

付允等（2008）认为，低碳经济是运用低碳经济理论实现对传统经济发展模式进行改造升级的新经济模式，这种经济模式以低碳发展为目标，以节能减排为主要方式，这种经济发展模式对减少温室气体排放、应对全球气候变暖来说，是最有效的方式。

鲍健强等（2008）认为，低碳经济并不仅仅是为了减少二氧化碳等温室气体的排放，低碳经济的实质是升级改造以化石燃料为代表的工业文明到以低碳排放和高能源利用的生态文明，低碳经济将是一种全新的经济发展方式、全新的能源消费方式和全新的人类生活方式。

王家庭（2010）认为，低碳经济既有"低碳"又有"经济"，它是实现人类社会可持续发展的一种新经济模式。"低碳"意味着在社会经济发展的过程中必须逐步减少甚至停止对化石燃料的使用，实现能源利用和经济发展方式的转型和升级。"经济"代表着这样一种发展理念并不排斥经济的发展，而是要保持甚至提升经济发展的可持续性。

沈满洪等（2011）认为，低碳经济的主要特征是减少以二氧化碳为主的温室气体排放。在社会经济的生产和消费方式上要进行碳减排，从而实现经济低碳化的目标，并通过低碳技术的应用及低碳产品的普及为企业带来新的利润增长点，为消费者带来高的效用，从而实现低碳经济化的目标。

夏良杰（2013）认为，对于低碳经济的认识可以总结为两种观点：一种是将低碳经济的外延进行拓展，认为低碳经济就是循环经济，就是绿色经济；一种是将低碳经济的外延进行限定，认为将低碳经济其实就是低碳能源。

张琦等（2015）认为，低碳经济的概念从经济学出发是想要达到每单位二氧化碳排放生产出更多 GDP 的产品，研究的重点在于二氧化碳排放量与 GDP 之间的关系。

仲云云（2021）认为，低碳经济是一种以"低能耗、低排放、低污染"为前提的经济发展模式。低碳经济是通过提高能源利用效率和创建清洁能源结构而发展进步的，其核心是技术创新、制度创新以及观念创新。

张雨等（2023）结合前人研究的观点，认为低碳经济本质上是实现经济增长、减少环境破坏的双赢目标。为了达成这一目标，经济发展要重视环境污染与能源来源问题。

总体来说，低碳经济影响到了社会经济发展的方方面面，既涉及人们的生活和消费方式，也涉及企业的生产及决策方式。在这个过程中，消费者会越来越倾向消费更多的低碳环保产品与服务，企业则要在市场机制框架下尽量加强研发，采用新技术新设备，调整自己的生产运营策略，实现企业社会责任与经济效益的平衡发展。

2.1.2　碳排放权交易机制的由来

国际碳排放交易理论起源于排污权交易理论，碳排放权是排污权在碳排放领域的具体运用和扩展，属于新兴研究领域（王陟昀，2011）。排放权交易最早是在 1968 年由戴尔斯（J. H. Dales）在他的著作《污染、财富和价格》（*Pollution, Property, and Prices*）中提出的。戴尔斯认为，政府（管理者）可以将污染作为一种产权赋予排放企业，并且规定这种权利可以转让，通过市场交易的形式提高环境资源的使用效率（Dales，1968；聂力，2013）。戴尔斯的研究结论成为开展排放（污）权交易实践运作的理论依据。

蒙哥马利（Montgomery，1972）则通过他的研究为戴尔斯的理论进一步奠定了基础。他认为排放权交易和传统的排放收费是两种完全不同的系统，而从效果上来看排放权交易会优于排放收费，原因在于，排放收费是一种基于指令的系统，而排放权交易则是基于市场的系统，排放权交易可以通过市场机制的调节使总协调成本最低，会节约大量的协调成本。

蒂滕伯格（Tietenberg，1992）则在其著作《排放权交易：污染控制政策的改革》中对排放权交易思想进行了较为全面系统的论述。在书中他提出了非均匀混合污染物的概念及其排放权交易方式。他对这种非均匀混合污染物的排放权交易方式设计为：持有同样的排放许可证可以允许排放不同数量的污染物，排放数量的依据则是污染源与环境控制接收器位置的远近。

在排放权交易的实践中，美国联邦环保局在 20 世纪 70 年代开始将排放权交易用于大气和水污染源的管理，在 20 世纪 90 年代开始用于二氧化硫（SO_2）的控制，均取得了社会效益和经济效益的双丰收。据美国总会计师事务所估计，美国的二氧化硫排放量在得到明显控制的同时，其治理污染的费用节约了 20 亿美元左右（曹明德，2004，2010）。目前，美国已建立起一整套较为完善的排污权交易体系，取得了较为明显的环境效益和经济效益，在国际环境立法上产生了重要影响，为很多国家环境立法提供了经验借鉴。

1997 年 12 月制定、2005 年 2 月生效的《京都议定书》是人类努力保护地球环境以及实现可持续发展的里程碑，它标志着各国政府第一次考虑接受具有法律约束力的限控或减排温室气体的义务（何大义等，2011；刘伟平等，2004）。《京都议定书》提出了"联合履行""排放权贸易""清洁发展"三种二氧化碳减排机制（Oberthür et al.，1999）。通过这三种机制，二氧化碳排放权成为一种有价资源并得以在外部碳交易市场中进行交易，从而实现既减少碳排放又减少行政干预的双重效果（杨鉴，2013）。

近年来，随着国际社会和各国政府日益将关注的焦点集中于全球气候变暖以及随之而来的二氧化碳等温室气体问题，碳排放权交易越来越为公众熟知。目前，以二氧化碳、二氧化硫为代表的污染物排放权已成为一种重要的金融衍生品。在美国、欧洲、亚洲已有多个碳排放权交易平台和定价中心。碳排放权交易不仅成为到目前为止应用最为广泛的控制二氧化碳排放的方式，也成为国际缓解气候变化的政策支柱。

2.2　碳减排政策的相关研究

目前，实施碳减排的政策工具从适用范围角度可以分为国际和国家两个层面；从管制角度可以分为行政管制和政策工具两种方法，其中行政管制是站在政府角度考虑问题，政策工具则从市场角度考虑问题

（Hertwich et al.，2009）。

国际层面实施碳减排的政策主要包括联合履行、清洁发展、碳排放权贸易、国际碳排放税、国际资金投入和投资、清洁技术转移等。国家层面实施碳减排的政策工具主要包括碳排放权交易、碳排放税、政府补贴、政府直接投入和投资等（马娜，2013）。

站在政府角度实施碳减排的政策主要有碳限额政策，从市场角度实施碳减排的政策主要有碳税政策和碳限额与交易政策（马常松等，2015）。其中，碳限额政策通过行政命令或强制标准，可以在较短的时间内达到碳减排目标，缺点是社会成本较高，社会资源配置效率低，经济主体缺乏持续减排动力（马常松等，2015）。碳税政策和碳限额与交易政策主要是通过市场机制影响商品的供需、价格等要素，调动经济主体进行碳减排的积极性，达到刺激经济主体主动减排的目标。这两个政策的区别是，碳税以价格控制为特征，碳排放与交易以数量控制为特征（朱慧赟，2013）。

2.2.1　碳税

碳税又被称为二氧化碳排放税，主要是通过对碳排放主体在生产和消费过程中产生的二氧化碳排放进行征税。其主要目的是通过征税减少化石燃料的消耗和二氧化碳的排放，以达到减缓全球气候变暖的目的（尹希果和霍婷，2010）。

碳税政策的基本思想来自英国经济学家庇古（Pigou）提出的"庇古税"，他认为排放污染物造成了私人成本和社会成本的差距，应根据排污所造成的严重程度对排污者征税来弥补此差距，通过将排污成本纳入产品成本实现外部成本内部化。

在碳减排政策工具中，许多经济学家认为碳税是最经济有效的工具之一。霍尔（Hoel，1993）指出，碳税非常有利于对现有国家间气候协议进行改进，通过建立多边的国际性碳税协议，可以使国与国之间对碳排放空间进行有效配置，从而对现有的国际气候协议形成有效补充与完善。古尔德（Goulder，1995）研究了碳税对整体经济的影响，以及碳税和其他税种的相互影响，结果表明，如果要达到降低社会福利成本的效果，应该减少碳税的税种，降低碳税的税率。李伟等（2008）认为，碳税被众多西方发达国家青睐的主要原因就是因为碳税具有来源稳定、收入可观、易于操作、主要针对消费环节等优点。而且碳税在很多国家被认为是进行税制改革、促进经济活力的理想税收杠杆。樊纲（2010）认为，碳税对于任何一个国家基本都可以起到减少温室气体排放的作用，碳税通过调节价格，激励经济体进行节能减排，有利于社会经济向着清洁生产的方向进步。张晓盈等（2011）认为，碳税在短期内可能会影响相关产品的价格，在一定程度上抑制消费需求，抑制经济增长。但从长期角度来看，碳税将会促进相关替代产品的开发，有利于经济结构的调整和健康发展。董会娟等（Dong et al.，2017）将碳税定义为一种基于激励的控制二氧化碳排放的政策工具，通过增加成本来减少化石燃料的使用。弗里姆斯塔德等（Fremstad et al.，2019）认为，碳税是减少温室气体的有效途径，尽管可能给穷人带来过重负担，但可以通过红利将其返还个人，来帮助减轻负担。

但是也有不少学者对碳税政策的作用提出质疑。魏涛远和格罗姆斯洛德（2002）研究了碳税对我国经济和碳排放量的影响，发现碳税政策虽然能有效降低碳排放量，但会对我国经济产生严重的不利影响。帕里（Parry，2003）研究了碳税和碳交易政策对劳动力市场效率的影响，发现碳税和碳交易这两种政策都会提高产品价格，降低家庭报酬，对劳动力市场效率存在消极影响。布里奥（Bureau，2011）研究了对法国高收入和低收入群体实施差异化碳税政策的影响，发现碳税政策的实施对收入较低消费者的影响比收入较高消费者的影响要大。徐逢桂（2012）研究了征收碳税对中国台湾各行业的影响，研究结果表明征收碳税对农业的影响最大，可使行业 GDP 的增速减少 1.04%。农等（Nong，2021）认为，关于碳税，包含与不包含非二氧化碳排放带来的影响很大，与发达国家相比，发展中国家 GDP 收缩幅度更大。

总之，碳税政策已经被很多国家接受。自 20 世纪 90 年代芬兰率先开始征收碳税以来，瑞典、荷兰、丹麦、挪威、英国等许多国家已经陆续开始实施碳税政策。

2.2.2　碳限额

碳限额政策是一种行政命令或强制标准，属于政策性工具。政府对相关行业或企业制定碳排放上限，相关行业或企业的碳排放量不得超过政府制定的上限，否则将受到严重处罚，而且这种处罚对于相关行业和企业一般来说是无法承受的。它的优点在于可以在非常短的时间内达到碳减排目标，但它的缺点也非常明显，即社会协调成本较高。这一政策在实际的碳减排政策实践中应用较少，通常作为与其他碳减排政策对比研究时使用。

2.2.3　碳限额与交易

碳限额政策对相关企业来说是一种"硬约束"，企业只能通过调整产量或采用新技术减少二氧化碳排放来满足碳排放约束。碳限额与交易政策（cap and trade）则允许企业在外部碳交易市场自由买卖碳排放权，使碳排放约束成为"软约束"，使企业碳减排的手段在调整产量、采用新技术的基础上增加了碳排放权交易这种新方式（何华等，2016）。碳限额与交易是由政府制定出相关行业的总碳排放量，并通过拍卖等方式将碳排放权分配给碳排放企业，碳排放企业可以在外部碳交易市场上自由买卖碳配额（Baldwin，2008）。碳限额与交易政策为制造企业提供了一种灵活的市场机制，使之成为一种直接管制和经济激励相结合的减排手段，受到众多专家和学者推崇（Burtraw et al.，2005）。

现有文献有很多研究了二氧化碳排放权分配过程的公平、公正及效率问题。阿布里切特（Albrecht，2001）通过仿真手段研究了如何在不同的生产商之间分配碳排放权，以及不同的碳排放配额分配方法对二氧化碳减排的影响，结果表明，通过排放权交易，汽车生产商能有效降低二氧化碳排放。帕里（Parry，2004）采用"过去实绩值"的原则对电力行业碳排放权的分配问题进行了研究，发现采用这样的碳排放权分配方式对减少电力行业的二氧化碳排放起到了反作用，而且这种碳交易政策会加重低收入家庭的负担。斯马尔等（Smale et al.，2006）研究了五类寡头垄断市场，分析了碳排放交易对制造企业利润、碳排放量以及制造企业产出等指标的影响。波德（Bode，2006）和皮泽尔等（Pizer et al.，2006）分别以电力行业为例，研究了碳税和碳限额与交易政策对碳减排效果的影响，以及碳排放权分配的策略问题。萨伯等（Szabó et al.，2006）、伦德（Lund，2007）、伯纳西纳等（Bonacina et al.，2007）、德迈利等（Demailly et al.，2008）和佩罗尼等（Perroni et al.，1993）分别研究了碳交易政策对水泥行业、能源密集型制造、电力、钢铁和能源密集型产品贸易的影响。艾尔迪等（Aldy et al.，2010）研究发现，碳限额与交易政策都能有效控制制造企业的碳排放量，尤其考虑到不确定性因素时，碳限额与交易政策的效果比其他低碳政策的效果好。哈恩等（Hahn et al.，2011）研究发现，碳限额与交易政策是控制碳排放相对有效的策略。相比其他政府规制政策，碳限额与交易政策不仅能在不显著增加成本的情况下有效减少制造企业碳排放，而且在政策可行性、公平性和制造企业参与度方面具有明显优势。魏东和岳杰（2010）基于交易费用理论研究了碳排放权交易的效率问题，研究结果表明只有提高碳排放权交易效率才能保障外部碳交易市场的有效运行，并可以通过降低碳排放交易费用和碳排放权私有化实现。除此以外，约翰逊等（Johnson et al.，2004）、斯特兰伦德（Stranlund，2007）、帕克索依（Paksoy，2010）；拉姆丁等（Ramudhin et al.，2010）、马长松等（Ma et al.，2010）均分析了碳限额与交易政策对不同行业的影响。

　　还有很多研究从经济体间的碳排放权双边交易规则、各经济体在既定规则下如何展开博弈、制定单边政策等方面展开：蒙哥马利（Montgomery，1972）通过比较分析发现，所有的环境规制政策中，碳限额与交易政策的成本最低。基于市场竞争理论，碳排放权是稀缺资源，外部碳交易市场是完全竞争的，碳排放权的初始分配和最终的使用相互独立，促使碳排放权在市场中自由交易，从总体来看，能有效减少成本。罗斯等（Rose et al.，1993）研究了在实施碳限额与交易政策过程中的碳排放权分配问题，结果表明，如果采用无偿分配方式分配碳排放权，垄断企业在碳排放权交易过程中可能会获取暴利，造成效益损失，降低制造企业的生产能力。艾尔金斯等（Elkins et al.，2001）和斯特姆（Stern，2007）分别对碳税政策、碳限额与交易政策的实现原理和竞争进行了研究，结果表明，碳限额与交易政策对制造企业能够产生持续的激励。克拉姆顿等（Cramton et al.，2002）比较研究了碳排放权公开拍卖机制和祖父制，发现公开拍卖机制为碳排放许可的分配提供了更多的灵活性，有利于制造企业通过技术创新来降低产品的碳排放量，因此，公开拍卖机制比祖父制更加可行和有效。波马尔等（Boemare et al.，2002）研究了欧洲碳排放权交易的历史数据、碳排放权的分配方法，以及碳排放权拍卖机制的履行情况，发现了欧洲主要国家在碳排放权分配、交易与管理方面存在的问题。魁克等（Kuikr et al.，2004）在其研究中设计实施了两种碳限额与交易政策来分配碳排放权，并比较了两种政策的差异和混合使用的效果。瑞丹兹等（Rehdanz et al.，2005）研究发现，为了实现自身利润最大化，出口国将降低碳减排目标，而更多出售多余的碳排放权获利。斯特恩（Stern，2007）从宏观层面分析了碳排放权的初始分配方式问题，认为碳排放权分配方式主要有免费分配、公开拍卖和标价出售三种方式。穆瑞等（Murray et al.，2009）分析了碳税和碳限额与交易政策对社会福利效果的影响，结果表明，在碳排放权可以存储和外借的情况下，从社会福利的效果来看，碳限额与交易政策高于碳税政策。李等（Lee et al.，2011）用博弈论方法分析了参与碳排放贸易的主要国家的利润，他们的研究表明，《京都议定书》既不符合公平的原则，也不符合效率的原则。罗坡莫等（Lopomo et al.，2011）、贝茨等（Betz et al.，2010）、格尔等（Goeree et al.，2010）针对目前初始的免费分配、有偿分配、免费和拍卖混合机制等碳排放权分配的主要方式进行了研究，结果均表明，免费的初始分配方式没有拍卖的方式好。泽特伯格等（Zetterberg et al.，2012）通过研究发现，拍卖会使在体系内的制造企业在面临体系外部制造企业竞争时处于不利地位，因此建议在政策执行初期，应采用免费分配的方式。萨布拉马尼安等（Subramanian et al.，2007）、迪亚巴特等（Diabat et al.，2010）、沙明等（Shammin et al.，2009）、阿恩等（Ahn et al.，2010）、何等（He et al.，2016）、孙等（Sun et al.，2021）的研究也均认为碳限额与交易政策是控制碳排放相对有效的策略。

关于我国碳排放权交易的研究表明，我国国内的碳排放权交易的主要类型是基于项目的碳排放权交易（于天飞，2007）。刘伟平等（2004）研究了碳排放权交易对我国林业产业的影响。程会强等（2009）研究了我国碳排放权交易存在的主要问题，认为我国的碳排放权交易市场虽然已经初步建成，但还存在政府监督执行力度不够、碳排放权初始分配制度缺失、碳排放权交易定价不合理等问题。何建坤等（2009）通过对国内外碳排放权分配的诸多方法进行了研究，提出了我国实现碳减排目标的对策。曾鸣和何深（2010）构建了一种碳排放交易拍卖模型，并将该模型应用于电力制造企业的碳排放交易，并比较了在进行碳排放权交易时，采用严格竞标和策略竞标两种拍卖模式的优劣势。许广永等（2010）认为，我国要形成碳排放定价机制，需要在行政管理、经济管理、体制改革和技术管理四个方面展开工作，行政管理方面需要建立碳配额和监督机制，经济管理方面需要制定合理的碳税政策，体制方面需要建立碳排放权的自由交易市场，技术管理方面需要建立碳测量系统。关丽娟等（2012）收集了上海市试点进行碳排放权交易的真实数据，基于影子价格模型，分析了碳排放权交易的初始分配以及定价问题，研究表明，针对我国的现状，采用有偿拍卖的碳排放权初始分配更适合我国。赵振智等（2024）认为，企业的碳排放额交易同样会受到企业声誉的影响。牛君等（2023）认为，我国碳排放权的交易主要从法律、会计、经济学以及生态治理四个方面开展研究。

2.3　碳减排政策下的企业运作相关研究

碳减排政策的制定旨在减少二氧化碳等温室气体的排放。随着各国碳减排政策的出台与实施，环境因素对于企业经营管理的影响越来越大。环境因素从最初的无足轻重，到影响重大，企业的原材料采购、生产加工、库存管理、新技术实施、定价、配送等生产经营的各个环节都必须考虑环境因素的影响，环境因素已经成为企业日常管理工作的组成部分（He et al.，2016）。为了成功应对碳减排政策带来的挑战，企业必须充分了解它的机制、理解它的含义，使它成为决策的依据，将碳减排政策的规则融入日常管理中（Brodach，2007）。舒尔茨等（Schultz et al.，2005）从直接影响和潜在影响两个方面研究了气候变化和不同碳减排政策对企业决策的影响。他们认为，碳减排对于大多数企业来说还是一个新问题，企业必须了解气候变化和碳减排政策对自身企业的影响，并将碳排放权摆在和资本、人力、产品与服务同等重要的位置，通过低碳运作、低碳技术应用、低碳产品开发、碳金融等手段发掘新的机会，获取新的竞争优势。总体来说，站在微观的企业运作视角研究碳减排问题，已经引起了国内外众多学者的重视，特别是自 2009 年本亚法尔（Saif Benjaafar）将碳排放约束引入供应链决策以来，越来越多的学者开始关注这一领域（Ma et al.，2014）。

2.3.1 生产与定价决策

1. 生产决策

佩库恩等（Penkuhn et al.，1997）建立了非线性规划模型，研究了碳限额与交易政策下制造商的联合生产计划问题，通过 ASPEN PLUS 系统仿真得到模型结果，并被应用于现实世界中的氨合成装置。

舒尔茨等（Schultz et al.，2005）研究了气候变化以及相关政策对不同企业决策的影响。研究发现，碳排放权和资本、人才、技术一样，已经成为企业获得竞争优势的一部分，但是大多数企业并未制定相关战略，甚至有企业还未考虑碳排放限制问题。企业必须彻底弄清气候变化对自身的影响，并通过碳信用使自身产品具有区别于竞争对手的差异化特点，才能发掘新的机会并获取相对于对手的竞争优势。

多布斯（Dobos，2005）基于动态 Arrow – Karlin 模型，比较了无碳排放权交易和有碳排放权交易下的制造企业最优生产量，并探讨了碳排放交易对制造企业生产决策的影响，研究表明，考虑碳交易时制造企业应增加一个线性的碳排放权买卖成本。

莱特马斯等（Letmathe et al.，2005）采用混合整数规划方法，建立了不同类型的环境约束下的最佳产品组合，研究结果表明，公司应该在约束条件下确定生产额度，随后进行生产。

荣等（Rong et al.，2007）以热电厂为研究对象，建立了碳限额与交易政策下的企业最优生产模型，并采用随机优化方法进行求解并确定了热电厂的最优生产量。

杜少甫等（2009）考虑生产企业可通过政府配额、市场交易和净化处理三种方式获得碳排放权，并据此得到了碳限额与交易下碳排放企业的产量、净化量及净化水平的最优策略组合。

罗西克等（Rosic et al.，2009）将碳排放纳入企业决策，建立了一个考虑碳排放成本约束的单周期对偶模型，以解决传统企业只考虑经济效益而忽略环境影响的问题。

阿斯兰等（Arslan et al.，2010）在传统 EOQ 模型的基础上新增了碳足迹，运用单变量优化模型分析了制造企业在碳限额与交易政策下的最优生产数量。

华等（Hua et al., 2011）以传统的 EOQ 模型为基础，研究了面临确定性需求时，存在碳排放交易机制情形下的企业最优订货问题，并分析了碳交易机制、初始碳配额的多少和碳排放权交易价格对企业最优订货决策和期望利润的影响。

张等（Zhang et al., 2011）以报童模型为基础，建立了存在碳排放交易机制的生产与库存优化决策模型，以解决企业产品面临随机需求时的库存决策问题。

桂云苗等（2011）建立了随机需求和政府配额限制下基于 CVaR 测度的制造企业生产优化决策模型。

何大义等（2011）运用库存理论，建立了碳限额与交易政策下的制造企业生产与库存决策模型，得出了制造企业的最优生产、碳交易和减排策略。

布彻里等（Bouchery et al., 2012）考虑碳排放约束，将传统的经济订货批量模型拓展为多目标决策模型，得到了考虑碳排放约束时制造企业的最优订货批量，并分析了碳排放政策对制造企业最优订货批量的影响。

蔡等（Tsai et al., 2012）将碳税作为制造商的一项生产成本，利用数学规划的方法研究了生产绿色产品的制造商的生产决策问题，得到了不同情形下制造商的最优生产量。

洪等（Hong et al., 2012）研究了绿色制造商的生产模型，在给定碳限额政策的情形下，利用动态规划的方法，求解了单周期制造商的最优生产和碳排放权交易策略，并对碳交易价格的影响进行了分析。

鲁力等（2012）研究了碳排放权交易下垄断制造企业的生产决策问题，从不考虑和考虑碳排放权交易两种情形进行建模和求解，得到了不同情形下的制造企业最优生产量和最大利润。结果表明，碳排放权交易为制造企业创造了新的盈利空间。

宋等（Song et al., 2012）将碳排放约束纳入单周期报童模型中，比较分析了不同碳排放政策对制造企业生产决策的影响，得到了碳限额与交易情形下使利润增加、碳排放减少的最优条件。

雅恩等（Yann et al., 2012）将传统的 EOQ 模型转变为一个多目标规划模型（低碳经济订货批量模型），获得了帕累托最优解，以此显示碳减排政策的有效性。

27

夏良杰等（2013）研究了低碳环境下的政府碳配额分配和制造企业产量与减排研发决策问题。

罗西克等（Rosic et al.，2013）考虑了一个面临双源采购（境内和境外）的零售商，在碳限额与交易政策下研究了其最优订货量和最优订货源选择。

鲁力等（2014）考虑了一个生产普通产品和绿色产品两类产品的垄断制造商，研究其在碳排放权约束下的生产决策。研究表明，有碳排放权约束时，制造商的最优生产量和最大利润低于无碳排放权约束时的最优生产量和最大利润，且制造商的最优生产量是关于碳排放权约束的增函数。

鲁力（2014）在碳限额与交易政策下，比较了不考虑和考虑固定成本两种情形下碳排放权市场交易价格与制造企业绿色产品生产成本的关系。结果表明，碳限额与交易政策在控制碳排放和促进绿色制造业发展方面发挥着积极作用。

吉罗德—卡利尔（Giraud – Carrier，2014）在三种主要的排放政策（限额、限额与交易、排放税）下，模拟了制造企业的运作决策过程，他们指出，在任何规制政策下，产量将不可避免地减少，但是当污染带来的负效应很大时，这些规制政策将使社会整体福利有所提高。

马秋卓（2014b）研究了碳配额交易体系下制造企业低碳产品定价及最优碳排放策略。

陈等（Chen et al.，2016）考虑了一个生产具有替代关系的两产品（普通产品、绿色产品）制造商，研究碳限额政策以及碳限额与交易政策两种情形下的最优生产决策，并讨论了碳排放约束对制造商最优生产量和利润的影响。

舒等（Shu et al.，2018）考虑了碳排放约束和企业社会责任对回收再制造决策的影响，并将社会福利引入模型中进行进一步考虑。结果表明，政府奖惩系数与回收率和碳排放总量成反比。政府应针对不同再制造减排系数的企业制定合理的碳排放上限。此外，企业社会责任对回收率有积极影响。

丁等（Ding et al.，2020）利用博弈论方法讨论了设备回收再制造企业响应碳减排政策的企业战略。研究发现，不同环境下（垄断/竞争），碳减排政策环境收益不同，但总体而言碳减排政策总能增加消费者剩余，法规的建立不会激励企业加大对碳减排的投入。

杨等（Yang et al.，2022）研究了碳减排及碳税政策如何影响企业生产和外包决策。结果表明，当面临更高的当地碳税时，制造商会选择减少内部生产并增加外包数量。当消费者环保意识增强时，排放较少的制造商会选择扩大生产并减少外包。

2. 定价决策研究方面

华等（Hua et al.，2011）研究了碳限额与交易政策下联合考虑零售商订货和定价决策，在得出零售商的最优订货量和最优零售价格的基础上，分析了碳排放交易对零售商最优订货量、最优定价和最大期望利润的影响。

朱跃钊等（2013）介绍了实物期权的内涵、基本类型及其应用价值，在此基础上，研究了实物期权定价模型的选取，并利用 B−S 实物期权定价模型对碳排放权的定价进行了分析。

张（Zhang，2013）基于随机需求下也做了相关的研究，通过报童模型建立了制造企业依赖碳排放权交易机制下的生产与存储的优化决策模型，得到了产品的最优定价决策。

蔡灿明（Choi，2013）基于报童模型分析了在碳限额与交易政策下，产品价格对零售商采购源选择的影响。

侯玉梅等（2013）在假设碳权交易市场管理者是理性的基础上，运用博弈论研究了碳权交易价格对闭环供应链中定价的影响。

赵道致等（2014）在政府实施碳总量管制与交易制度的背景下，研究了消费者低碳偏好程度未知情况下企业低碳产品线的定价问题，得出了低碳产品线每类产品的最佳单位减排量和其零售价格的最佳加价额。

高举红等（2014）针对由单一制造商、单一零售商和单一第三方组成的闭环供应链，利用 Stackelberg 博弈，研究了分散决策下基于补贴、碳税、补贴和碳税的奖惩机制决策的闭环供应链定价策略。基于补贴和碳税的奖惩机制决策更能有效降低闭环供应链碳排放量、提高回收率。

马秋卓等（2014a）基于供应链子网及碳交易子网构建了一个超网络模型，研究了一个由多个供应商、多个制造商和多个市场组成的三级供应链系统中产品的最优定价与产量决策问题。

随后，马秋卓等（2014b）在以配额制为基础的碳交易体系下，研究了单个企业低碳产品最优定价及碳排放策略问题，具体讨论了企业加入碳交易体系时，面对外生给定的碳交易价格以及市场上消费者对产品低碳度的不同偏好，基于政府免费分配的碳排放配额，如何最优地确定其生产周期内的目标碳排放量及其所生产的低碳产品的最优价格，以使自身利润最大化。

马等（Ma et al.，2020）研究了定价时间对盈利能力和稳定性的影响，定价的不同时序模式分为两种博弈结构，即 Stackelberg 定价博弈和同步定价博弈。研究发现，具有时滞特性的 Stackelberg 定价策略更适合系统运行管理，使系统能够更灵活地及时调整供应链系统状态。

程等（Cheng et al.，2022）研究了基于产品价格门槛的汽车购买补贴方案，结果表明，价格门槛补贴方案使制造商根据电动汽车生产成本部署三种不同的定价决策，主动的成本降低会带来显著的经济和环境效益，同时这一策略也会受到消费者关注环境带来的影响，导致更大的成本优势。

2.3.2　生产技术选择

克林格菲尔等（Klingelhfer et al.，2009）研究了存在碳排放交易情形时，企业进行排污处理技术投资，碳排放交易对企业技术投资的影响。研究表明，碳排放权交易的存在对企业进行技术投资会有影响，但这一影响对于企业进行环保投资并不总是正向的激励，有时可能是负向的。

赵等（Zhao et al.，2010）研究了在完全竞争的市场结构中，当存在碳排放交易的情形时，企业如何进行技术选择的问题。

德拉克等（Drake et al.，2010）研究了当存在碳交易和碳税两种政策时，企业如何进行绿色技术选择和能力决策的问题。

克拉斯等（Krass et al.，2013）研究了征收碳税对企业生产技术选择的影响，通过 Stackelberg 博弈模型研究发现，适当的税收可以刺激企业选择绿色技术。

常香云等（2012）结合建筑用钢铁制造/再制造案例，分析不同政策场景下企业制造/再制造生产决策的异同。研究结果表明，碳排放政策会影响企业的制造/再制造决策，其中，如果能设置合理的碳排放限额，碳限额政策可以较好地引导企业选择低碳排放的技术。

托普塔尔等（Toptal et al.，2014）研究了碳限额与交易政策下制造企业采购和绿色技术投资的联合决策，并比较了不同政策对制造企业最优订货量和绿色技术投资决策的影响。

乌斯曼等（Usman et al.，2021）探索了信息通信技术（ICT）对选定的 9 个亚洲经济体二氧化碳排放的影响。这项研究不仅依赖于对称性假设，还测试了 ICT 对二氧化碳排放的不对称影响。结果显示，ICT 显著影响 CO_2 排放的国家数量没有太大变化。然而，几乎一半的国家认可了信息通信技术使用增加和减少的短期影响不对称性，从长期来看，这些不对称影响在一半以上的国家会进一步加强并被观察到。

寇纲等（Kou et al.，2022）为交通投资项目生成了创新碳减排策略，说明了太阳能项目创新策略的因果关系，结果表明，动态性是提高太阳能项目有效性的最重要的因素，应考虑采用柔性结构的太阳能电池板，获取更多电能。

2.3.3 运输模式选择

马萨尼特等（Masanet et al.，2009）将碳足迹引入供应链的各个环节，并对供应链各个环节中的碳排放量进行了测量。研究结果表明，在供应链各个环节中，运输环节的碳排放量所占比重最大。

科利恩等（Corinne et al.，2009）在进一步的研究中发现，如果供应链成员间采用不同运输方式，其对产品碳足迹的影响也将会不同，并且区别较大。

范登阿克尔（van den Akker，2009）研究了不同的碳排放政策对企业运输模式选择的影响，重点分析了对航空、公路、铁路和水路四种运输模式选择的影响，以及在不同碳排放政策影响下企业如何进行相应的路径优化。

金等（Kim et al.，2009）研究了在给定的卡车联合运输网络中碳排放和运输成本的关系。

霍恩等（Hoen et al.，2014）研究了碳减排政策对供应链上的企业运输方式选择的影响，研究结果表明，在不同的条件下调整运输方式，可以有效地降低碳排放。

霍恩等（Hoen et al.，2014）研究了当存在碳排放成本和碳排放限额两种约束时，供应链上的企业如何选择运输模式的问题。研究结果表明，碳排放限额对于降低碳排放更有效。

霍恩等（Hoen et al.，2014）进一步研究了当供应链上的企业将运输外包时，如何进行碳减排的决策，以及如何进行运输方式的选择和定价。

德等（De et al.，2020）研究了闭环供应链（CLSC），重点关注管理、调度和路线问题，以实现经济和环境的可持续性，提出了碳限额、碳税、限额与购买、限额与销售四个模型。

吕等（Lyu et al.，2023）研究了智能交通系统对交通网络节能减排的影响，从交通运输、交通组织与管理、能源升级替代三个方面研究了交通系统的实现路径。

2.3.4　供应链网络设计

拉姆丁等（Ramudhin et al.，2008）将"碳敏感"和"绿色"二者结合设计了新型的数学模型，研究了当存在碳交易时如何进行供应链网络设计。

迪亚巴特等（Diabat et al.，2009）研究了碳减排政策对物流设施选址布局的影响，以及如何进行工厂和配送中心的布局，以满足成本最小和碳排放不超标的决策目标。

卡桑（Cachon，2012）研究了当存在碳减排政策时，碳足迹对供应链运营和供应链空间结构设计的影响。

乔利特等（Cholette et al.，2009）以葡萄酒分销为例研究了供应链结构和碳排放之间的关系，研究表明，不同的供应链结构对碳排放量的多少影响很大。在进行供应链设计时，必须将环境因素纳入考虑因素。

哈里斯等（Harris et al.，2011）以欧洲汽车行业为背景，研究了当存在碳减排政策约束时的供应链设计。研究结果表明，由于基于成本的供应链最优设计与基于碳减排的供应链最优设计二者的目标并不总是一致的，因此在进行供应链设计时必须同时考虑供应链企业的经济效益和环境目标。

拉姆丁等（Ramudhin et al.，2010）研究了不同供应链环境和碳减排政策约束下，供应链企业在总成本和碳排放之间的决策行为，率先提出了在绿色供应链网络设计中必须考虑外部碳市场因素。

桑达拉卡尼等（Sundarakani et al.，2010）将碳足迹纳入供应链网络的设计和运作过程，研究表明，碳排放会对供应链运作构成威胁，因此必须要关注供应链各运作环节的碳排放问题。

萨迪吉（Sadegheih，2011）运用遗传算法等，研究了碳排放交易政策下的物流网络设计问题。

卡桑（Cachon，2011）研究了当存在碳减排政策约束时，供应链中的零售商及其下游网点如何布局的问题。

查贝恩等（Chaabane et al.，2012）研究了碳交易政策下可持续供应链网络的设计问题，通过建立混合整数线性规划模型发现，有效的碳排放管理策略可以帮助企业实现其可持续发展的决策目标。

巴罗努斯等（Boronoos et al.，2021）研究了闭环绿色供应链网络设计问题，开发了一种新颖的多目标混合整数非线性规划模型，已实现同时最小化总成本及最低 CO_2 总排放量，提供了复印机行业的说明性示例来验证所提出的优化模型的适用性。

萨卡尔等（Sarkar et al.，2021）认为提高产品质量和控制碳排放的综合效应对于任何可持续供应链管理都非常重要。该项研究关注单一供应商、单一制造商和多个零售商的三级可持续供应链模型，根据数学运算得出了基于环境条件的最优解。

2.3.5 供应链运营决策

在供应链层面上，研究分析认为，外部碳交易市场的存在会在一定程度上改变供应链的结构（Hugo et al.，2005）。将供应链各环节联系在一起管理碳足迹不仅能降低碳排放，还能为企业创造财务价值（Trust，2006）。

本亚法尔（Benjaafar）是较早研究碳排放约束对企业运营决策影响的学者，他发现在 2009 年之前，在《管理科学》（*Management Science*）、《运筹学》（*Operations Research*）、《制造与服务运营管理》（*Manufacturing and Service Operations Management*）等国际顶级学术期刊

上还没有一篇文献直接同时关注碳排放与生产运营的问题。随后，本亚法尔等（Benjaafar et al.，2012）率先将碳排放因素引入供应链系统，通过研究发现，碳排放因素会对供应链企业的整体运营决策产生影响。

贝尼德托等（Benedetto et al.，2009）提出 LCA 法（生命周期评价法），这种方法强调企业应该关注从原材料采购到废弃物最终回收的全过程，并对过程中产生的碳排放进行跟踪和分析。

张靖江（2010）研究了考虑排放依赖型生产商和排放权供应商所构成的两阶段排放依赖型供应链的决策优化问题，研究结果给出了供应链双方的最优决策和供应链的整体最优决策。

萨布拉马尼安等（Subramanian et al.，2010）运用非线性规划把供应链传统的决策要素与新增的环境要素综合起来，研究了碳排放额度给定，如何在多周期的情况下决策碳排放权的买卖问题，并提出了一个将环境约束纳入供应链管理决策的框架。

李（Lee，2011）以现代汽车公司为例，对碳足迹引入供应链管理进行了案例研究，提出了在碳限额与交易政策下降低碳风险的供应链管理策略。

华等（Hua et al.，2011）基于传统的 EOQ 模型，将碳足迹纳入企业的库存管理决策，研究了碳配额与交易政策下的单产品的补货问题，并分析了碳排放交易、碳配额价格和碳配额对企业订货策略的影响。

瓦哈比等（Wahab et al.，2011）考虑了由一个供应商和一个零售商构成的两级供应链，在碳限额与交易政策下，以成本最小化为目标建立经济订货批量模型，给出了零售商的最优订货策略。

艾瑞卡（Erica，2012）通过对世界上最大制造企业和新兴制造企业的经验进行研究，提出制造企业在供应链减排的约束下是可以盈利的，并指出现有的供应链排放量减少会有额外的盈利机会。

查贝恩（Chaabane，2012）研究了一个有碳排放交易约束的供应链模型，研究表明，碳交易政策可以有效降低污染排放量，并提出了符合成本效益的方式和策略。

贾比尔等（Jaber et al.，2013）考虑了由一个制造商和一个零售商构成的两级供应链，在碳限额与交易政策下研究了由制造商承担碳排放成本的供应链协调机制。

巴多尔等（Badole et al.，2012）在其文献综述中，对碳排放约束下的供应链协调问题的研究进行了展望。

徐丽群（2013）设计了包含碳减排责任划分与成本分摊模块的低碳供应链构建系统框架。研究提出，低碳供应链构建不仅需要供应链成员分摊碳减排成本，而且还需要共同分享供应链碳减排获得的收益。

赵道致等（2014）基于供应商和制造商都考虑减排和碳交易的情形，通过价格与最优减排的线性函数研究了供应链制造企业面对低碳排放政策的减排决策方法。

曾等（Tseng et al.，2014）考虑了碳排放的社会成本，研究了碳限额与交易政策下的可持续供应链的战略决策制定模型。

金等（Jin et al.，2014）研究了碳限额与交易政策等碳排放政策对供应链网络设计和零售商物流运输的影响，数值分析表明，不同碳排放政策对运输成本和减排效果有直接影响。

谢鑫鹏等（2014）基于报童模型研究了由两个产品制造商和上游碳配额供应商所组成的供应链系统的生产和交易决策问题，但其只考虑了碳交易，没有考虑制造企业的碳排放行为。

杜等（Du et al.，2015）在碳限额与交易的情形下，考虑由一个碳排放制造企业和一个碳排放权供应商构成的两级供应链，利用非合作博弈理论设计了实现供应链协调的机制。

于等（Yu et al.，2020）的研究将信息共享机制融入绿色供应链，发现了信息共享的增强效应以及有利于信息共享的条件。零售商与供应商直接合作会减少整个供应链的碳排放。

王等（Wang et al.，2021）开发了微分博弈模型来研究三种情景下两个供应链成员的减排决策：非合作（合作）情景；合作计划情景；双向合作合同情景。结果表明，在双向合作契约情景下，供应链利润和减排水平均最大，渠道成员付出的努力也最大。

2.4　文　献　简　评

通过文献综述，不难发现现有关于碳排放政策的研究主要停留在宏观层面，而在微观层面上研究碳限额与交易政策下的生产定价问题的文献虽然在近年来越来越多，这些研究为本书的研究奠定了一定的理论基础，但是仍存在以下几个方面的问题。

第一，从微观角度，立足随机需求，研究在碳限额与交易政策规制下的制造企业生产与定价问题的文献较少。通过文献综述发现，关于碳限额与交易政策的文献大部分都在研究碳限额与交易政策和居民生活与经济发展的关系、经济体间的排放权双边交易规则、各经济体在既定规则下如何展开博弈及制定单边政策、碳排放权交易和减排政策对国家或行业的经济影响等。在碳排放政策约束下研究企业运作的现有文献也多以确定性需求为研究背景。然而在现实情况中，一方面制造企业面临碳减排的压力不断增大，另一方面制造企业面临的需求越来越难以确定，因此，本书的研究就显得尤为重要。本书针对现有研究的不足，分析了随机需求下，考虑碳限额与交易政策规制下的制造企业生产与定价问题，使得本书的研究更符合实际情况，研究结果不仅拓展了生产与定价理论工具的适用领域，而且可以用于指导制造企业的生产与定价实践。

第二，在碳排放政策下考虑两产品替代的研究较少。随着人们的环保意识逐渐增强，购买绿色产品成为趋势，越来越多的制造企业开始生产绿色产品以实现更低的碳排放。因此，在市场上就出现了绿色产品和普通产品并存的现象。和普通产品相比，绿色产品的生产成本更高，价格也更高，但是在其生产和消费的过程中，碳排放量比普通产品低。制造企业将其作为碳排放节约的重要手段，而消费者则是为了其低碳的消费观念而购买绿色产品。由于两类产品基本功能相同，而绿色产品能给消费者带来额外的效用，如心理安全效用、社会责任感效用等，因此二者具有较强的替代关系。而通过对现有文献的整理发现，大部分关于碳排放政策下的生产与定价研究都只考虑了单产品的情形。忽视企业同时生产普通产品和绿色产品是一种常见和有效的现象，并且在实践中已被广泛应用，如替代作用，既可以提高企业对顾客的服务水平，也可以通过短缺风险的分担效应而增加制造企业期望利润。因此，本书重点对这方面进行了建模分析，探讨了在碳限额与交易政策下两产品最优生产与定价决策。

第三，在碳限额与交易政策下，考虑绿色技术投入的研究较少。随着全球碳排放的限制、限额与交易机制的建立和消费者环保意识的增强，制造企业面临的外部压力已经显现，碳排放因素和满足消费者对绿色产品的需求已成为制造企业生产运作必须考虑的要素，这对制造企业的生产、库存管理以及营销策略带来新的挑战。制造企业越来越清晰地认识到，除政府的碳排放配给外，还可以通过减少产量、生产绿色产品、投资治污技术和购买碳排放权四种方式获得额外碳排放权。但是现有的理论研究多是从投资角度对绿色技术投入进行研究，而研究绿色技术投入对制造企业生产决策和定价决策的影响，将绿色技术投入纳入制造企业的生产决策尤其是定价决策的研究较少。因此，本书基于制造企业面临随机需求，在碳限额与交易政策规制下，将绿色技术纳入制造企业的生产决策和定价决策中，分析绿色技术投入对制造企业生产决策与定价决策的影响，本书的研究结论能有效指导制造企业绿色技术投入实践。

第3章 碳限额与交易政策规制下的制造企业单产品生产决策

本章考虑一个面临随机市场的单一产品制造企业在碳限额与交易政策规制下的生产决策问题，并从以下几个方面展开研究：一是制造企业面临随机需求时在碳限额政策下的生产决策；二是制造企业面临随机需求时在碳限额与交易政策下的生产决策；三是考虑制造企业可以通过绿色技术投入来减少碳排放量的情形，研究制造企业面临随机需求时在碳限额与交易政策下有绿色技术投入的生产决策。

3.1 问题描述与假设

3.1.1 问题描述

在一个垄断市场中，考虑一个生产单一产品的制造企业，它面临的市场需求是随机的，销售期结束时，剩余库存会按照残值进行处理。其决策变量为产品的生产量，决策目标为制造企业的期望利润最大化。在碳限额政策和碳限额与交易政策下，政府规定了一个最大的碳排放量，即碳限额 K，制造企业在生产活动中所产生的碳排放量不能超过政府制定的碳限额，从而实现其减排目标。但制造企业之间可以通过配额交易调剂余缺，即碳排放配额不足的制造企业可以通过外部碳交易市场向拥有多余配额的制造企业购买碳排放权。

本节在以下三种情形下研究单一产品制造企业的生产决策问题：

（1）在碳限额政策下，单一产品制造企业的生产决策。

（2）在碳限额与交易政策下，单一产品制造企业的生产决策。

（3）在碳限额与交易政策下，单一产品制造企业考虑进行绿色技术投入的生产决策。

为了表述方便，模型中符号的含义如表 3－1 所示。

表 3－1　　　　　　　　模型中符号的含义

参数	参数含义
$f(\cdot)$	产品的随机需求概率密度函数
$F(\cdot)$	产品的随机需求的分布函数
c	每单位产品的生产成本
p	每单位产品的零售价格
r	每单位产品的缺货机会成本
v	每单位产品在销售周期末的残值
K	政府规定的最大碳排放量
E	外部碳交易市场的交易量
k	每单位产品的碳排放量
Q^a	碳限额政策下的产品产量
Q^e	碳限额与交易政策下的产品产量
Q^c	碳限额与交易政策下有绿色技术投入时的产品产量
T	绿色技术投入水平
w	每单位碳排放权价格

3.1.2　假设

上述参数必须满足某些条件，才能使建立的模型有实际意义，所以假设：

（1）$p \geqslant c > v > 0$，这个条件说明每个在消费者市场上出售的产品都将会为制造企业带来利润的增长。若有一个产品未售出，那么制造企业将会受到利润上的损失。

（2）$r = p - c$，这个条件说明制造企业面临的缺货机会成本由卖出一个产品所赚取的利润和每单位因缺货而产生的惩罚成本组成。

（3）考虑制造企业可以通过绿色技术投入来减少碳排放量。中外学者在探讨绿色技术投入成本问题时，普遍认为绿色技术投入成本函数应该与实际相符，并且通常假设绿色技术投入成本随着绿色技术投入水平的上升而加速上升。因此，假设绿色技术投入成本为 $C(T)$，它是连续可微的，随绿色技术投入水平 T 的上升而加速上升，如图 3-1 所示。而且在现有技术条件下，企业实现碳零排放的成本为无穷大，即制造企业在现有技术下无法实现碳的零排放。$C'(T) > 0$，$C''(T) > 0$，且满足 $C(0) = 0$，$C(1) = \infty$。

（4）假设制造企业是理性的，会权衡绿色技术所带来的收益与成本。

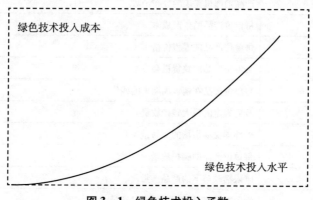

图 3-1　绿色技术投入函数

3.2　无碳减排政策规制

令 x 为产品的随机需求，并且 x 服从需求的概率密度函数为 $f(\cdot)$ 的分布。p、c 和 r 分别为每单位产品的零售价格、产品的生产成本和缺货产品的机会成本。$c - v$ 为超过市场需求的产品所产生的超生产成本，$p + r - c$ 为不满足市场需求时所产生的缺货成本。

若制造企业的生产量为 Q，那么，制造企业在无限额下的期望利润为：

$$\pi^n(Q) = (p - v)\int_0^Q xf(x)\,\mathrm{d}x - (c - v)\int_0^Q Qf(x)\,\mathrm{d}x$$
$$+ (p + r - c)\int_Q^\infty Qf(x)\,\mathrm{d}x - r\int_Q^\infty xf(x)\,\mathrm{d}x \qquad (3.1)$$

对 Q 求导得：

$$\frac{\mathrm{d}\pi^n(Q)}{\mathrm{d}Q} = (v-p-r)F(Q) + p + r - c$$

令$\frac{\mathrm{d}\pi^n(Q)}{\mathrm{d}Q} = 0$，得：

$$\int_0^Q f(x)\,\mathrm{d}x = \frac{p+r-c}{p+r-v}$$

那么：

$$Q^* = F^{-1}\left(\frac{p+r-c}{p+r-v}\right) \tag{3.2}$$

在碳限额政策下，政府规定一个最大碳排放量，即碳限额 K。制造企业在进行生产活动时产生的碳排放量不能超过政府规定的这一强制限额。因此，制造企业在碳限额政策下的期望利润为：

$$\max \pi^a(Q) = \pi^n(Q) \tag{3.3}$$
$$\mathrm{s.t} \quad kQ \leqslant K \tag{3.4}$$

约束条件意味着制造企业在生产活动中的总碳排放量不得超过政府规定的碳限额。通过对制造企业在此情形下的最优生产决策进行讨论，得到了以下命题：

定理 3.1：制造企业在碳限额政策下的最优生产量 $Q^a \leqslant Q^*$。

证明：

令 $\varphi \geqslant 0$，由约束条件可得：

$$kQ - K \leqslant 0 \tag{3.5}$$
$$\varphi(kQ - K) = 0 \tag{3.6}$$
$$(v-p-r)F(Q) + p + r - c - \varphi k = 0 \tag{3.7}$$

当 $\varphi = 0$ 时，由式（3.7）可得$\frac{\mathrm{d}\pi(Q)}{\mathrm{d}Q} = 0$，因此可以得到 $Q^a = Q^*$，$kQ^* \leqslant K$。

当 $\varphi > 0$ 时，由式（3.7）可得：

$$\frac{\mathrm{d}\pi(Q)}{\mathrm{d}Q} = (v-p-r)F(Q) + p + r - c = \varphi k > 0$$

因此，可以得到 $Q^a < Q^*$，$kQ^* > K$。

综上所述，制造企业在碳限额政策下的最优生产量 $Q^a \leqslant Q^*$。

得证。

定理 3.1 表明，由于政府碳限额政策的存在，制造企业在碳限额政策下的最优生产量不高于无限额下的最优生产量。

由于政府规定的初始限额能够对制造企业的生产决策产生影响，因此，可以得到下面的推论：

推论 3.1：制造企业在碳限额政策下的期望利润 $\pi^a(Q^a) \leqslant \pi^n(Q^*)$。

证明：

由定理 3.1 可得：

当 $kQ^* \leqslant K$ 时，那么 $Q^a = Q^*$，由此可以得到 $\pi^a(Q^a) = \pi^n(Q^*)$。

当 $kQ^* > K$ 时，那么 $Q^a < Q^*$，由此可以得到 $\pi^a(Q^a) < \pi^n(Q^*)$。

综上可得，制造企业在碳限额政策下的期望利润 $\pi^a(Q^a) \leqslant \pi^n(Q^*)$。

得证。

推论 3.1 表明，制造企业在碳限额政策下的期望利润不高于在无限额下的期望利润。这可以理解为为了维护良好的环境，制造企业必须满足政府制定的碳排放政策约束，并付出一定的经济代价。

3.3　碳限额与交易政策规制

碳限额政策是政府保护环境质量的控制命令手段，其存在巨大的监督执行成本，尤其是缺乏经济有效性（Barbé，1994，2007）。碳限额与交易政策是一种通过市场调节碳排放的政策手段。在碳限额与交易政策下，政府规定一个最大碳排放量，即碳限额 K，制造企业在进行生产活动时产生的碳排放量不能超过政府规定的强制限额，但碳排放配额不足的制造企业可以向拥有多余配额的制造企业购买碳排放权。

3.3.1　无绿色技术投入

令 E 为制造企业与外部碳交易市场的碳交易量。由此可以得到在碳限额与交易政策下制造企业的期望利润为：

$$\pi^e(Q) = (p - v) \int_0^Q xf(x)\,\mathrm{d}x - (c - v)\int_0^Q Qf(x)\,\mathrm{d}x$$

$$+ (p + r - c)\int_Q^\infty Qf(x)\,\mathrm{d}x - r\int_Q^\infty xf(x)\,\mathrm{d}x - wE \quad (3.8)$$

$$\text{s.t}\quad kQ = K + E \quad (3.9)$$

$kQ = K + E$ 意味着制造企业的总碳排放量必须等于政府的初始碳排放配额与外部碳交易市场碳排放交易数量之和。

当 $E > 0$ 时，意味着制造企业将从外部碳交易市场购买碳排放配额。

当 $E = 0$ 时，意味着制造企业将不会在外部碳交易市场上进行碳排放权交易。

当 $E < 0$ 时，意味着制造企业将在外部碳交易市场上售出使用不完的配额。

令 $\theta(Q) = \dfrac{1}{k}\dfrac{\mathrm{d}\pi(Q)}{Q}$ 为在碳限额与交易政策下，单位的碳配额所带来的制造企业期望利润增加。

通过对制造企业在此情形下的最优生产决策进行讨论，得到以下命题：

定理 3.2：在碳限额与交易政策下，存在一个最优生产量 Q^e，且满足条件 $\theta(Q^e) = w$。

证明：

由式（3.9）可知，$E = kQ - K$，由此得到制造企业的期望利润为：

$$\pi^e(Q) = (p - v)\int_0^Q xf(x)\,\mathrm{d}x - (c - v)\int_0^Q Qf(x)\,\mathrm{d}x$$
$$+ (p + r - c)\int_Q^\infty Qf(x)\,\mathrm{d}x - r\int_Q^\infty xf(x)\,\mathrm{d}x - w(kQ - K)$$

对 Q 求导得：

$$\frac{\mathrm{d}\pi^e(Q)}{\mathrm{d}Q} = (v - p - r)F(Q) + p + r - c - wk$$

$$\frac{\mathrm{d}^2\pi^e(Q)}{\mathrm{d}Q^2} = (v - p - r)f(Q) < 0$$

由此可知，$\pi^e(Q)$ 是关于 Q 的凹函数。

令 $\dfrac{\mathrm{d}\pi^e(Q)}{\mathrm{d}Q} = 0$，可以得出 $(v - p - r)F(Q) + p + r - c - wk = 0$，那么，由此可得 $\theta(Q^e) = w$。

得证。

定理 3.2 表明：

当 $\theta(Q^e) > w$ 时，生产 1 单位产品所得到的边际利润高于 1 单位的碳排放配额价格，制造企业将从外部碳交易市场购买碳排放配额来生产更多的产品以获得更多的利润。

当 $\theta(Q^e) < w$ 时，生产 1 单位产品所得到的边际利润低于 1 单位的碳排放配额价格，制造企业将在外部碳交易市场上出售碳排放配额。

当 $\theta(Q^e) = w$ 时，生产 1 单位产品所得到的边际利润等于 1 单位的碳排放配额价格，制造企业将不会在外部碳交易市场上进行碳排放权交易。此时，在碳限额与交易政策下，制造企业存在一个最优的生产决策，使企业的期望利润最大。

为了讨论碳限额与交易政策对生产决策的影响，提出以下命题：

定理 3.3：

（1）若 $\theta(Q^a) = w$，那么，$Q^e = Q^a < Q^*$。

（2）若 $\theta(Q^a) < w$，那么，$Q^e < Q^a < Q^*$。

（3）若 $\theta(Q^a) > w$，那么，$Q^a < Q^e \leqslant Q^*$。

证明：

$\theta(Q^e) = \dfrac{1}{k}\dfrac{\mathrm{d}\pi(Q)}{Q}$ 对 Q 求导得 $\dfrac{\mathrm{d}\theta(Q)}{Q} = \dfrac{1}{k}(v - p - r)f(Q) < 0$，由此可以看出 $\theta(Q^e)$ 是关于 Q 的递减函数。

由式（3.3）和定理 3.2 可得，$\theta(Q^*) = 0$，$\theta(Q^e) = \omega$，因此，$Q^* > Q^e$。

（1）若 $\theta(Q^a) = w$，$\theta(Q^e) = \theta(Q^a)$，所以可以得到 $Q^e = Q^a$，因此得到 $Q^e = Q^a < Q^*$。

（2）若 $\theta(Q^a) < w$，$\theta(Q^e) < \theta(Q^a)$，所以可以得到 $Q^e < Q^a$，因此得到 $Q^e < Q^a < Q^*$。

（3）若 $\theta(Q^a) > w$，$\theta(Q^e) > \theta(Q^a)$，所以可以得到 $Q^e > Q^a$，因此得到 $Q^a < Q^e \leqslant Q^*$。

得证。

定理 3.3 表明，制造企业在碳限额和碳限额与交易政策下的最优生产量均低于无限额下的最优生产量。在碳限额与交易政策下的最优生产量是否高于碳限额政策下的最优生产量主要取决于产品在限额情形下边际利润的多少。

同时，定理 3.3 进一步说明：

当 $\theta(Q^a) > w$ 时，意味着在限额情形下多生产 1 单位产品所增加的边际利润高于购买碳配额的成本，制造企业将从外部碳交易市场购买碳配额来生产更多产品。所以，碳限额与交易政策下的最优生产量高于碳限额政策下的最优生产量。

当 $\theta(Q^a) < w$ 时，意味着在限额情形下多生产 1 单位产品所带来的边际利润低于购买碳配额的成本，制造企业将在外部碳交易市场上出售碳配额。所以，碳限额与交易政策下的最优生产量低于碳限额政策下的最优生产量。

当 $\theta(Q^a) = w$ 时，意味着在限额情形下多生产 1 单位产品所带来的边际利润等于购买碳配额的成本，制造企业将不会在外部碳交易市场上进行碳排放权交易。所以，碳限额与交易政策下的最优生产量等于碳限额政策下的最优生产量。

制造企业在碳限额与交易政策下的最大期望利润为：

$$\pi^e(Q^e) = \pi^n(Q^e) - w(kQ^e - K) \tag{3.10}$$

为了讨论碳限额与交易政策对制造企业期望利润的影响，提出以下命题：

定理 3.4：当 $K^* = kQ^e + \dfrac{1}{w}\left[\pi^n(Q^*) - \pi^n(Q^e)\right]$ 时：

（1）若 $K > K^*$，那么，$\pi^e(Q^e) > \pi^n(Q^*) > \pi^a(Q^a)$。

（2）若 $K = K^*$，那么，$\pi^e(Q^e) = \pi^n(Q^*) > \pi^a(Q^a)$。

（3）若 $K < K^*$，那么，$\pi^n(Q^*) > \pi^e(Q^e) \geq \pi^a(Q^a)$。

证明：

当 $\pi^e(Q^e)$ 取最大值时，有 $\pi^e(Q^e) > \pi^n(Q^*) - \omega(kQ^* - K)$。

若 $K \geq kQ^*$，由定理 3.1 可知，在此情形下，$\pi^n(Q^*) = \pi^a(Q^a)$，所以，$\pi^e(Q^e) - \pi^a(Q^a) > -w(kQ^* - K) > 0$，因此，$\pi^e(Q^e) > \pi^a(Q^a)$；若 $K < kQ^*$，在此情形下，$K = kQ^a$，当 $\pi^e(Q^e)$ 取最大值时有 $\pi^e(Q^e) \geq \pi^n(Q^a) - w(kQ^a - K)$，由推论 3.1 可知 $\pi^a(Q^a) = \pi^n(Q^a)$，由此可得 $\pi^e(Q^e) - \pi^a(Q^a) \geq -w(kQ^a - K) = 0$，所以，$\pi^e(Q^e) \geq \pi^a(Q^a)$。综合可得 $\pi^e(Q^e) \geq \pi^a(Q^a)$。

若 $K \leq kQ^e$，由式（3.10）可得 $\pi^e(Q^e) = \pi^n(Q^e) - w(kQ^e - K) \leq \pi^n(Q^e) < \pi^n(Q^*)$；若 $K \geq kQ^*$，$\pi^e(Q^e) > \pi^n(Q^*) - w(kQ^e - K) > \pi^n(Q^*)$，因此，$\pi^e(Q^e) > \pi^n(Q^*)$。所以，当 $K^* \in (kQ^e, kQ^*)$ 时，根据介值定理可知，存在一个 K^*，使得 $\pi^e(Q^e) = \pi^n(Q^*)$。

因为 $\pi^e(Q)$ 是关于 K 的递增函数，因此：

（1）若 $K > K^*$，$\pi^e(Q^e) > \pi^n(Q^*) > \pi^a(Q^a)$。

（2）若 $K = K^*$，$\pi^e(Q^e) = \pi^n(Q^*) > \pi^a(Q^a)$。

（3）若 $K < K^*$，$\pi^n(Q^*) > \pi^e(Q^e) \geq \pi^a(Q^a)$。

得证。

定理 3.4 表明，制造企业可以通过购买或出售碳配额增加制造企业期望利润，所以，制造企业在碳限额与交易政策下的期望利润总是高于碳限额政策下的期望利润。制造企业在碳限额与交易政策下的期望利润是否高于无限额下的期望利润主要取决于政府的初始碳配额量。

3.3.2　有绿色技术投入

在碳限额与交易政策下，越来越多的制造企业意识到依靠技术创新、新能源开发、产业转型等多种手段，能够提高能源利用率，从而为制造企业带来新的利润增长点。绿色技术投入的主要作用之一就是获得额外的碳排放权，若 T 为绿色技术投入水平，那么，制造企业在此情况下的期望利润为：

$$\pi^c(Q,\ T) = (p-v)\int_0^Q xf(x)\,\mathrm{d}x - (c+c(T)-v)\int_0^Q Qf(x)\,\mathrm{d}x$$

$$+\ [p+r-c-c(T)]\int_Q^\infty Qf(x)\,\mathrm{d}x - r\int_Q^\infty xf(x)\,\mathrm{d}x - wE$$

(3.11)

$$\mathrm{s.\,t}\quad (1-T)kQ = K+E \tag{3.12}$$

约束条件式（3.12）意味着制造企业在有绿色技术投入下的总碳排放量仍必须等于政府的初始碳排放配额与外部碳交易市场碳排放交易数量之和。为了研究制造企业在碳限额与交易政策下的最优生产决策，提出以下命题：

定理 3.5：在碳限额与交易政策下，制造企业进行绿色技术投入，存在一个生产决策使制造企业期望利润最大，且满足 $\theta(Q^c)=(1-T)w$。

证明：

由式（3.12）可得 $E=(1-T)kQ-K$，带入式（3.11）得：

$$\pi^c(Q,\ T) = (p-v)\int_0^Q xf(x)\,\mathrm{d}x - (c+c(T)-v)\int_0^Q Qf(x)\,\mathrm{d}x$$

$$+\ [p+r-c-c(T)]\int_Q^\infty Qf(x)\,\mathrm{d}x$$

$$-\ r\int_Q^\infty xf(x)\,\mathrm{d}x - \omega[(1-T)kQ-K]$$

46

$$\frac{d\pi^c(Q, T)}{dQ} = (v-p-r)F(Q) + p + r - c - wk$$

$$\frac{d^2\pi^c(Q, T)}{dQ^2} = (v-p-r)f(Q) < 0$$

因此，在碳限额与交易政策下，制造企业进行绿色技术投入，存在一个生产决策使制造企业期望利润最大。

令 $\frac{\partial\pi^c(Q, T)}{\partial Q} = 0$，可以得到：

$$(v-p-r)F(Q) + p + r - c - c(T) - wk(1-T) = 0$$

由此可得：

$$\theta(Q^c) = (1-T)w$$

得证。

定理 3.5 表明：

当 $\theta(Q^c) > (1-T)w$ 时，制造企业进行绿色技术投入，生产 1 单位产品所得到的边际利润高于 1 单位的碳排放配额价格，制造企业将在外部碳交易市场上购买碳排放配额。制造企业将增加在碳限额与交易政策下普通产品的产量直至边际收益为 $(1-T)w$。

当 $\theta(Q^c) < (1-T)w$ 时，制造企业进行绿色技术投入，生产 1 单位产品所得到的边际利润低于 1 单位的碳排放配额价格，制造企业将在外部碳交易市场上出售碳排放配额。

当 $\theta(Q^c) = (1-T)w$ 时，制造企业进行绿色技术投入，生产 1 单位产品所得到的边际利润等于 1 单位的碳排放配额价格，制造企业将不会在外部碳交易市场上进行碳排放权交易。此时，在碳限额与交易政策下，制造企业进行绿色技术投入，存在一个使期望利润最大的生产决策。

本节进一步讨论了进行绿色技术投入对制造企业在碳限额与交易政策下生产决策的影响，由此得到下面的命题：

定理 3.6：

（1）若 $\theta(Q^a) > w$，$Q^a < Q^e < Q^c < Q^*$。

（2）若 $\theta(Q^a) = w$，$Q^e \leqslant Q^c = Q^a < Q^*$。

（3）若 $(1-T)w \leqslant \theta(Q^a) < w$，$Q^c \leqslant Q^e < Q^a \leqslant Q^*$。

（4）若 $\theta(Q^a) < (1-T)w$，$Q^c \leqslant Q^a < Q^e \leqslant Q^*$。

证明：

$\theta(Q) = \frac{1}{k}\frac{d\pi(Q)}{Q}$，对 Q 求导得 $\frac{d\theta(Q)}{Q} = \frac{1}{k}(v-p-r)f(Q) < 0$，由此

可以看出 $\theta(Q)$ 是关于 Q 的递减函数，$\theta(Q^*)=0$，$\theta(Q^e)=w$，$\theta(Q^c)=(1-T)w$。

因此，可以得出 $Q^*>Q^e$，$Q^*>Q^c$，$Q^e<Q^c$。

（1）若 $\theta(Q^a)>w$，$\theta(Q^a)>\theta(Q^e)\geqslant\theta(Q^c)$，可以得到 $Q^a<Q^e<Q^c<Q^*$。

（2）若 $\theta(Q^a)=w$，$\theta(Q^a)=\theta(Q^e)\geqslant\theta(Q^c)$，可以得到 $Q^e\leqslant Q^c=Q^a<Q^*$。

（3）若 $(1-T)w\leqslant\theta(Q^a)<w$，$\theta(Q^e)>\theta(Q^a)\geqslant\theta(Q^c)$，可以得到 $Q^c\leqslant Q^e<Q^a\leqslant Q^*$。

（4）$\theta(Q^a)<(1-T)w$，$\theta(Q^e)>\theta(Q^c)\geqslant\theta(Q^a)$，可以得到 $Q^c\leqslant Q^a<Q^e\leqslant Q^*$。

得证。

定理 3.6 表明，首先，在碳限额与交易政策下，制造企业进行绿色技术投入后的最优生产量不高于无限额的最优生产量。其次，在碳限额与交易政策下，制造企业进行绿色技术投入后的最优生产量不低于无绿色技术投入的最优生产量。最后，碳限额政策、碳限额与交易政策和碳限额与交易政策下考虑绿色技术投入三种情形之间的最优生产量大小关系主要取决于制造企业的绿色技术投入水平。

为了进一步讨论绿色技术投入对碳限额与交易政策对制造企业生产决策的影响，提出以下命题：

定理 3.7：在碳限额与交易政策下，制造企业进行绿色技术投入，存在一个最优生产决策，使 $\pi^c(Q^c,T)\geqslant\pi^e(Q^e)\geqslant\pi^a(Q^a)$，且制造企业进行绿色技术投入的条件满足 $\dfrac{c'(T)}{kQ}=w$。

证明：

若 $K\geqslant kQ^*$ 时，由定理3.1可知，在此情形下，$\pi^n(Q^*)=\pi^a(Q^a)$，所以，$\pi^e(Q^e)-\pi^a(Q^a)>-w(kQ^*-K)>0$，因此，$\pi^e(Q^e)>\pi^a(Q^a)$；若 $K<kQ^*$ 时，在此情形下，$K=kQ^a$，当 $\pi^e(Q^e)$ 取最大值时有 $\pi^e(Q^e)\geqslant\pi^n(Q^a)-w(kQ^a-K)$，由推论3.1可知，$\pi^a(Q^a)=\pi^n(Q^a)$，由此可得 $\pi^e(Q^e)-\pi^a(Q^a)\geqslant-w(kQ^a-K)=0$，所以，$\pi^e(Q^e)\geqslant\pi^a(Q^a)$。综合可得 $\pi^e(Q^e)\geqslant\pi^a(Q^a)$。

$\pi^c(Q,T)$ 对 T 求导得：

$$\frac{\partial \pi^c(Q,\ T)}{\partial T} = -c'(T) + wkQ$$

（1）当 $\frac{c'(T)}{kQ} > w$ 时，可以得到 $\frac{\partial \pi^c(Q,\ T)}{\partial T} = -c'(T) + wkQ < 0$。此时，进行绿色技术投入会减少制造企业在碳限额与交易政策下的期望利润，且 $\pi^c(Q^c,\ T) < \pi^e(Q^e)$。

（2）当 $\frac{c'(T)}{kQ} = w$ 时，可以得到 $\frac{\partial \pi^c(Q,\ T)}{\partial T} = -c'(T) + wkQ = 0$。此时，进行绿色技术投入仍不能增加制造企业在碳限额与交易政策下的期望利润，且 $\pi^c(Q^c,\ T) = \pi^e(Q^e)$。

（3）当 $\frac{c'(T)}{kQ} < w$ 时，可以得到 $\frac{\partial \pi^c(Q,\ T)}{\partial T} = -c'(T) + wkQ > 0$。此时，进行绿色技术投入可以增加制造企业在碳限额与交易政策下的期望利润，制造企业会适当进行绿色技术投入，且 $\pi^c(Q_1^c,\ Q_2^c) > \pi^e(Q_1^e,\ Q_2^e)$。

综上所述，$\pi^c(Q^c,\ T) > \pi^e(Q^e)$。

综合可得 $\pi^c(Q^c,\ T) \geq \pi^e(Q^e) \geq \pi^a(Q^a)$。

得证。

定理 3.7 表明：首先，在碳限额与交易政策下，制造企业会对产品进行适当的绿色技术投入，从而使绿色技术投入后的制造企业期望利润不低于进行绿色技术投入前的期望利润。其次，绿色技术投入的主要作用之一是获得额外的碳排放权，为制造企业在碳限额与交易政策下带来新的利润增长。

同时，定理 3.7 进一步说明：

当 $\frac{c'(T)}{kQ} > w$ 时，进行绿色技术投入后的单位碳排放权成本高于市场上单位碳排放权的价格，此时，进行绿色技术投入会减少制造企业在碳限额与交易政策下的期望利润，制造企业不会进行绿色技术投入，转而在交易市场上购买碳排放权进行生产活动。

当 $\frac{c'(T)}{kQ} = w$ 时，进行绿色技术投入后的单位碳排放权成本等于市场上单位碳排放权的价格，此时，进行绿色技术投入不能增加制造企业在碳限额与交易政策下的期望利润，所以，制造企业仍不会进行绿色技术投入。

当 $\dfrac{c'(T)}{kQ} < w$ 时，进行绿色技术投入后的单位碳排放权成本低于市场上单位碳排放权的价格，此时，制造企业可以利用额外的碳排放权进行生产或者在市场上进行出售。在此情形下，制造企业将进行绿色技术投入直至 $\dfrac{c'(T)}{kQ} = w$，以获得更多的利润。

因此，只有当进行绿色技术投入后制造企业所取得的额外单位碳排放权成本低于市场上单位碳排放权价格时，制造企业才会进行绿色技术投入。

3.4 小   结

近年来，随着能源消耗的不断增多，碳排放导致的全球气候变化已给人类社会与经济发展带来了显著的不利影响，碳限额与交易等低碳政策的出现给制造企业的生产带来了重要影响。因此，研究碳限额与交易政策规制下的制造企业生产决策问题具有极其重要的现实意义。本章主要研究了一个面临随机市场的单一产品制造企业在碳限额与交易政策下的生产决策问题。首先，本章研究了制造企业面临随机需求时在碳限额政策下的生产决策；其次，本章研究了制造企业面临随机需求时在碳限额与交易政策下的生产决策；最后，本章考虑制造企业可以通过绿色技术投入来减少碳排放量的情形，研究了制造企业面临随机需求时在碳限额与交易政策下有绿色技术投入的生产决策。

本章主要结论如表 3 – 2 所示。通过研究可以发现：

表 3 – 2   考虑碳限额与交易政策规制的单产品生产决策

	无限额	碳限额政策	碳限额与交易政策（无绿色技术投入）	碳限额与交易政策（有绿色技术投入）
解析解	$\theta(Q) = 0$	$\theta(Q) \geqslant 0$	$\theta(Q^e) = w$	$\theta(Q^c) = (1-T)w$
产量比较		$Q^a \leqslant Q^*$	(1)若 $\theta(Q^a) = w$，$Q^a = Q^e < Q^*$； (2)若 $\theta(Q^a) < w$，$Q^a < Q^e < Q^*$； (3)若 $\theta(Q^a) > w$，$Q^a < Q^e \leqslant Q^*$	(1)若 $\theta(Q^a) > w$，$Q^a < Q^e < Q^c < Q^*$； (2)若 $\theta(Q^a) = w$，$Q^e \leqslant Q^c = Q^c < Q^*$； (3)若 $(1-T)w \leqslant \theta(Q^a) < w$，$Q^e \leqslant Q^c < Q^c \leqslant Q^*$； (4)若 $\theta(Q^a) < (1-T)w$，$Q^c \leqslant Q^a < Q^e \leqslant Q^*$

	无限额	碳限额政策	碳限额与交易政策（无绿色技术投入）	碳限额与交易政策（有绿色技术投入）
利润比较	$\pi^a(Q^a) \leqslant \pi^n(Q^*)$		(1) 若 $K > K^*$， $\pi^e(Q^e) > \pi^n(Q^*) > \pi^a(Q^a)$ (2) 若 $K = K^*$， $\pi^e(Q^e) = \pi^n(Q^*) > \pi^a(Q^a)$ (3) 若 $K < K^*$， $\pi^n(Q^*) > \pi^e(Q^e) \geqslant \pi^a(Q^a)$	$\pi^c(Q^c, T) \geqslant \pi^e(Q^e) \geqslant \pi^a(Q^a)$

第一，在碳限额政策下，制造企业的最优生产量不大于在无限额下的最优生产量，制造企业的期望利润不高于在无限额下的期望利润。这可以理解为为了维护良好的环境，制造企业必须满足政府制定的碳排放政策约束，并必须付出一定的代价。

第二，在碳限额与交易政策下，制造企业的最优生产量低于无限额下的最优生产量，但是否高于碳限额政策下的最优生产量主要取决于产品在碳限额情形下边际利润的多少。制造企业在碳限额与交易政策下的期望利润不低于碳限额政策下的期望利润，制造企业的期望利润是否高于无限额下的期望利润主要取决于政府的初始碳配额量。制造企业可以通过购买或出售碳配额提升企业期望利润，这表明碳限额与交易机制有利于提高企业效益，并证明了碳限额与交易机制的有效性。

第三，在碳限额与交易政策下，进行绿色技术投入后的最优产量与无绿色技术投入的最优产量之间的大小关系主要取决于制造企业的绿色技术投入水平。只有当进行绿色技术投入后制造企业所取得的额外碳排放权成本低于市场上的单位碳排放权价格时，绿色技术的投入才能够在一定程度上增加制造企业的期望利润水平。总的看来，适当的绿色技术投入能够在一定程度上增加产品产出，提升制造企业期望利润。但制造企业并不会一味地进行绿色技术投入，因为虽然绿色技术投入总体上看对环境有利，但对制造企业并不一定总是有利。因此，对于政府而言，应同时从环境和制造企业两个角度考虑，制定既有利于环境又有利于制造企业的碳限额与交易政策，使制造企业倾向于采用绿色技术，促进制造企业发展与环境保护。

第4章 碳限额与交易政策规制下的
制造企业单产品定价决策

本章考虑一个面临随机市场的单一产品制造企业在碳限额与交易政策规制下的定价决策问题，并从以下几个方面展开研究：一是制造企业面临随机需求时在碳限额政策下的定价决策；二是制造企业面临随机需求时在碳限额与交易政策下的定价决策；三是考虑制造企业可以通过绿色技术投入来减少碳排放量的情形，研究制造企业面临随机需求时在碳限额与交易政策下有绿色技术投入的定价决策。

4.1 问题描述与假设

4.1.1 问题描述

在一个垄断市场中，考虑一个生产单一产品的制造企业向一个随机需求的消费群体提供产品。销售期结束时，剩余库存会按照残值进行处理。其决策变量为产品的生产量与零售价格，决策目标为制造企业的期望利润最大化。在碳限额与交易政策下，政府规定一个最大的碳排放量，即碳限额 K，制造企业在生产活动中所产生的碳排放量不能超过政府制定的碳限额，但碳排放配额不足的制造企业可以向拥有多余配额的制造企业购买碳排放权。

本节在以下三种情形下研究单一产品制造企业的生产决策问题：

（1）在碳限额政策下，单一产品制造企业的定价决策。

（2）在碳限额与交易政策下，单一产品制造企业的定价决策。

（3）在碳限额与交易政策下，单一产品制造企业考虑进行绿色技术投入的定价决策。

为了表述方便，模型中符号的含义如表 4-1 所示。

表 4-1　　　　　　　　　　模型中符号的含义

参数	参数含义
$f(\cdot)$	产品的随机需求概率密度函数
$F(\cdot)$	产品的随机需求的分布函数
c	每单位产品的生产成本
Q	制造企业的产品产量
r	每单位产品的缺货机会成本
v	每单位产品在销售周期末的残值
K	政府规定的最大碳排放量
E	外部碳交易市场的交易量
k	每单位产品的碳排放量
p^a	碳限额政策下的产品价格水平
p^e	碳限额与交易政策下的产品价格水平
p^c	碳限额与交易政策下有绿色技术投入时的产品价格水平
T	绿色技术投入水平
W	每单位碳排放权价格

4.1.2　假设

上述参数必须满足某些条件，才能使建立的模型有实际意义，所以假设：

（1）$p \geq c > v > 0$。这个条件说明每个在消费者市场上出售的产品都将会为制造企业带来利润的增长。若有一个产品未售出，那么制造企业将会受到利润上的损失。

（2）该模型的需求函数可以用一个加法形式建立，特别地，需求可以定义为 $D(p, \varepsilon) = y(p) + \varepsilon$（Mills，1959）。其中，$y(p)$ 表示需求是价格的减函数，且 $\varepsilon \in [m, n]$。需求函数的加法形式为 $y(p) = a - bp$（$a > 0$，$b > 0$），为了保证价格在一定范围内时的需求为正，令 $m > -a$。

（3）考虑制造企业可以通过其绿色技术投入来减少碳排放量。绿色技术投入成本为 $C(T)$，它是连续可微的，随绿色技术投入水平 T 的上升而加速上升，如图 3-1 所示。而且在现有技术条件下，企业实现碳零排放的成本为无穷大，即制造企业在现有技术下无法实现碳的零排放。$C'(T) > 0$，$C''(T) > 0$，且满足 $C(0) = 0$，$C(1) = \infty$。

（4）假设制造企业是理性的，会权衡绿色技术所带来的收益与成本。

4.2 无碳减排政策规制

在无碳限额时，在生产期开始时，产品的生产量为 Q，生产成本为 cQ，如果此时需求量不超过 Q，则收益为 $pD(p, \varepsilon)$，剩余产品以单位成本 v 处理，注意到单位废旧品回收价值可能出现 $v \geqslant -c$ 的情形。如果需求超过 Q，产品的短缺量分别为 $D(p, \varepsilon) - Q$，单位惩罚成本为 r。那么制造企业在此情形下的期望利润函数为：

$$\pi^n(p) = \begin{cases} pD(p, \varepsilon) - cQ + v[Q - D(p, \varepsilon)], & D(p, \varepsilon) \leqslant Q \\ (p - c)Q - r[D(p, \varepsilon) - Q] - cQ, & D(p, \varepsilon) > Q \end{cases} \tag{4.1}$$

此利润函数的一个较为简便的表达式可通过替换 $D(p, \varepsilon) = y(p) + \varepsilon$ 得到，且与恩斯特（Ernst, 1970）及索森（Thowsen, 1975）的研究一致，定义 $z = Q - y(p)$，则：

$$\pi^n(z, p) = \begin{cases} p[y(p) + \varepsilon] + (v - c)[y(p) + z], & \varepsilon \leqslant z \\ (p - c + r)[y(p) + z] - r[y(p) + \varepsilon], & \varepsilon > z \end{cases} \tag{4.2}$$

这一变形提供了一个有关生产与定价决策的相应解释，如果 z 的选择较实际的 ε 值大，则产品出现剩余，如果 z 的选择较实际的 ε 值小，则产品出现短缺，相应的生产与定价决策为 $Q^* = y(p^*) + z^*$，并以价格 p^* 进行销售。期望利润为：

$$\begin{aligned} \pi^n(p, z) = &\int_m^z (p[y(p) + \varepsilon] + (v - c)[y(p) + z])f(u)\mathrm{d}u \\ &+ \int_z^n ((p - c + r)[y(p) + z] - r[y(p) + \varepsilon])f(u)\mathrm{d}u \\ &- c[y(p) + z] \end{aligned} \tag{4.3}$$

定义 $\Delta(z) = \int_m^z (z - u)f(u)\mathrm{d}u$ 为制造企业定价太高时的剩余期望，

并定为 $\theta(z) = \int_z^n (u-z)f(u)\mathrm{d}u$ 为制造企业定价太低时的短缺期望，可将式（4.3）改写成：

$$\pi^n(p,z) = (p-c)[y(p)+z] - [(p+v)\Delta(z)+r\theta(z)] = \varphi(p) - L(p,z)$$
$$(4.4)$$

式中，

$$\varphi(p) = (p-c)[y(p)+z] \tag{4.5}$$
$$L(z,p) = (p+v)\Delta(z) - r\theta(z) \tag{4.6}$$

式（4.5）表示无风险时的利润函数（Mills，1959），式（4.6）表示无风险时的损失函数（亏损函数）（Silver，1979）。那么，决策目标在于最大化期望利润为：

$$\max \pi^n(p,z) \tag{4.7}$$

定理 4.1：制造企业存在一个最优的定价决策，使企业的期望利润最大，且对于固定的 z，最优价格 p 唯一确定。

证明：对 z 求一阶和二阶导数得：

$$\frac{\mathrm{d}\pi^n(p,z)}{\mathrm{d}z} = -(c-v) + (p+r-v)[1-F(z)]$$

$$\frac{d^2\pi^n(p,z)}{\mathrm{d}z^2} = -(p+r-v)f(z) < 0$$

$\pi^n(p,z)$ 对于一个给定的价格决策 p 而言，是关于 z 的凹函数。对 p 求一阶和二阶导数得：

$$\frac{\partial \pi^n(p,z)}{\partial p} = a - 2bp + bc + z - \Delta(z) \tag{4.8}$$

$$\frac{\partial^2 \pi^n(p,z)}{\partial p^2} = -2b \tag{4.9}$$

注意到由式（4.9）可知，$\pi^n(p,z)$ 对于一个给定的价格 z 而言，是关于价格 p 的凹函数，因此式（4.9）存在最优解。

由式（4.8）可得，对于固定的 z：

$$p^* = p(z) = \frac{a + z + bc - \Delta(z)}{2b}$$

得证。

定理 4.1 表明，制造企业在无碳限额下存在一个最优的定价决策，且相对于固定的 z，最优定价 p 唯一确定。

在碳限额政策下，政府规定一个最大碳排放量，即碳限额 K，制造企业在进行生产活动时产生的碳排放量不能超过政府规定的碳限额。因此，制造企业在政府碳限额政策下的期望利润函数为：

$$\max \pi^a(p, z) = \pi^n(p, z) \tag{4.10}$$

$$\text{s. t} \quad k(a - bp + z) \leqslant K \tag{4.11}$$

约束条件式（4.11）表明制造企业在生产活动中的总碳排放量不得超过政府规定的碳限额。通过对制造企业在此情形下的最优定价决策进行讨论，得到以下命题：

定理 4.2：在碳限额政策下，制造企业的最优定价 $p^a \geqslant p^*$。

证明：

令 $\varphi \geqslant 0$，由约束条件可得：

$$k(a - bp + z) - K \leqslant 0 \tag{4.12}$$

$$\varphi[k(a - bp + z) - K] = 0 \tag{4.13}$$

$$a - 2bp + bc + z - \Lambda(z) - \varphi kb = 0 \tag{4.14}$$

当 $\varphi \geqslant 0$ 时，$k(a - bp^* + z^*) \leqslant K$，由式（4.14）可得 $\frac{\partial \pi^n(p, z)}{\partial p} = 0$，因此，可以得到 $p^a = p^*$，

当 $\varphi \geqslant 0$ 时，$k(a - bp^* + z^*) > K$，由式（4.14）可得 $\frac{\partial \pi^n(p, z)}{\partial p} = a - 2bp + bc + z - \Lambda(z) = \varphi kb > 0$，因此，可以得到 $p^a > p^*$。

综上所述，在碳限额政策下，制造企业的最优定价 $p^a \geqslant p^*$。

得证。

定理 4.2 表明，在碳限额政策下，制造企业的最优定价不低于无限额下的最优定价。

政府规定的初始限额能够对制造企业的定价决策产生影响，因此，可以得到下面的推论：

推论 4.1：在碳限额政策下，制造企业的期望利润为：

$$\pi^a(P^a, Z^a) = \begin{cases} \pi^n(p^*, z^*) k(a - bp^* + z^*) \leqslant K \\ \pi^a(P^a, Z^a) k(a - bp^* + z^*) > K \end{cases}，且 \ \pi^a(P^a, Z^a) \leqslant$$

$\pi^n(p^*, z^*)$。

证明：

当 $k(a - bp^* + z^*) \leqslant K$ 时，可以得到 $p^a = p^*$，进而可以得到 $\pi^a(P^a, Z^a) = \pi^n(p^*, z^*)$。

当 $k(a - bp^* + z^*) > K$ 时，可以得到 $p^a > p^*$。由定理 4.1 可知，制

造企业存在一个最优的定价决策 p^* 使制造企业期望利润 $\pi^n(p^*, z^*)$ 最大，因此，$\pi^a(P^a, Z^a) < \pi^n(p^*, z^*)$。

综上可得，制造企业在碳限额政策下的期望利润 $\pi^a(P^a, Z^a) \leqslant \pi^n(p^*, z^*)$。

得证。

推论4.1表明，在碳限额政策下，制造企业的期望利润不高于在无限额下的期望利润。这可以理解为为了维护良好的环境，制造企业必须满足政府制定的碳排放政策约束，并付出一定的经济代价。

4.3 碳限额与交易政策规制

4.3.1 无绿色技术投入

令 E 为制造企业与外部碳交易市场的碳交易量。由此可以得到碳限额与交易政策下制造企业的期望利润函数为：

$$\max\pi^e(p, z) = \pi^n(p, z) - wE \tag{4.15}$$
$$\text{s.t} \quad k(a - bp + z) = K + E \tag{4.16}$$

$(a - bp + z) = K + E$ 意味着制造企业的碳排放量必须等于政府的初始碳排放配额与外部碳交易市场碳排放交易数量之和。

当 $E > 0$ 时，意味着制造企业将从外部碳交易市场上购买碳排放配额。

当 $E = 0$ 时，意味着制造企业将不会在外部碳交易市场上进行碳排放权交易。

当 $E < 0$ 时，意味着制造企业将在外部碳交易市场上售出没有用完的配额。

制造企业在生产活动中的碳排放量为 $k(a - bp + z)$，而相应的制造企业的期望利润增量为 $\Delta\pi^n(p, z) = (\pi^n(p, z))'_p = \partial\pi^n(p, z)$，故单位碳排放量带来的制造企业期望利润增量为：

$$\theta(p) = -\frac{1}{bk}\frac{\partial\pi^n(p, z)}{\partial p}$$

负号表示单位碳配额所带来的制造企业期望利润增长与单位价格的提高呈反相关关系。

57

当 $\theta(p) > 0$ 时，表明制造企业可以通过提升价格来增加期望利润。

当 $\theta(p) < 0$ 时，表明制造企业不能通过提升价格来增加期望利润。

当 $\theta(p) = 0$ 时，表明此时的产品定价能最大化制造企业的期望利润。

通过对制造企业在此情形下的最优定价决策进行讨论，得到以下命题：

定理 4.3：在碳限额与交易政策下，存在一个最优的定价 p^e，且满足条件 $\theta(p^e) = w$。

证明：

由式（4.16）可知，$E = k(a - bp + z) - K$，由此得到制造企业的期望利润为：

$$\pi^e(p,\ z) = \int_m^z (p[y(p) + \varepsilon] + (v - c)[y(p) + z])f(u)\mathrm{d}u$$

$$+ \int_z^n ((p - c + r)[y(p) + z] - r[y(p) + \varepsilon])f(u)\mathrm{d}u$$

$$- c[y(p) + z] - w[k(a - bp + z) - K]$$

对 z 求一阶和二阶导数得：

$$\frac{\mathrm{d}\pi^e(p,\ z)}{\mathrm{d}z} = -(c - v) + (p + r - v)[1 - F(z)] - kw$$

$$\frac{d^2\pi^e(p,\ z)}{\mathrm{d}z^2} = -(p + r - v)f(z) < 0$$

因此，$\pi^e(p,\ z)$ 是关于 z 的凹函数。由此可知 $\pi^e(p,\ z)$ 对于一个给定的价格策略 p 而言，是关于 z 的凹函数。

对 p 求一阶和二阶导数得：

$$\frac{\partial\pi^e(p,\ z)}{\partial p} = a - 2bp + bc + z - \Delta(z) + wkb$$

$$\frac{\partial^2\pi^e(p,\ z)}{\partial p^2} = -2b < 0$$

由此可知，$\pi^e(p,\ z)$ 对于一个给定的价格决策 p 而言，是关于 z 的凹函数。

令 $\dfrac{\partial\pi^e(p,\ z)}{\partial p} = 0$，可得 $a - 2bp + bc + z - \Delta(z) + wkb = 0$，由此可得 $\theta(p^e) = w$。

得证。

定理4.3表明：

当 $\theta(p^e) > w$ 时，单位的碳配额所带来的制造企业期望利润高于1单位的碳排放配额价格，在此情形下，制造企业将从外部碳交易市场购买碳排放配额来生产更多的产品以获得更多的利润。

当 $\theta(p^e) < w$ 时，单位的碳配额所带来的制造企业期望利润低于1单位的碳排放配额价格，在此情形下，制造企业将在外部碳交易市场上出售碳排放配额。

当 $\theta(p^e) = w$ 时，单位的碳配额所带来的制造企业期望利润等于1单位的碳排放配额价格，制造企业将不会在外部碳交易市场上进行碳排放权交易。这时，在碳限额与交易政策下，制造企业存在一个最优的定价决策，使企业期望利润最大。

定理4.4：

（1）若 $\theta(p^a) = w$，那么 $p^a = p^e < p^*$。

（2）若 $\theta(p^a) < w$，那么 $p^e < p^a \leqslant p^*$。

（3）若 $\theta(p^a) > w$，那么 $p^a < p^e < p^*$。

证明：

因为 $\theta(p) = -\dfrac{1}{bk}\dfrac{\partial \pi^n(p, z)}{\partial p}$，求导得：

$$\frac{\partial \theta(p)}{\partial p} = \frac{2b}{k} > 0$$

由此可以看出 $\theta(p)$ 是关于 p 的递增函数，由式（4.12）和定理4.2可得，$\theta(p^*) = 0$，$\theta(p^e) = w$，因此，$p^* < p^e$。

（1）若 $\theta(p^a) = w$，那么 $\theta(p^e) = \theta(p^a)$，可得 $p^e = p^a$，因此得到 $p^a = p^e < p^*$。

（2）若 $\theta(p^a) < w$，那么 $\theta(p^e) < \theta(p^a)$，可得 $p^e < p^a$，因此得到 $p^e < p^a \leqslant p^*$。

（3）若 $\theta(p^a) > w$，那么 $\theta(p^e) > \theta(p^a)$，可得 $p^e > p^a$，因此得到 $p^a < p^e < p^*$。

得证。

定理4.4表明，在碳限额与交易政策下，制造企业的最优定价不低于无限额下的最优定价。制造企业在碳限额与交易政策下的最优定价和碳限额政策下的最优定价间的高低关系主要取决于在限额条件下调整产品定价水平所取得的边际利润的多少。

当 $\theta(p^a) > w$ 时，碳配额的单位价格高于生产 1 单位产品的边际利润，制造企业将在外部碳交易市场购买碳排放配额，并且降低产品单位销售价格直至边际收益为 w。所以，制造企业在碳限额与交易政策下的最优定价高于碳限额政策下的最优定价。

当 $\theta(p^a) < w$ 时，碳配额的单位价格低于生产 1 单位产品的边际利润，制造企业选择在外部碳交易市场出售碳配额，并且提高产品单位销售价格。所以，制造企业在碳限额与交易政策下的最优定价低于碳限额政策下的最优定价。

当 $\theta(p^a) = w$ 时，碳配额的单位价格等于生产 1 单位产品的边际利润，制造企业将不会在外部碳交易市场上进行碳排放权交易。制造企业在碳限额与交易政策下的最优定价等于碳限额政策下的最优定价。

制造企业在碳限额与交易政策约束下的最大期望利润为：

$$\pi^e(p^e, z^e) = \pi^n(p^e, z^e) - w[k(a - bp^e + z^e) - K] \qquad (4.17)$$

为了讨论碳限额与交易政策对制造企业期望利润的影响，提出以下命题：

定理4.5：当 $K^* = k(a - bp^e + z^e) + \dfrac{1}{w}[\pi^n(p^*, z^*) - \pi^e(p^e, z^e)]$ 时：

(1) 若 $K^* > K$，则 $\pi^e(p^e, z^e) > \pi^n(p^*, z^*) > \pi^a(p^a, z^a)$。

(2) 若 $K^* = K$，则 $\pi^e(p^e, z^e) = \pi^n(p^*, z^*) > \pi^a(p^a, z^a)$。

(3) 若 $K^* < K$，则 $\pi^n(p^*, z^*) > \pi^e(p^e, z^e) > \pi^a(p^a, z^a)$。

证明：

当 $\pi^e(z^e, p^e)$ 取最大值时，有：

$$\pi^e(p^e, z^e) > \pi^n(p^*, z^*) - w[k(a - bp^* + z^*) - K]$$

若 $K > k(a - bp^* + z^*)$，由定理4.1可知，在此情形下，$\pi^n(p^*, z^*) = \pi^a(p^a, z^a)$，所以：

$$\pi^e(p^e, z^e) - \pi^a(p^a, z^a) > -w[k(a - bp^* + z^*) - K] > 0$$

因此，$\pi^e(p^e, z^e) > \pi^a(p^a, z^a)$。

若 $K < k(a - bp^* + z^*)$，在此情形下，$K = k(a - bp^a + z^a)$，当 $\pi^e(p^e, z^e)$ 取最大值时可得：

$$\pi^e(p^e, z^e) \geqslant \pi^n(p^*, z^*) - w[k(a - bp^a + z^a) - K]$$

然后可得：

$$\pi^e(p^e, z^e) - \pi^a(p^a, z^a) \geqslant -w[k(a - bp^* + z^*) - K] = 0$$

因此，可以得到：

$$\pi^e(p^e, z^e) = \pi^a(p^a, z^a)$$

综合可得：

$$\pi^e(p^e, z^e) \geqslant \pi^a(p^a, z^a)$$

若 $K < k(a - bp^e + z^e)$，通过式（4.17）可以得到：

$$\pi^e(p^e, z^e) = \pi^n(p^e, z^e) - w[k(a - bp^e + z^e) - K]$$
$$\leqslant \pi^n(p^e, z^e) \leqslant \pi^n(p^*, z^*)$$

因此：

$$\pi^e(p^e, z^e) \leqslant \pi^n(p^*, z^*)$$

若 $K > k(a - bp^* + z^*)$ 时

$$\pi^e(p^e, z^e) > \pi^n(p^*, z^*) - w[k(a - bp^* + z^*) - K] > \pi^n(p^*, z^*)$$

因此，$\pi^e(p^e, z^e) > \pi^n(p^*, z^*)$，所以，当

$$K^* \in [k(a - bp^e + z^e), k(a - bp^* + z^*)]$$

时，根据介值定理可知，存在一个 K^*，使 $\pi^e(p^e, z^e) = \pi^n(p^*, z^*)$。

因为 $\pi^e(p^e, z^e)$ 是一个递增函数，因此：

（1）若 $K^* > K$，则 $\pi^e(p^e, z^e) > \pi^n(p^*, z^*) > \pi^a(p^a, z^a)$。

（2）若 $K^* = K$，则 $\pi^e(p^e, z^e) = \pi^n(p^*, z^*) > \pi^a(p^a, z^a)$。

（3）若 $K^* < K$，则 $\pi^n(p^*, z^*) > \pi^e(p^e, z^e) > \pi^a(p^a, z^a)$。

得证。

定理 4.5 表明，制造企业可以通过购买或出售碳配额增加制造企业期望利润，所以，制造企业在碳限额与交易政策下的期望利润总是高于碳限额政策下的期望利润。制造企业在碳限额与交易政策下的期望利润是否高于无限额下的期望利润主要取决于政府的初始碳配额量。

4.3.2　有绿色技术投入

若 T 为绿色技术投入水平，那么，制造企业在此情况下的期望利润函数为：

$$\max \pi^c(p, z) = \pi^n(p, z) - wE - C(T) \tag{4.18}$$

$$\text{s.t} \quad (1 - T)k(a - bp + z) = K + E \tag{4.19}$$

约束条件 $(1 - T)k(a - bp + z) = K + E$ 意味着，在碳限额与交易下，制造企业进行绿色技术投入后的总碳排放量仍必须等于政府的初始碳排放配额与外部碳交易市场碳排放交易数量之和。

为了讨论制造企业在碳限额与交易政策下的最优定价决策，提出以下命题：

定理 4.6：在碳限额与交易政策下，制造企业进行绿色技术投入，存在一个最优的定价决策，使制造企业期望利润最大，且 $\theta(p^c) = (1-T)w$。

证明：

由式（4.19）可得 $E = (1-T)k(a-bp+z) - K$，代入式（4.18）得：

$$\pi^c(p, z, T) = \int_m^z \int_m^z (p[y(p) + \varepsilon] + (v-c)[y(p) + z])f(u)\,\mathrm{d}u$$
$$+ \int_z^n ((p-c+r)[y(p) + z] - r[y(p) + \varepsilon])f(u)\,\mathrm{d}u$$
$$- c[y(p) + z] - C(T) - w[(1-T)k(a-bp+z) - K]$$

对 z 求一阶和二阶导数得：

$$\frac{\mathrm{d}\pi^c(p, z, T)}{\mathrm{d}z} = -(c-v) + (p+r-v)[1-F(z)] - wk(1-T)$$

$$\frac{\mathrm{d}^2\pi^c(p, z, T)}{\mathrm{d}z^2} = -(p+r-v)f(z) < 0$$

$\pi^c(p, z, T)$ 对于一个给定的价格策略 p 而言，是关于 z 的凹函数，分别考虑 $\pi^c(p, z, T)$ 对于 p 的一阶与二阶导数：

$$\frac{\partial\pi^c(p, z, T)}{\partial p} = a - 2bp + bc + z - \Delta(z) + (1-T)wkb$$

$$\frac{\partial^2\pi^c(p, z, T)}{\partial p^2} = -2b < 0$$

由此可知，$\pi^c(p, z, T)$ 对于一个给定的价格策略 p 而言，是关于 z 的凹函数。

令 $\dfrac{\partial\pi^c(p, z, T)}{\partial p} = 0$，可以得到 $a - 2bp + bc + z - \Delta(z) + (1-T)wkb = 0$，由此可得 $\theta(p^c) = (1-T)w$。

得证。

定理 4.6 表明，在碳限额与交易政策下，制造企业进行绿色技术投入，存在一个最优的定价决策，使制造企业期望利润最大。

当 $\theta(p^c) > (1-T)w$ 时，制造企业进行绿色技术投入，产品的单位价格变动所带来的边际利润高于 1 单位的碳排放配额价格，制造企业将在外部碳交易市场上购买碳排放配额，并且降低产品单位销售价格直至边际收益为 $(1-T)w$。

当 $\theta(p^c) < (1-T)w$ 时，制造企业进行绿色技术投入，产品的单位价格变动所带来的边际利润低于 1 单位的碳排放配额价格，制造企业将在外部碳交易市场上购买碳排放配额，并且提高产品单位销售价格直至边际收益为 $(1-T)w$。

当 $\theta(p^c) = (1-T)w$ 时，制造企业进行绿色技术投入，产品的单位价格变动所带来的边际利润等于 1 单位的碳排放配额价格，制造企业将不会在外部碳交易市场上进行碳排放权交易，此情形下存在制造企业的最优定价决策。

本节讨论了制造企业在碳限额与交易政策下进行绿色技术投入对制造企业定价决策的影响，由此得到下面的命题：

定理 4.7：

（1）若 $\theta(p^a) > w$，那么，$p^* < p^c < p^e < p^a$。

（2）若 $\theta(p^a) = w$，那么，$p^* < p^c < p^e = p^a$。

（3）若 $(1-T)w \leqslant \theta(p^a) < w$，那么，$p^* < p^c \leqslant p^a < p^e$。

（4）若 $\theta(p^a) < (1-T)w$，那么，$p^* < p^a < p^c < p^e$。

证明：

因为 $\theta(p) = -\dfrac{1}{bk}\dfrac{\partial \pi^n(p,\,z)}{bp}$，对 p 求导得：

$$\frac{\mathrm{d}\theta(p)}{\mathrm{d}p} = \frac{2b}{k} > 0$$

由此可知 $\theta(p)$ 是关于 p 的递增函数，由式（4.12）、定理 4.3 和定理 4.5 可知，$\theta(p^*) = 0$，$\theta(p^e) = w$，$\theta(p^c) = (1-T)w$。因此，可以得出 $P^e > P^c > P^*$。

（1）若 $\theta(p^a) > w$，那么 $\theta(p^c) > \theta(p^e) > \theta(p^a)$，因此可以得到 $p^* < p^c < p^e < p^a$。

（2）若 $\theta(p^a) = w$，那么 $\theta(p^c) = \theta(p^e) = \theta(p^a)$，因此可以得到 $p^* < p^c < p^e = p^a$。

（3）若 $(1-T)w \leqslant (p^a) < w$，那么 $\theta(p^c) \leqslant \theta(p^a) < \theta(p^e)$，因此可以得到 $p^* < p^c \leqslant p^a < p^e$。

（4）若 $\theta(p^a) < (1-T)w$，那么 $\theta(p^a) < \theta(p^c) < \theta(p^e)$，因此可以得到 $p^* < p^a < p^c < p^e$。

得证。

定理 4.7 表明，在碳限额与交易政策下，制造企业无论是否进行绿色技术投入，产品价格都不可能低于无限额下的产品最优定价。碳限额政策下的最优定价、碳限额与交易政策下的最优定价、碳限额与交易政策下进行绿色技术投入后的最优定价间的高低关系，主要取决于制造企业的绿色技术投入水平。

为了进一步讨论绿色技术投入对碳限额与交易政策下制造企业定价决策的影响，提出以下命题：

定理 4.8：碳限额与交易政策下，制造企业进行绿色技术投入，存在一个最优定价决策，使 $\pi^c(p^c, z^c, T) \geqslant \pi^e(p^e, z^e) \geqslant \pi^a(p^a, z^a)$。且制造企业进行绿色技术投入的条件满足 $\dfrac{c'(T)}{k(a-bp+z)} = w$。

证明：

当 $\pi^e(p^e, z^e)$ 取最大值时，有：

$$\pi^e(p^e, z^e) > \pi^n(z^*, p^*) - w[k(a-bp^* + z^*) - K]$$

若 $K > k(a-bp^* + z^*)$，由定理 4.1 可知，在此情形下，$\pi^n(z^*, p^*) = \pi^a(z^a, p^a)$，所以：

$$\pi^e(p^e, z^e) > \pi^a(z^a, p^a) - w(k(a-bp^* + z^*) - K) > 0$$

因此，$\pi^e(p^e, z^e) > \pi^a(z^a, p^a)$。

若 $K < k(a-bp^* + z^*)$，在此情形下 $K = k(a-bp^a + Z^a)$，当 $\pi^e(p^e, z^e)$ 取最大值时可得 $\pi^e(p^e, z^e) \geqslant \pi^n(z^*, p^*) - w(a-bp^a + Z^a) - K$，然后可得 $\pi^e(p^e, z^e) - \pi^a(z^a, p^a) \geqslant w[k(a-bp^a + z^a) - k] = 0$，因此，可以得到 $\pi^e(p^e, z^e) = \pi^a(z^a, p^a)$。综合可得 $\pi^e(p^e, z^e) \geqslant \pi^a(z^a, p^a)$。

$\pi^c(p, z, T)$ 对 T 求导得：

$$\frac{\partial \pi^c(p, z, T)}{\partial T} = -c'(T) + wk(a-bp+z)$$

(1) 当 $\dfrac{c'(T)}{k(a-bp+z)} > w$ 时，可以得到：

$$\frac{\partial \pi^c(Q, T)}{\partial T} = -c'(T) + wk(a-bp+z) < 0$$

此时，进行绿色技术投入会减少制造企业在碳限额与交易政策下的期望利润。并且，$\pi^c(p^c, z^c, T) < \pi^e(p^e, z^e)$。

(2) 当 $\dfrac{c'(T)}{k(a-bp+z)} = w$ 时，可以得到：

$$\frac{\partial \pi^c(Q, T)}{\partial T} = -c'(T) + wk(a-bp+z) = 0$$

此时，进行绿色技术投入不能增加制造企业在碳限额与交易政策下的期望利润。并且，$\pi^c(p^c, z^c, T) = \pi^e(p^e, z^e)$。

（3）当 $\dfrac{c'(T)}{k(a - bp + z)} < w$ 时，可以得到：

$$\frac{\partial \pi^c(Q, T)}{\partial T} = -c'(T) + wk(a - bp + z) > 0$$

此时，进行绿色技术投入可以增加制造企业在碳限额与交易政策下的期望利润。并且，$\pi^c(Q_1^c, Q_2^c) > \pi^e(Q_1^e, Q_2^e)$。综上所述：

$$\pi^c(p^c, z^c, T) > \pi^e(p^e, z^e)$$

综合可得 $\pi^c(p^c, z^c, T) \geqslant \pi^e(p^e, z^e) \geqslant \pi^a(p^a, z^a)$。

得证。

定理 4.8 表明：首先，在碳限额与交易政策下，制造企业会适当地对产品进行绿色技术投入，从而使绿色技术投入后的制造企业期望利润不低于未进行绿色技术投入前的期望利润。其次，绿色技术投入的主要作用之一就是获得额外的碳排放权，为制造企业在碳限额与交易政策下带来新的利润增长。

同时，定理 4.8 进一步说明：

当 $\dfrac{c'(T)}{k(a - bp + z)} < w$ 时，进行绿色技术投入后的单位碳排放权成本低于市场上 1 单位碳排放权的价格，此时，制造企业可以利用额外的碳排放权进行生产或者在市场上进行出售。在此情形下，制造企业将继续进行绿色技术投入直至 $\dfrac{c'(T)}{k(a - bp + z)} = w$，以获得更多的利润。

当 $\dfrac{c'(T)}{k(a - bp + z)} > w$ 时，进行绿色技术投入后的单位碳排放权成本高于市场上 1 单位碳排放权的价格，此时，进行绿色技术投入会减少制造企业在碳限额与交易政策下的期望利润。在此情形下，制造企业会放弃绿色技术投入，转而在交易市场上购买碳排放权。

当 $\dfrac{c'(T)}{k(a - bp + z)} = w$ 时，进行绿色技术投入后的单位碳排放权成本低于市场上 1 单位碳排放权的价格，绿色技术投入不能增加制造企业在碳限额与交易政策下的期望利润，所以，制造企业仍不会进行绿色技术投入。

因此，只有当进行绿色技术投入后制造企业所取得的额外碳排放权成本低于市场碳排放权价格时，制造企业才会进行绿色技术投入。

4.4 小　　结

本章主要研究了一个面临随机市场的单一产品制造企业在碳限额与交易政策下的定价决策问题。本章首先研究了制造企业面临随机需求时在碳限额政策下的定价决策；其次研究了制造企业面临随机需求时在碳限额与交易政策下的定价决策；最后考虑制造企业可以通过绿色技术投入来减少碳排放量的情形，研究了制造企业面临随机需求时在碳限额与交易政策下有绿色技术投入的定价决策。

本章主要结论如表 4-2 所示。

表 4-2　　　　　考虑碳限额与交易政策规制的单产品定价决策

	无限额	碳限额政策	碳限额与交易政策 （无绿色技术投入）	碳限额与交易政策 （有绿色技术投入）
解析解	$\theta(p^*)=0$	$\theta(p^a)\geqslant 0$	$\theta(p^e)=w$	$\theta(p^c)=(1-T)w$
定价水平比较		$p^a>p^*$	(1)若 $\theta(p^a)=w$, $p^a=p^e<p^*$ (2)若 $\theta(p^a)<w$, $p^e<p^a\leqslant p^*$ (3)若 $\theta(p^a)>w$, $p^a<p^e<p^*$	(1)若 $\theta(p^a)>w$, $p^*<p^c<p^e<p^a$ (2)若 $\theta(p^a)=w$, $p^*<p^c<p^e=p^a$ (3)若 $(1-T)w\leqslant\theta(p^a)<w$, $p^*<p^c\leqslant p^a<p^e$ (4)若 $\theta(p^a)<(1-T)w$, $p^*<p^a<p^c<p^e$
利润比较	$\pi^a(p^a,\ z^a)\leqslant$ $\pi^n(p^*,\ z^*)$	(1)若 $K^*>K$, $\pi^e(p^e,z^e)>\pi^n(p^*,z^*)>$ $\pi^a(p^a,z^a)$ (2)若 $K^*=K$, $\pi^e(p^e,z^e)=\pi^n(p^*,z^*)>$ $\pi^a(p^a,z^a)$ (3)若 $K^*<K$, $\pi^n(p^*,z^*)>\pi^e(p^e,z^e)>$ $\pi^a(p^a,z^a)$	$\pi^c(p^c,z^c,T)\geqslant\pi^e(p^e,z^e)\geqslant$ $\pi^a(p^a,z^a)$

研究表明：

第一，在碳限额政策下，制造企业的最优定价水平不低于在无限额下的最优定价水平，但制造企业的期望利润水平不高于无限额下的期望利润水平。这可以理解为了维护良好的环境，制造企业必须满足政府制定的碳排放政策约束，并付出一定的代价。

第二，在碳限额与交易政策下，制造企业的最优定价水平不低于无限额下的最优定价水平，但是否高于碳限额政策下的最优定价水平主要取决于产品在限额情形下定价水平变动带来的边际利润的多少。制造企业在碳限额与交易政策下的期望利润高于碳限额下的期望利润，但制造企业的期望利润是否高于无限额下的期望利润主要取决于政府的初始碳配额量。制造企业可以通过购买或出售碳配额提升企业期望利润，这表明碳限额与交易机制有利于提高企业效益，并证明了碳限额与交易机制的有效性。

第三，在碳限额与交易政策下，进行绿色技术投入后的最优定价水平与无绿色技术投入的最优定价水平之间的高低关系主要取决于制造企业的绿色技术投入水平。只有当进行绿色技术投入后制造企业所取得的额外碳排放权成本低于市场上的单位碳排放权价格时，绿色技术的投入才能够在一定程度上增加制造企业的期望利润水平。但总的看来，适当的绿色技术投入能够在一定程度上增加产品产出，提升制造企业期望利润。但制造企业并非会一味地进行绿色技术投入，因为虽然绿色技术投入总体上看对环境有利，但对制造企业并不一定总是有利。因此，对于政府而言，应同时从环境和制造企业两个角度考虑，制定既有利于环境又有利于制造企业的碳限额与交易政策，使制造企业倾向于采用绿色技术，促进制造企业发展与环境保护。

第5章　碳限额与交易政策规制下的制造企业两产品生产决策

　　根据从简单到复杂的原则，第3章和第4章分别研究了生产单一产品的制造企业在碳限额与交易政策规制下的生产决策和定价决策。本章将考虑市场上有一个面临随机需求的制造企业和两个随机消费群体。制造企业为了满足消费群体的需求，针对两个不同市场分别生产两种产品：绿色产品和普通产品。绿色产品在生产和消费过程中的碳排放量低，普通产品在生产和消费过程当中的碳排放量高。本章将从以下几个方面展开研究：一是无替代情形，制造企业面临随机需求，在碳限额政策下的两产品生产决策；二是无替代情形，制造企业面临随机需求，在碳限额与交易政策下的两产品生产决策；三是无替代情形，制造企业面临随机需求，在碳限额与交易政策下考虑绿色技术投入的两产品生产决策；四是向下替代情形，制造企业面临随机需求，在碳限额政策下的两产品生产决策；五是向下替代情形，制造企业面临随机需求，在碳限额与交易政策下的两产品生产决策；六是向下替代情形，制造企业面临随机需求，在碳限额与交易政策下考虑绿色技术投入的两产品生产决策。

5.1　碳限额与交易政策下的两产品生产决策

　　近年来，随着能源消耗的不断增多，碳排放导致的全球气候变化已给人类社会与经济发展带来了显著的不利影响，碳排放因素和满足消费者对绿色产品的需求已成为制造企业生产运作必须考虑的要素。制造企业在此情形下针对两个不同市场分别生产两种产品：绿色产品和普通产品，绿色产品在生产和消费过程中的碳排放量低，而普通产品在生产和消费过程中的碳排放量高。

5.1.1　问题描述与假设

1. 问题描述

在一个垄断市场中，假设市场上有一个面临随机需求的制造企业和两个消费群体。就如同我们日常生活中的电灯泡市场，市场上有两种电灯泡：绿色节能灯泡和普通灯泡。在碳限额与交易政策下，政府规定一个最大碳排放量，即碳限额 K。制造企业在生产活动中所产生的碳排放量不能超过政府制定的碳限额，但碳排放配额不足的制造企业可以向拥有多余配额的制造企业购买碳排放权。

本章在以下三种情形下研究制造企业的生产决策问题：

（1）在碳限额政策下，制造企业的两产品生产决策。

（2）在碳限额与交易政策下，制造企业的两产品生产决策。

（3）在碳限额与交易政策下，制造企业对普通的高碳排放产品进行绿色技术投入后的两产品生产决策。

为了表述方便，模型中符号的含义如表 5-1 所示。

表 5-1	模型中符号的含义

参数	参数含义
$f_1(\cdot)$ 和 $f_2(\cdot)$	绿色产品和普通产品的随机需求概率密度函数
$F_1(\cdot)$ 和 $F_2(\cdot)$	绿色产品和普通产品的随机需求的分布函数
c_1 和 c_2	每单位绿色产品和普通产品的生产成本
p_1 和 p_2	每单位绿色产品和普通产品的零售价格
r_1 和 r_2	每单位绿色产品和普通产品的缺货机会成本
v_1 和 v_2	每单位绿色产品和普通产品在销售周期末的残值
K	政府规定的最大碳排放量
E	在外部碳交易市场的交易量
k_1 和 k_2	每单位绿色产品和普通产品的碳排放量
Q_1^a 和 Q_2^a	碳限额政策下绿色产品和普通产品的产量
Q_1^e 和 Q_2^e	碳限额与交易政策下绿色产品和普通产品的产量

参数	参数含义
Q_1^c 和 Q_2^c	碳限额与交易政策下有绿色技术投入时绿色产品和普通产品的产量
T	绿色技术投入水平

2. 假设

上述参数必须满足某些条件，才能使建立的模型有实际意义，所以假设：

（1）$p_i \geq c_i > v_i > 0$，其中 $i = 1$，2。这个条件说明每个在消费者市场上出售的产品都将会为制造企业带来利润的增长。若有一个产品未售出，那么企业将会受到利润上的损失。

（2）$v_1 > v_2$。这个条件说明绿色产品的残值高于普通产品。

（3）$r_1 > r_2$。这个条件说明绿色产品的缺货成本高于普通产品的缺货成本。

（4）$k_2 < k_1$。这个条件说明每单位绿色产品的碳排放量低于每单位普通产品的碳排放量。

（5）我们考虑制造企业可以通过其绿色技术投入来减少碳排放量。绿色技术投入成本 $C(T)$，它是连续可微的，随绿色技术投入水平 T 的上升而加速上升，如图 3 - 1 所示。而且在现有技术条件下，企业实现碳零排放的成本为无穷大，即制造企业在现有技术下无法实现碳的零排放。$C'(T) > 0$，$C''(T) > 0$，且满足 $C(0) = 0$，$C(1) = \infty$。

（6）假设制造企业是理性的，会权衡绿色技术所带来的收益与成本。

5.1.2 无碳减排政策规制

本章令 x 和 y 分别为两个产品的随机需求，并且 x 和 y 分别服从两个产品需求的概率密度函数为 $f_1(\cdot)$ 和 $f_2(\cdot)$ 的分布。p_i、c_i 和 r_i 分别为每单位产品的零售价格、产品的生产成本和缺货产品的机会成本。$c_i - v_i$ 为超过市场需求的产品所产生的超额生产成本，$p_i + r_i - c_i$ 为不满足市场需求时所产生的缺货成本。若制造企业的生产量为 Q_1 和 Q_2，那么，其在无限额下的期望利润为：

$$\pi^n(Q_1, Q_2) = (p_1 - v_1)\int_0^{Q_1} xf(x)\,\mathrm{d}x - (c_1 - v_1)\int_0^{Q_1} Qf(x)\,\mathrm{d}x$$

$$+ (p_1 + r_1 - c_1)\int_{Q_1}^{\infty} Qf(x)\,\mathrm{d}x - r_1\int_{Q_1}^{\infty} xf(x)\,\mathrm{d}x$$

$$+ (p_2 - v_2)\int_0^{Q_2} yf(y)\,\mathrm{d}y - (c_2 - v_2)\int_0^{Q_2} Qf(y)\,\mathrm{d}y$$

$$+ (p_2 + r_2 - c_2)\int_{Q_2}^{\infty} Qf(x)\,\mathrm{d}x - r_2\int_{Q_2}^{\infty} yf(y)\,\mathrm{d}y \quad (5.1)$$

令 $\dfrac{\partial \pi^n(Q_1, Q_2)}{\partial Q_1} = 0$，$\dfrac{\partial \pi^n(Q_1, Q_2)}{\partial Q_2} = 0$，得到最优生产量为：

$$Q_1^* = F_1^{-1}\left(\frac{p_1 + r_1 - c_1}{p_1 + r_1 - v_1}\right)$$

$$Q_2^* = F_2^{-1}\left(\frac{p_2 + r_2 - c_2}{p_2 + r_2 - v_2}\right)$$

在碳限额政策下，政府规定一个最大碳排放量，即碳限额 K，制造企业在进行生产活动时产生的碳排放量不能超过政府规定的碳限额。因此，制造企业在碳限额政策下的期望利润函数为：

$$\max \pi^a(Q_1, Q_2) = \pi^n(Q_1, Q_2) \quad (5.2)$$

$$\mathrm{s.t} \quad k_1 Q_1 + k_2 Q_2 \leqslant K \quad (5.3)$$

约束条件式（5.3）意味着制造企业在生产活动中的总碳排放量不得超过政府规定的碳限额。

令单位碳配额为制造企业带来的期望利润增长为：

$$\theta_1(Q_1) = \frac{1}{k_1}\frac{\partial \pi^n(Q_1, Q_2)}{\partial Q_1}$$

$$\theta_2(Q_2) = \frac{1}{k_2}\frac{\partial \pi^n(Q_1, Q_2)}{\partial Q_2}$$

通过对制造企业在此情形下的最优生产决策进行讨论，得到以下命题：

定理 5.1：在碳限额政策下，制造企业满足 $\theta_1(Q_1^a) = \theta_2(Q_2^a)$，且在碳限额政策下的最优生产量 $Q_1^a \leqslant Q_1^*$，$Q_2^a \leqslant Q_2^*$。

证明：

令 $\varphi \geqslant 0$，由约束条件可得：

$$k_1 Q_1 + k_2 Q_2 - K \leqslant 0 \quad (5.4)$$

$$\varphi(k_1 Q_1 + k_2 Q_2 - K) = 0 \quad (5.5)$$

$$(v_1 - p_1 - r_1)F_1(Q_1) + p_1 + r_1 - c_1 - \varphi k_1 = 0 \qquad (5.6)$$

$$(v_2 - p_2 - r_2)F_2(Q_2) + p_2 + r_2 - c_2 - \varphi k_2 = 0 \qquad (5.7)$$

当 $\varphi = 0$ 时，由式（5.6）和式（5.7）可得：

$$\frac{\partial \pi^n(Q_1, Q_2)}{\partial Q_1} = 0$$

$$\frac{\partial \pi^n(Q_1, Q_2)}{\partial Q_2} = 0$$

因此，可以得到 $Q_1^* = Q_1^a$，$Q_2^a = Q_2^*$，此时，$k_1 Q_1^* + k_2 Q_2^* \leqslant K$。

当 $\varphi > 0$ 时，由式（5.6）和式（5.7）可得：

$$\frac{\partial \pi^n(Q_1, Q_2)}{\partial Q_1} = (v_1 - p_1 - r_1)F_1(Q_1) + p_1 + r_1 - c_1 = \varphi k_1 > 0$$

$$\frac{\partial \pi^n(Q_1, Q_2)}{\partial Q_2} = (v_2 - p_2 - r_2)F_2(Q_2) + p_2 + r_2 - c_2 = \varphi k_2 > 0$$

由此可得 $Q_1^a < Q_1^*$，$Q_2^a < Q_2^*$。

$$\frac{1}{k_1}(v_1 - p_1 - r_1)F_1(Q_1) + p_1 + r_1 - c_1 = \frac{1}{k_2}(v_2 - p_2 - r_2)F_2(Q_2) + p_2 + r_2 - c_2。$$

得证。

定理5.1表明，在碳限额政策下，制造企业满足 $\theta_1(Q_1^a) = \theta_2(Q_2^a)$。

当 $\theta_1(Q_1^a) > \theta_2(Q_2^a)$ 时，制造企业可以通过多生产绿色产品以获得更高的期望利润。

当 $\theta_1(Q_1^a) < \theta_2(Q_2^a)$ 时，制造企业可以通过多生产普通产品以获得更高的期望利润。

同时，由于碳限额政策的存在，制造企业在碳限额政策下的普通产品和绿色产品的最优生产量均不会大于无限额下的普通产品和绿色产品的最优生产量，这可以理解为为了维护良好的环境，制造企业必须满足政府制定的碳排放政策约束，并付出一定的经济代价。

政府规定的初始限额能够对制造企业的生产决策产生影响，因此，本章得到了下面的推论：

推论5.1：制造企业在碳限额政策下的期望利润为：

$$\pi^a(Q_1^a, Q_2^a) = \begin{cases} \pi_n(Q_1^*, Q_2^*) & K \geqslant k_1 Q_1^* + k_2 Q_2^* \\ \pi_n(Q_1^a, Q_2^a) & K < k_1 Q_1^* + k_2 Q_2^* \end{cases}, \text{且 } \pi^a(Q_1^a, Q_2^a) \leqslant$$

$\pi^n(Q_1^*, Q_2^*)$

证明：

由定理 5.1 可得：

当 $k_1 Q_1^* + k_2 Q_2^* \leqslant K$ 时，$Q_1^* = Q_1^a$，$Q_2^a = Q_2^*$，由此可以得到：

$$\pi^a(Q_1^a, Q_2^a) = \pi^n(Q_1^*, Q_2^*)$$

当 $k_1 Q_1^* + k_2 Q_2^* > K$ 时，$Q_1^a < Q_1^*$，$Q_2^a < Q_2^*$，由此可以得到：

$$\pi^a(Q_1^a, Q_2^a) = \pi^n(Q_1^a, Q_2^a) < \pi^n(Q_1^*, Q_2^*)$$

得证。

推论5.1表明，制造企业在政府碳限额政策下的期望利润小于在无限额下的期望利润。

5.1.3　碳限额与交易政策规制

1. 无绿色技术投入的两产品生产决策

令 E 为制造企业与外部碳交易市场的碳交易量。由此可以得到在碳限额与交易政策下制造企业的期望利润函数为：

$$\max \pi^e(Q_1, Q_2) = \pi^n(Q_1, Q_2) - wE \tag{5.8}$$
$$\text{s. t}\quad k_1 Q_1 + k_2 Q_2 = K + E \tag{5.9}$$

约束条件式（5.9）意味着制造企业的碳排放量必须等于政府的初始碳排放配额与外部碳交易市场碳排放交易数量之和。

当 $E > 0$ 时，意味着制造企业将从市场上购买碳排放配额。

当 $E = 0$ 时，意味着制造企业将不会在外部碳交易市场上进行交易。

当 $E < 0$ 时，意味着制造企业将在外部碳交易市场上售出使用不完的配额。

通过对制造企业在此情形下的最优生产决策进行讨论，得到以下命题：

定理 5.2： 在碳限额与交易政策下，存在一个最优的生产量 Q_1^e 和 Q_2^e，且满足条件 $\theta_1(Q_1^e) = \theta_2(Q_2^e) = w$。

证明：

由式（5.7）可知，$E = k_1 Q_1 + k_2 Q_2 - K$，由此得到制造企业的期望利润函数为：

$$
\pi^e(Q_1, Q_2) = (p_1 - v_1) \int_0^{Q_1} xf(x)\,\mathrm{d}x - (c_1 - v_1) \int_0^{Q_1} Qf(x)\,\mathrm{d}x
$$
$$
+ (p_1 + r_1 - c_1) \int_{Q_1}^{\infty} Qf(x)\,\mathrm{d}x - r_1 \int_{Q_1}^{\infty} xf(x)\,\mathrm{d}x
$$

$$+ (p_2 - v_2) \int_0^{Q_2} yf(y)\,dy - (c_2 - v_2) \int_0^{Q_2} Qf(y)\,dy$$

$$+ (p_2 + r_2 - c_2) \int_{Q_2}^{\infty} Qf(x)\,dx - r_2 \int_{Q_2}^{\infty} yf(y)\,dy$$

$$- w(k_1 Q_1 + k_2 Q_2 - K)$$

对 Q_1 和 Q_2 求偏导得：

$$\frac{\partial \pi^e(Q_1,\ Q_2)}{\partial Q_1} = (v_1 - p_1 - r_1)F_1(Q_1) + p_1 + r_1 - c_1 - wk_1$$

$$\frac{\partial \pi^e(Q_1,\ Q_2)}{\partial Q_2} = (v_2 - p_2 - r_2)F_2(Q_2) + p_2 + r_2 - c_2 - wk_2$$

$$\frac{\partial^2 \pi^e(Q_1,\ Q_2)}{\partial Q_1 Q_2} = \frac{\partial^2 \pi^e(Q_1,\ Q_2)}{\partial Q_2 Q_1} = 0$$

对 Q_1 和 Q_2 求二阶偏导得：

$$\frac{\partial^2 \pi^e(Q_1,\ Q_2)}{\partial Q_1^2} = (v_1 - p_1 - r_1)f_1(Q_1) < 0$$

$$\frac{\partial^2 \pi^e(Q_1,\ Q_2)}{\partial Q_2^2} = (v_2 - p_2 - r_2)f_2(Q_2) < 0$$

由此可得：

$$\begin{vmatrix} \dfrac{\partial^2 \pi^e(Q_1,\ Q_2)}{\partial Q_1^2} & \dfrac{\partial^2 \pi^e(Q_1,\ Q_2)}{\partial Q_1 Q_2} \\ \dfrac{\partial^2 \pi^e(Q_1,\ Q_2)}{\partial Q_2 Q_1} & \dfrac{\partial^2 \pi^e(Q_1,\ Q_2)}{\partial Q_2^2} \end{vmatrix} = (v_1 - p_1 - r_1)f_1(Q_1)(v_2 - p_2 - r_2)f_2(Q_2) > 0$$

$\pi^e(Q_1,\ Q_2)$ 是关于 Q_1 和 Q_2 的凹函数。

令 $\dfrac{\partial \pi^e(Q_1,\ Q_2)}{\partial Q_1} = 0$，可得 $(v_1 - p_1 - r_1)F_1(Q_1) + p_1 + r_1 - c_1 - wk_1 = 0$，

那么，由此可得 $\theta_1(Q_1^e) = w$；

令 $\dfrac{\partial \pi^e(Q_1,\ Q_2)}{\partial Q_2} = 0$，可得 $(v_2 - p_2 - r_2)F_2(Q_2) + p_2 + r_2 - c_2 - wk_2 = 0$，

那么，由此可得 $Q_2^e = w$。

得证。

定理 5.2 表明，在碳限额与交易政策下，制造企业满足条件 $\theta_1(Q_1^e) = \theta_2(Q_2^e)$，否则制造企业可以通过多生产绿色产品或者普通产品以获得更高的期望利润。

当 $\theta_1(Q_1^e) = \theta_2(Q_2^e) > w$ 时，单位碳配额所带来的制造企业期望利润高于 1 单位碳排放配额的价格，制造企业将从外部碳交易市场购买碳排放配额来生产更多的产品以获得更多的利润。

当 $\theta_1(Q_1^e) = \theta_2(Q_2^e) < w$ 时，单位碳配额所带来的制造企业期望利润低于 1 单位碳排放配额的价格，制造企业将在外部碳交易市场上出售碳排放配额。

当 $\theta_1(Q_1^e) = \theta_2(Q_2^e) = w$ 时，单位碳配额所带来的制造企业期望利润等于 1 单位碳排放配额的价格，制造企业将不会在外部碳交易市场上进行碳排放权交易。企业在此情形下存在一个最优的生产策略，使企业期望利润最大。

在碳限额与交易政策下，制造企业的最大期望利润为：

$$\pi^e(Q_1^e, Q_2^e) = \pi^n(Q_1^e, Q_2^e) - w(k_1 Q_1^e + k_2 Q_2^e - K) \tag{5.10}$$

为了讨论碳限额与交易政策对生产决策的影响，提出以下命题：

定理 5.3：

（1）若 $\theta_1(Q_1^a) = \theta_2(Q_2^a) = w$，则 $Q_1^a = Q_1^e < Q_1^*$，$Q_2^a = Q_2^e < Q_2^*$。

（2）若 $\theta_1(Q_1^a) = \theta_2(Q_2^a) < w$，则 $Q_1^e < Q_1^a < Q_1^*$，$Q_2^e < Q_2^a < Q_2^*$。

（3）若 $\theta_1(Q_1^a) = \theta_2(Q_2^a) > w$，则 $Q_1^a < Q_1^e < Q_1^*$，$Q_2^a < Q_2^e < Q_2^*$。

证明：

$\theta_1(Q_1)$ 和 $\theta_2(Q_2)$ 分别对 Q_1 和 Q_2 求偏导得：

$$\frac{\partial \theta_1(Q_1)}{\partial Q_1} = \frac{1}{k_1}(v_1 - p_1 - r_1)F_1(Q_1) + p_1 + r_1 - c_1 < v_1 - c_1 - wk_1 < 0$$

$$\frac{\partial \theta_2(Q_2)}{\partial Q_2} = \frac{1}{k_2}(v_2 - p_2 - r_2)F_2(Q_2) + p_2 + r_2 - c_2 < v_2 - c_2 - wk_2 < 0$$

由此可得 $\theta_1(Q_1)$ 和 $\theta_2(Q_2)$ 分别是关于 Q_1 和 Q_2 的递减函数，由式（5.1）和定理 5.2 可得，$\theta_1(Q_1^*) = 0$，$\theta_2(Q_2^*) = 0$，$\theta_1(Q_1^e) = \theta_2(Q_2^e) = w$，因此，$Q_1^* > Q_1^e$。$Q_2^* > Q_2^e$。

（1）若 $\theta_1(Q_1^a) = \theta_2(Q_2^a) = w$，可以得到 $\theta_1(Q_1^a) = \theta_2(Q_2^a) = \theta_1(Q_1^e) = \theta_2(Q_2^e)$，因此得到 $Q_1^a = Q_1^e < Q_1^*$，$Q_2^a = Q_2^e < Q_2^*$。

（2）若 $\theta_1(Q_1^a) = \theta_2(Q_2^a) < w$，可以得到 $\theta_1(Q_1^a) = \theta_2(Q_2^a) > \theta_1(Q_1^e) = \theta_2(Q_2^e)$，因此得到 $Q_1^e < Q_1^a < Q_1^*$，$Q_2^e < Q_2^a < Q_2^*$。

（3）若 $\theta_1(Q_1^a) = \theta_2(Q_2^a) > w$，可以得到 $\theta_1(Q_1^a) = \theta_2(Q_2^a) < \theta_1(Q_1^e) = \theta_2(Q_2^e)$，因此得到 $Q_1^a < Q_1^e < Q_1^*$，$Q_2^a < Q_2^e < Q_2^*$。

定理 5.3 意味着碳限额与交易政策下，制造企业普通产品和绿色产品的最优生产量均低于无限额下普通产品和绿色产品的最优生产量。碳限额与交易政策下普通产品和绿色产品的最优生产量、碳限额政策下的普通产品和绿色产品的最优生产量间的多少关系主要取决于在限额条件下生产 1 单位产品所取得的边际利润的多少。

当 $\theta_1(Q_1^a) = \theta_2(Q_2^a) < w$ 时，生产 1 单位产品的边际利润低于单位碳配额价格，制造企业将在外部碳交易市场出售碳排放配额，普通产品和绿色产品的生产量同时减少。

当 $\theta_1(Q_1^a) = \theta_2(Q_2^a) > w$ 时，生产 1 单位产品的边际利润高于单位碳配额价格，制造企业选择从外部碳交易市场购买碳配额，普通产品和绿色产品的生产量同时增加，直至生产普通产品和绿色产品的边际收益为 w，即等于最优情形下的生产量。

当 $\theta_1(Q_1^a) = \theta_2(Q_2^a) = w$ 时，生产 1 单位产品的边际利润等于单位碳配额价格，制造企业将不会在外部碳交易市场上进行碳排放权交易。

为了讨论碳限额与交易政策对制造企业期望利润的影响，提出以下命题：

定理 5.4： 当 $K^* = k_1 Q_1^e + k_2 Q_2^e + \dfrac{1}{w}\left[\pi^n(Q_1^*, Q_2^*) - \pi^e(Q_1^e, Q_2^e)\right]$ 时：

（1）若 $K > K^*$，则 $\pi^e(Q_1^e, Q_2^e) > \pi^n(Q_1^*, Q_2^*) \geqslant \pi^a(Q_1^a, Q_2^a)$。

（2）若 $K = K^*$，则 $\pi^e(Q_1^e, Q_2^e) = \pi^n(Q_1^*, Q_2^*) > \pi^a(Q_1^a, Q_2^a)$。

（3）若 $K < K^*$，则 $\pi^n(Q_1^*, Q_2^*) > \pi^e(Q_1^e, Q_2^e) \geqslant \pi^a(Q_1^a, Q_2^a)$。

证明：

当 $\pi^e(Q_1, Q_2)$ 取最大值时，有：

$$\pi^e(Q_1^e, Q_2^e) > \pi^n(Q_1^*, Q_2^*) - w(k_1 Q_1^* + k_2 Q_2^* - K)$$

若 $K \geqslant k_1 Q_1^* + k_2 Q_2^*$，由定理 5.1 可知，在此情形下：

$$\pi^a(Q_1^a, Q_2^a) = \pi^n(Q_1^*, Q_2^*)$$

所以：

$$\pi^e(Q_1^e, Q_2^e) - \pi^a(Q_1^a, Q_2^a) > -w(k_1 Q_1^* + k_2 Q_2^* - K) > 0$$

因此，$\pi^e(Q_1^e, Q_2^e) > \pi^a(Q_1^a, Q_2^a)$。

若 $K < k_1 Q_1^* + k_2 Q_2^*$，在此情形下：

$$K = k_1 Q_1^a + k_2 Q_2^a$$

当 $\pi^e(Q_1, Q_2)$ 取最大值时有：

$$\pi^e(Q_1^e, Q_2^e) \geqslant \pi^n(Q_1^a, Q_2^a) - w(k_1 Q_1^a + k_2 Q_2^a - K)$$

由推论 5.1 可知 $\pi^a(Q_1^a, Q_2^a) = \pi^n(Q_1^a, Q_2^a)$，由此可得：

$$\pi^e(Q_1^e, Q_2^e) - \pi^a(Q_1^a, Q_2^a) \geqslant -w(k_1 Q_1^a + k_2 Q_2^a - K) = 0$$

所以：

$$\pi^e(Q_1^e, Q_2^e) \geqslant \pi^a(Q_1^a, Q_2^a)$$

综上可得 $\pi^e(Q_1^e, Q_2^e) \geqslant \pi^a(Q_1^a, Q_2^a)$。

若 $K \leqslant k_1 Q_1^e + k_2 Q_2^e$，由式（5.10）可得：

$$\pi^e(Q_1^e, Q_2^e) = \pi^n(Q_1^e, Q_2^e) - w(k_1 Q_1^e + k_2 Q_2^e - K)$$
$$\leqslant \pi^n(Q_1^e, Q_2^e) < \pi^n(Q_1^*, Q_2^*)$$

若 $K \geqslant k_1 Q_1^* + k_2 Q_2^*$，则：

$$\pi^e(Q_1^e, Q_2^e) > \pi^n(Q_1^*, Q_2^*) - w(k_1 Q_1^* + k_2 Q_2^* - K) > \pi^n(Q_1^*, Q_2^*)$$

因此，$\pi^e(Q_1^e, Q_2^e) > \pi^n(Q_1^*, Q_2^*)$。当：

$$K^* \in (k_1 Q_1^e + k_2 Q_2^e, \; k_1 Q_1^* + k_2 Q_2^*)$$

时，根据介值定理可知，存在一个 K^* 满足 $\pi^e(Q_1^e, Q_2^e) = \pi^n(Q_1^*, Q_2^*)$，因此：

$$\pi^e(Q_1^e, Q_2^e) - w(k_1 Q_1^e + k_2 Q_2^e - K) = \pi^n(Q_1^*, Q_2^*)$$

$$K^* = k_1 Q_1^e + k_2 Q_2^e + \frac{1}{\omega}\left[\pi^n(Q_1^*, Q_2^*) - \pi^e(Q_1^e, Q_2^e)\right]$$

因为 $\pi^e(Q_1, Q_2)$ 是关于 K 的递增函数，因此：

（1）若 $K > K^*$，则 $\pi^e(Q_1^e, Q_2^e) > \pi^n(Q_1^*, Q_2^*) \geqslant \pi^a(Q_1^a, Q_2^a)$。

（2）若 $K = K^*$，则 $\pi^e(Q_1^e, Q_2^e) = \pi^n(Q_1^*, Q_2^*) > \pi^a(Q_1^a, Q_2^a)$。

（3）若 $K < K^*$，则 $\pi^n(Q_1^*, Q_2^*) > \pi^e(Q_1^e, Q_2^e) \geqslant \pi^a(Q_1^a, Q_2^a)$。

得证。

定理 5.4 表明，制造企业可以通过购买或出售碳配额增加其期望利润，所以，在碳限额与交易政策下，制造企业的期望利润总是高于碳限额政策下的期望利润。在碳限额与交易政策下，制造企业的期望利润是否高于无限额下的期望利润主要取决于政府的初始碳配额量。只有在政府给予较宽松的初始碳配额时，在碳限额与交易政策下，制造企业的期望利润才会高于无限额下的期望利润。

2. 有绿色技术投入的两产品生产决策

若 T 为绿色技术投入水平，则制造企业在此情况下的期望利润函数为：

$$\pi^c(Q_1, Q_2, T) = (p_1 - v_1) \int_0^{Q_1} xf(x) \, dx - (c_1 - v_1) \int_0^{Q_1} Qf(x) \, dx$$

$$+ (p_1 + r_1 - c_1) \int_{Q_1}^{\infty} Qf(x) \, dx - r_1 \int_{Q_1}^{\infty} xf(x) \, dx$$

$$+ (p_2 - v_2) \int_0^{Q_2} yf(y) \, dy - (c_2 + c(T) - v_2) \int_0^{Q_2} Qf(y) \, dy$$

$$+ (p_2 + r_2 - c_2 - c(T)) \int_{Q_2}^{\infty} Qf(x) \, dx - r_2 \int_{Q_2}^{\infty} yf(y) \, dy$$

$$\tag{5.11}$$

$$\text{s. t} \quad k_1 Q_1 + (1 - T) k_2 Q_2 = K + E \tag{5.12}$$

约束条件式（5.12）意味着制造企业进行绿色技术投入后的总碳排放量仍必须等于政府的初始碳排放配额与外部碳交易市场碳排放交易数量之和。

为了讨论在碳限额与交易政策下制造企业的最优生产决策，提出以下命题：

定理 5.5：在碳限额与交易政策下，制造企业进行绿色技术投入，存在一个最优的生产决策，使制造企业期望利润最大，且 $\theta_2(Q_2^c) = (1 - T)w$。

证明：

由式（5.12）可得 $E = k_1 Q_1 + (1 - T) k_2 Q_2 - K$，带入式（5.11）得：

$$\pi^c(Q_1, Q_2, T) = (p_1 - v_1) \int_0^{Q_1} xf(x) \, dx - (c_1 - v_1) \int_0^{Q_1} Qf(x) \, dx$$

$$+ (p_1 + r_1 - c_1) \int_{Q_1}^{\infty} Qf(x) \, dx - r_1 \int_{Q_1}^{\infty} xf(x) \, dx$$

$$+ (p_2 - v_2) \int_0^{Q_2} yf(y) \, dy - (c_2 + c(T) - v_2) \int_0^{Q_2} Qf(y) \, dy$$

$$+ (p_2 + r_2 - c_2 - c(T)) \int_{Q_2}^{\infty} Qf(x) \, dx - r_2 \int_{Q_2}^{\infty} yf(y) \, dy$$

$$- w[k_1 Q_1 + (1 - T) k_2 Q_2 - K]$$

当绿色技术水平 T 投入一定时，对 Q_1 和 Q_2 求偏导得：

$$\frac{\partial \pi^c(Q_1, Q_2, T)}{\partial Q_1} = (v_1 - p_1 - r_1) F_1(Q_1) + p_1 + r_1 - c_1 - w k_1$$

$$\frac{\partial \pi^c(Q_1, Q_2, T)}{\partial Q_2} = (v_2 - p_2 - r_2) F_2(Q_2) + p_2 + r_2 - c_2 - w(1 - T) k_2$$

$$\frac{\partial^2 \pi^c(Q_1, Q_2, T)}{\partial Q_1 Q_2} = \frac{\partial^2 \pi^c(Q_1, Q_2, T)}{\partial Q_2 Q_1} = 0$$

对 Q_1 和 Q_2 求二阶偏导得：

$$\frac{\partial^2 \pi^c(Q_1, Q_2, T)}{\partial Q_1^2} = (v_1 - p_1 - r_1)f_1(Q_1) < 0$$

$$\frac{\partial^2 \pi^c(Q_1, Q_2, T)}{\partial Q_2^2} = (v_2 - p_2 - r_2)f_2(Q_2) < 0$$

由此可得：

$$\begin{vmatrix} \dfrac{\partial^2 \pi^c(Q_1, Q_2, T)}{\partial Q_1^2} & \dfrac{\partial^2 \pi^c(Q_1, Q_2, T)}{\partial Q_1 Q_2} \\ \dfrac{\partial^2 \pi^c(Q_1, Q_2, T)}{\partial Q_2 Q_1} & \dfrac{\partial^2 \pi^c(Q_1, Q_2, T)}{\partial Q_2^2} \end{vmatrix}$$

$$= (v_1 - p_1 - r_1)f_1(Q_1)(v_2 - p_2 - r_2)f_2(Q_2) > 0$$

令 $\dfrac{\partial \pi^c(Q_1, Q_2, T)}{\partial Q_1} = 0$，可以得到：

$$\frac{1}{k_1}(v_1 - p_1 - r_1)F_1(Q_1) + p_1 + r_1 - c_1 - \omega k_1 = 0$$

由此可得 $\theta_1(Q_1^c) = w$。

令 $\dfrac{\partial \pi^c(Q_1, Q_2, T)}{\partial Q_2} = 0$，可以得到：

$$\frac{1}{k_2}(v_2 - p_2 - r_2)F_2(Q_2) + p_2 + r_2 - c_2 - w(1 - T)k_2 = 0$$

由此可得 $\theta_2(Q_2^c) = (1 - T)w$。

得证。

定理 5.5 表明，在碳限额与交易政策下，存在一个最优绿色技术投入量和最优生产量生产决策，使制造企业期望利润最大。同时，制造企业在进行绿色技术投入时：

当 $\theta_2(Q_2^c) > (1 - T)w$ 时，在碳限额与交易政策下，制造企业进行绿色技术投入，生产 1 单位普通产品所得到的边际利润高于 1 单位碳排放配额的价格，制造企业将在外部碳交易市场上购买碳排放配额。制造企业将增加在碳限额与交易政策下普通产品的产量直至边际收益为 $(1 - T)w$。

当 $\theta_2(Q_2^c) < (1 - T)w$ 时，在碳限额与交易政策下，制造企业进行

绿色技术投入，生产1单位普通产品所得到的边际利润低于1单位碳排放配额的价格，制造企业将在外部碳交易市场上出售碳排放配额。

当 $\theta_2(Q_2^c) = (1-T)w$ 时，在碳限额与交易政策下，制造企业进行绿色技术投入，生产1单位普通产品所得到的边际利润等于1单位碳排放配额的价格，制造企业将不会在外部碳交易市场上进行碳排放权交易。此时，在碳限额与交易政策下，制造企业进行绿色技术投入，存在一个使期望利润最大的生产决策。

本节讨论了在碳限额与交易政策下进行绿色技术投入对制造企业生产决策的影响，由此得到下面的命题：

定理5.6：

（1）若 $\theta_2(Q_2^a) > w$，$Q_2^a < Q_2^e < Q_2^c < Q_2^*$。

（2）若 $\theta_2(Q_2^a) = w$，$Q_2^a = Q_2^e < Q_2^c < Q_2^*$。

（3）若 $(1-T)w \leqslant \theta_2(Q_2^a) < w$，$Q_2^e < Q_2^c < Q_2^a < Q_2^*$。

（4）若 $\theta_2(Q_2^a) < (1-T)w$，$Q_2^e < Q_2^a < Q_2^c < Q_2^*$。

证明：

由定理5.3可知，$\theta_1(Q_1)$ 和 $\theta_2(Q_2)$ 是关于 Q_1 和 Q_2 的递减函数，$\theta_1(Q_1^*) = 0$，$\theta_2(Q_2^*) = 0$，$\theta_2(Q_2^c) = w$，$\theta_2(Q_2^e) = (1-T)w$，因此，$Q_2^* > Q_2^e > Q_2^c$。

（1）若 $\theta_2(Q_2^a) > w$，$\theta_2(Q_2^a) > \theta_2(Q_2^c) > \theta_2(Q_2^e)$，因此得到 $Q_2^a < Q_2^e < Q_2^c < Q_2^*$。

（2）若 $\theta_2(Q_2^a) = w$，$\theta_2(Q_2^a) = \theta_2(Q_2^c) > \theta_2(Q_2^e)$，因此得到 $Q_2^a = Q_2^e < Q_2^c < Q_2^*$。

（3）若 $(1-T)w \leqslant \theta_2(Q_2^a) < w$，$\theta_2(Q_2^e) > \theta_2(Q_2^a) > \theta_2(Q_2^c)$，因此得到 $Q_2^e < Q_2^c < Q_2^a < Q_2^*$。

（4）若 $\theta_2(Q_2^a) < (1-T)w$，$\theta_2(Q_2^e) > \theta_2(Q_2^a) > \theta_2(Q_2^c)$，因此得到 $Q_2^e < Q_2^a < Q_2^c < Q_2^*$。

得证。

定理5.6表明，在碳限额与交易政策下，制造企业进行绿色技术投入可以在一定程度上提升制造企业普通产品的产出，但无论进行绿色技术投入与否都不可能达到无限额下的最优生产量。在碳限额与交易政策下，制造企业进行绿色技术投入后普通产品的最优生产量与无绿色技术投入时普通产品的最优生产量之间的大小关系主要取决于制造企业的绿色技术投入水平。

为了讨论绿色技术投入对制造企业期望利润的影响，提出以下命题：

定理 5.7：在碳限额与交易政策下，制造企业进行绿色技术投入，存在一个最优策略，使 $\pi^c(Q_1^c, Q_2^c, T) \geq \pi^e(Q_1^e, Q_2^e) \geq \pi^a(Q_1^a, Q_2^a)$。且制造企业进行绿色技术投入的条件满足 $\dfrac{c'(T)}{k_2 Q_2} = w$。

证明：

当 $\pi^e(Q_1, Q_2)$ 取最大值时，有：

$$\pi^e(Q_1^e, Q_2^e) > \pi^n(Q_1^*, Q_2^*) - w(k_1 Q_1^* + k_2 Q_2^* - K)$$

若 $K \geq k_1 Q_1^* + k_2 Q_2^*$，由定理 5.1 可知，在此情形下：

$$\pi^a(Q_1^a, Q_2^a) = \pi^n(Q_1^*, Q_2^*)$$

所以：

$$\pi^e(Q_1^e, Q_2^e) - \pi^a(Q_1^a, Q_2^a) > -w(k_1 Q_1^* + k_2 Q_2^* - K) > 0$$

因此，$\pi^e(Q_1^e, Q_2^e) > \pi^a(Q_1^a, Q_2^a)$。

$\pi^c(Q_1, Q_2, T)$ 对 T 求导得：

$$\frac{\partial \pi^c(Q_1, Q_2, T)}{\partial T} = -c'(T) + w k_2 Q_2$$

（1）当 $\dfrac{c'(T)}{k_2 Q_2} > w$ 时，可以得到 $\dfrac{\partial \pi^c(Q_1, Q_2, T)}{\partial T} = -c'(T) + w k_2 Q_2 < 0$。进行绿色技术投入会减少制造企业在碳限额与交易政策下的期望利润。此时，$\pi^c(Q_1^c, Q_2^c, T) < \pi^e(Q_1^e, Q_2^e)$。

（2）当 $\dfrac{c'(T)}{k_2 Q_2} < w$ 时，可以得到 $\dfrac{\partial \pi^c(Q_1, Q_2, T)}{\partial T} = -c'(T) + wkQ > 0$。进行绿色技术投入可以增加制造企业在碳限额与交易政策下的期望利润。此时，$\pi^c(Q_1^c, Q_2^c, T) > \pi^e(Q_1^e, Q_2^e)$。综上所述，$\pi^c(Q_1^c, Q_2^c, T) > \pi^e(Q^e)$。

（3）当 $\dfrac{c'(T)}{k_2 Q_2} = w$ 时，可以得到 $\dfrac{\partial \pi^c(Q_1, Q_2, T)}{\partial T} = -c'(T) + w k_2 Q_2 = 0$。进行绿色技术投入不能增加制造企业在碳限额与交易政策下的期望利润。此时，$\pi^c(Q_1^c, Q_2^c, T) = \pi^e(Q_1^e, Q_2^e)$。

综合可得 $\pi^c(Q_1^c, Q_2^c, T) \geq \pi^e(Q^e) \geq \pi^a(Q^a)$。

得证。

定理 5.7 表明：首先，在碳限额与交易政策下，制造企业会对产品进行适当的绿色技术投入，从而使绿色技术投入后的制造企业期望利润不低于未进行绿色技术投入的期望利润。其次，绿色技术投入的主要作用之一就是获得额外的碳排放权，为制造企业在碳限额与交易政策下带来新的利润增长。

同时，定理 5.7 进一步说明：

当 $\dfrac{c'(T)}{k_2 Q_2} > w$ 时，对普通产品进行绿色技术投入后的单位碳排放权成本高于市场上 1 单位碳排放权的价格，此时，进行绿色技术投入会减少制造企业在碳限额与交易政策下的期望利润，制造企业会放弃绿色技术投入，转而在交易市场上购买碳排放权来进行生产。

当 $\dfrac{c'(T)}{k_2 Q_2} < w$ 时，对普通产品进行绿色技术投入后的单位碳排放权成本低于市场上 1 单位碳排放权的价格，此时，制造企业可以利用额外的碳排放权进行生产或者在市场上进行出售。在此情形下，制造企业将继续进行绿色技术投入直至 $\dfrac{c'(T)}{k_2 Q_2} = w$，以获得更多的利润。

当 $\dfrac{c'(T)}{k_2 Q_2} = w$ 时，对普通产品进行绿色技术投入后的单位碳排放权成本等于市场上 1 单位碳排放权的价格，绿色技术投入不能增加制造企业在碳限额与交易政策下的期望利润，制造企业不会进行绿色技术投入。

因此，只有当进行绿色技术投入后制造企业所取得的额外碳排放权成本低于市场碳排放权价格时，制造企业才会对普通产品进行绿色技术投入。

5.2 碳限额与交易政策规制下考虑替代的两产品生产决策

制造企业在此情形下针对两个不同市场分别生产两种产品：绿色产品和普通产品。同时，绿色产品对于普通产品存在向下替代作用，当普通产品缺货时，制造企业可以在普通产品的价格下用绿色产品满足顾客的需要。

5.2.1 问题描述与假设

1. 问题描述

在一个垄断市场中，假设市场上有一个面临随机需求的制造企业和两个消费群体。如电灯泡市场上有两种灯泡：绿色节能灯泡和普通灯泡。绿色节能灯泡对于普通灯泡有向下替代作用，当普通灯泡缺货时，制造企业可以用普通灯泡的价格用绿色节能灯泡满足顾客的需要。在碳限额与交易政策下，政府规定一个最大碳排放量，即碳限额 K。制造企业在生产活动中所产生的碳排放量不能超过政府制定的碳限额，但碳排放配额不足的制造企业可以向拥有多余配额的制造企业购买碳排放权。

本节在以下三种情形下研究制造企业的生产决策问题：

（1）考虑向下替代情形，在碳限额政策下制造企业的两产品生产决策。

（2）考虑向下替代情形，在碳限额与交易政策下制造企业的两产品生产决策。

（3）考虑向下替代情形，在碳限额与交易政策下制造企业对普通的高碳排放产品进行绿色技术投入后的两产品生产决策。

为了表述方便，模型中符号的含义如表 5-2 所示。

表 5-2　　　　　　　　　　模型中符号的含义

参数	参数含义
$f_1(\cdot)$ 和 $f_2(\cdot)$	绿色产品和普通产品的随机需求概率密度函数
$F_1(\cdot)$ 和 $F_2(\cdot)$	绿色产品和普通产品的随机需求的分布函数
c_1 和 c_2	每单位绿色产品和普通产品的生产成本
p_1 和 p_2	绿色产品和普通产品的零售价格
g_1 和 g_2	绿色产品和普通产品的缺货惩罚成本
r_1 和 r_2	每单位绿色产品和普通产品的缺货机会成本，且 $r_i = p_i + g_i$
v_1 和 v_2	每单位绿色产品和普通产品在销售周期末的残值
K	政府规定的最大碳排放量

参数	参数含义
E	在外部碳交易市场的交易量
k_1 和 k_2	每单位绿色产品和普通产品的碳排放量
Q_1^a 和 Q_2^a	碳限额政策下绿色产品和普通产品的产量
Q_1^c 和 Q_2^c	碳限额与交易政策下绿色产品和普通产品的产量
Q_1^c 和 Q_2^c	碳限额与交易政策下有绿色技术投入后绿色产品和普通产品的产量
T	绿色技术投入水平

2. 假设

上述参数必须满足某些条件,才能使建立的模型有实际意义,所以假设:

(1) $p_i \geqslant c_i > v_i > 0$,其中 $i = 1$,2。这个条件说明每个在消费者市场上出售的产品都将会为制造企业带来利润的增长。若有一个产品未售出,那么企业将会受到利润上的损失。

(2) $v_1 > v_2$。这个条件说明绿色产品的残值高于普通产品。

(3) $r_1 > r_2$。这个条件说明绿色产品的缺货成本高于普通产品的缺货成本。

(4) $r_2 > v_1$。这个条件说明普通产品的缺货成本高于绿色产品的残值。因此,在普通产品缺货时,用绿色产品代替普通产品能够为制造企业带来利润。

(5) $k_2 < k_1$。这个条件说明每单位绿色产品的碳排放量小于每单位普通产品的碳排放量。

(6) 我们考虑制造企业可以通过其绿色技术投入来减少碳排放量。绿色技术投入成本 $C(T)$,它是连续可微的,随绿色技术投入水平 T 的上升而加速上升,如图 3 – 1 所示。而且在现有技术条件下,企业实现碳零排放的成本为无穷大,即制造企业在现有技术下无法实现碳的零排放。$C'(T) > 0$,$C''(T) > 0$,且满足 $C(0) = 0$,$C(1) = \infty$。

(7) 假设制造企业是理性的,会权衡绿色技术所带来的收益与成本。

5.2.2 无减排政策规制与考虑替代

本节考虑对于可以向下替代的两种产品应如何进行生产，才能实现制造企业的期望利润最大化。综合所有情况，企业的期望利润 π^n 可表示为：

$$\pi^n(Q_1, Q_2) = \begin{cases} \int_0^{Q_1} \int_0^{Q_2} [p_1 x + p_2 y + v_1(Q_1 - x) + v_2(Q_2 - y)] f(x,y) \mathrm{d}y\mathrm{d}x \\ \int_{Q_1}^{\infty} \int_{Q_2}^{\infty} [p_1 q_1 + p_2 Q_2 - g_1(x - Q_1) - g_2(y - Q_2)] f(x,y) \mathrm{d}y\mathrm{d}x \\ \int_{Q_1}^{\infty} \int_0^{q_2} [p_1 q_1 + p_2 y - g_1(x - Q_1) + v_2(Q_2 - y)] f(x,y) \mathrm{d}y\mathrm{d}x \\ \int_0^{Q_1} \int_{Q_2}^{Q_1+Q_2-x} [p_1 x + p_2 y + v_2(Q_1 - x - (Q_2 - y))] f(x,y) \mathrm{d}y\mathrm{d}x \\ \int_0^{Q_1} \int_{Q_1+Q_2-x}^{\infty} [p_1 x + p_2(Q_1 + Q_2 - x) - g_2(y - (Q_1 + Q_2 - x))] \\ \qquad f(x,y) \mathrm{d}y\mathrm{d}x - c_1 Q_1 - c_2 Q_2 \end{cases}$$

以上函数表示：

（1）当两种产品的需求都小于各自的产量时，制造企业利润为两种产品的收益扣除生产成本和未出售产品的损失成本之和。

（2）当两种产品的需求都大于各自的产量时，制造企业利润为两种产品的总收益扣除总生产成本和缺货成本。

（3）当绿色产品缺货而普通产品剩余时，由于普通产品不能替代绿色产品，因此制造企业利润为两种产品的总收益扣除总生产成本和绿色产品的缺货成本以及未出售普通产品的损失成本。

（4）当绿色产品有剩余而普通产品缺货，且普通产品缺货数量小于剩余的绿色产品时，制造企业将用剩余的绿色产品去满足普通产品的缺货需求，制造企业利润为两种产品的总收益扣除总生产成本以及绿色产品替代普通产品后仍有剩余时的未出售产品的损失成本，其中，$\int_0^{Q_1} \int_{Q_2}^{Q_1+Q_2-x} [(Q_1 - x - (Q_2 - y))] f(x, y) \mathrm{d}y\mathrm{d}x$ 表示在用绿色产品代替普通产品后绿色产品仍有库存的期望。

（5）当绿色产品有剩余而普通产品缺货，且普通产品缺货数量大于剩余的绿色产品时，制造企业将用剩余的绿色产品去满足普通产品的缺货需求，这时，制造企业利润为两种产品的总收益扣除总生产成本以及绿色产品替代后仍不能满足普通产品的缺货成本，其中，$\int_0^{Q_1}\int_{Q_1+Q_2-x}^{\infty}[(y-(Q_1+Q_2-x))]f(x,y)\mathrm{d}y\mathrm{d}x$ 表示在用绿色产品代替普通产品后绿色产品仍有缺货的期望。

通过整理，制造企业的期望利润如下：

$$\pi^n(Q_1,Q_2) = \int_0^{Q_1}\int_0^{Q_2}[p_1x+p_2y+v_1(Q_1-x)+v_2(Q_2-y)]f(x,y)\mathrm{d}y\mathrm{d}x$$

$$+\int_{Q_1}^{\infty}\int_{Q_2}^{\infty}[p_1Q_1+p_2Q_2-g_1(x-Q_1)-g_2(y-Q_2)]f(x,y)\mathrm{d}y\mathrm{d}x$$

$$+\int_{Q_1}^{\infty}\int_0^{Q_2}[p_1Q_1+p_2y-g_1(x-Q_1)+v_2(Q_2-y)]f(x,y)\mathrm{d}y\mathrm{d}x$$

$$+\int_0^{Q_1}\int_{Q_2}^{Q_1+Q_2-x}[p_1x+p_2y+v_1(Q_1-x-(Q_2-y))]f(x,y)\mathrm{d}y\mathrm{d}x$$

$$+\int_0^{Q_1}\int_{Q_1+Q_2-x}^{\infty}[p_1x+p_2(Q_1+Q_2-x)-g_2(y-(Q_1+Q_2-x))]$$

$$f(x,y)\mathrm{d}y\mathrm{d}x-c_1Q_1-c_2Q_2 \tag{5.13}$$

定理 5.8：在碳限额政策下，制造企业存在一个最优的生产决策，使制造企业期望利润最大。

证明：

式（5.13）分别对 Q_1 和 Q_2 求一阶偏导数，可得：

$$\frac{\partial\pi^n(Q_1,Q_2)}{\partial Q_1} = (r_2-r_1)F_1(Q_1)+(v_1-r_2)\int_0^{Q_1}\int_0^{Q_1+Q_2-x}f(x,y)\mathrm{d}y\mathrm{d}x+r_1-c_1$$

$$\frac{\partial\pi^n(Q_1,Q_2)}{\partial Q_2} = (v_1-r_2)[\int_0^{Q_1}\int_0^{Q_1+Q_2-x}f(x,y)\mathrm{d}y\mathrm{d}x-F(Q_1,Q_2)]$$

$$+(v_2-r_2)F_2(Q_2)+r_2-c_2$$

分别对 Q_1 和 Q_2 求二阶偏导数，可得：

$$\frac{\partial^2\pi^n(Q_1,Q_2)}{\partial Q_1^2} = (r_2-r_1)f_1(Q_1)+(v_1-r_2)[\int_0^{Q_1}f(x,Q_1+Q_2-x)\mathrm{d}x$$

$$+\int_0^{Q_2}f(Q_1,y)\mathrm{d}y]<0$$

$$\frac{\partial^2\pi^n(Q_1,Q_2)}{\partial Q_2^2} = (v_1-r_2)[\int_0^{Q_1}f(x,Q_1+Q_2-x)\mathrm{d}x-\int_0^{Q_1}f(x,Q_2)\mathrm{d}x]$$

$$+ (v_2 - r_2)f_2(Q_2)$$

$$\leqslant (v_1 - r_2)\left[\int_0^{Q_1} f(x, Q_1 + Q_2 - x)\mathrm{d}x + \int_{Q_1}^{\infty} f(x, Q_2)\mathrm{d}x\right]$$

$$< 0$$

分别对 Q_1 和 Q_2 求二阶混合偏导数，可得：

$$\frac{\partial^2 \pi^n(Q_1, Q_2)}{\partial Q_1 \partial Q_2} = \frac{\partial^2 \pi^n(Q_1, Q_2)}{\partial Q_2 \partial Q_1} = (v_1 - r_2)\int_0^{Q_1} f(x, Q_1 + Q_2 - x)\mathrm{d}x < 0$$

可以得到：

$$\begin{vmatrix} \dfrac{\partial^2 \pi^n(Q_1, Q_2)}{\partial Q_1^2} & \dfrac{\partial^2 \pi^n(Q_1, Q_2)}{\partial Q_1 \partial Q_2} \\ \dfrac{\partial^2 \pi^n(Q_1, Q_2)}{\partial Q_2 \partial Q_1} & \dfrac{\partial^2 \pi^n(Q_1, Q_2)}{\partial Q_2^2} \end{vmatrix} = \frac{\partial^2 \pi^n(Q_1, Q_2)}{\partial Q_1^2}\frac{\partial^2 \pi^n(Q_1, Q_2)}{\partial Q_2^2}$$

$$- \frac{\partial^2 \pi^n(Q_1, Q_2)}{\partial Q_1 \partial Q_2}\frac{\partial^2 \pi^n(Q_1, Q_2)}{\partial Q_2 \partial Q_1} > 0$$

因此，$\pi^n(Q_1, Q_2)$ 是关于 Q_1 和 Q_2 的凹函数，令 $\dfrac{\partial \pi^n(Q_1, Q_2)}{\partial Q_1} = 0$ 和 $\dfrac{\partial \pi^n(Q_1, Q_2)}{\partial Q_2} = 0$，可得：

$$F_1(Q_1) + \frac{r_2 - v_1}{r_1 - r_2}\int_0^{Q_1}\int_0^{Q_1 + Q_2 - x} f(x, y)\mathrm{d}y\mathrm{d}x = \frac{r_1 - c_1}{r_1 - r_2}$$

$$F_2(Q_2) + \frac{r_2 - v_1}{r_2 - v_2}\left[\int_0^{Q_1}\int_0^{Q_1 + Q_2 - x} f(x, y)\mathrm{d}y\mathrm{d}x - F(Q_1, Q_2)\right] = \frac{r_2 - c_2}{r_2 - v_2}$$

在碳限额政策下，政府规定一个最大碳排放量，即碳限额 K，制造企业在进行生产活动时产生的碳排放量不能超过政府规定的碳限额。因此，制造企业在政府碳限额政策下的期望利润为：

$$\max \pi^n(Q_1, Q_2) = \pi^n(Q_1, Q_2) \tag{5.14}$$

$$\mathrm{s.t} \quad k_1 Q_1 + k_2 Q_2 \leqslant K \tag{5.15}$$

约束条件式（5.15）意味着制造企业在生产活动中的碳排放量不得超过政府规定的碳排放量。

单位碳排放量带来的制造企业期望利润增量为：

$$\Delta \pi^n(Q_1, Q_2) = \pi^n(Q_1, Q_2), \quad Q_i = \partial \pi^n(Q_1, Q_2)$$

故单位碳排放量带来的制造企业期望利润增量分别为：

$$\theta_1(Q_1) = \frac{1}{k_1} \frac{\partial \pi^n(Q_1, Q_2)}{\partial Q_1}$$

$$\theta_2(Q_2) = \frac{1}{k_2} \frac{\partial \pi^n(Q_1, Q_2)}{\partial Q_2}$$

当 $\theta_i(Q_i) > 0$ 时，表明制造企业可以通过提升产量来增加期望利润。

当 $\theta_i(Q_i) < 0$ 时，表明制造企业不能通过提升产量来增加期望利润。

当 $\theta_i(Q_i) = 0$ 时，表明此时的产品产量能最大化制造企业的期望利润。

得证。

通过对制造企业在此情形下的最优生产决策进行讨论，得到以下命题：

定理 5.9： 在碳限额政策下，制造企业满足 $\theta_1(Q_1^a) = \theta_2(Q_2^a)$，且在碳限额政策下的最优生产量 $Q_1^a \leqslant Q_1^*$，$Q_2^a \leqslant Q_2^*$。

证明：令 $\varphi \geqslant 0$，由约束条件可得：

$$k_1 Q_1 + k_2 Q_2 - K \leqslant 0 \tag{5.16}$$

$$\varphi(k_1 Q_1 + k_2 Q_2 - K) = 0 \tag{5.17}$$

$$(r_2 - r_1)F_1(Q_1) + (v_1 - r_2)\int_0^{Q_1}\int_0^{Q_1+Q_2-x} f(x, y)\mathrm{d}y\mathrm{d}x + r_1 - c_1 - \lambda_1 k_1 = 0 \tag{5.18}$$

$$(v_1 - r_2)\left[\int_0^{Q_1}\int_0^{Q_1+Q_2-x} f(x, y)\mathrm{d}y\mathrm{d}x - F(Q_1, Q_2)\right]$$
$$+ (v_2 - r_2)F_2(Q_2) + r_2 - c_2 - \lambda_1 k_2 = 0 \tag{5.19}$$

当 $\varphi = 0$ 时，由式（5.18）和式（5.19）可得 $\dfrac{\partial \pi^n(Q_1, Q_2)}{\partial Q_1} = 0$，

$\dfrac{\partial \pi^n(Q_1, Q_2)}{\partial Q_2} = 0$。因此，可以得到 $Q_1^* = Q_1^a$，$Q_2^a = Q_2^*$。此时：

$$k_1 Q_1^* + k_2 Q_2^* \leqslant K$$

当 $\varphi > 0$ 时，由式（5.18）和式（5.19）可得：

$$\frac{\partial \pi^n(Q_1, Q_2)}{\partial Q_1} = (r_2 - r_1)F_1(Q_1) + (v_1 - r_2)\int_0^{Q_1}\int_0^{Q_1+Q_2-x} f(x, y)\mathrm{d}y\mathrm{d}x$$
$$+ r_1 - c_1 = \lambda_1 k_1 > 0$$

$$\frac{\partial \pi^n(Q_1, Q_2)}{\partial Q_2} = (v_1 - r_2)\left[\int_0^{Q_1}\int_0^{Q_1+Q_2-x} f(x, y)\mathrm{d}y\mathrm{d}x - F(Q_1, Q_2)\right]$$
$$+ (v_2 - r_2)F_2(Q_2) + r_2 - c_2 = \lambda_1 k_2 > 0$$

由此可得 $Q_1^a < Q_1^*$，$Q_2^a < Q_2^*$，

$$\frac{1}{k_1} \left[(r_2 - r_1) F_1(Q_1) + (v_1 - r_2) \int_0^{Q_1} \int_0^{Q_1 + Q_2 - x} f(x, y) \mathrm{d}y \mathrm{d}x + r_1 - c_1 \right]$$

$$= \frac{1}{k_2} \left[(v_1 - r_2) \left[\int_0^{Q_1} \int_0^{Q_1 + Q_2 - x} f(x, y) \mathrm{d}y \mathrm{d}x - F(Q_1, Q_2) \right] \right.$$

$$\left. + (v_2 - r_2) F_2(Q_2) + r_2 - c_2 \right] 。$$

得证。

定理 5.9 表明，在碳限额政策下，制造企业满足 $\theta_1(Q_1^a) = \theta_2(Q_2^a)$。

当 $\theta_1(Q_1^a) > \theta_2(Q_2^a)$ 时，制造企业可以通过多生产绿色产品以获得更高的期望利润。

当 $\theta_1(Q_1^a) < \theta_2(Q_2^a)$ 时，制造企业可以通过多生产普通产品以获得更高的期望利润。

由于碳限额政策的存在，制造企业普通产品和绿色产品的最优生产量不会高于无限额下普通产品和绿色产品的最优生产量，这可以理解为为了维护良好的环境，制造企业必须满足政府制定的碳排放政策约束，并付出一定的经济代价。

政府规定的初始限额能够对制造企业的生产决策产生影响，因此，本章得到下面的推论：

推论 5.2：在碳限额政策下，制造企业的期望利润为：

$$\pi^a(Q_1^a, Q_2^a) = \begin{cases} \pi^n(Q_1^*, Q_2^*) & K \geqslant k_1 Q_1^* + k_2 Q_2^* \\ \pi^n(Q_1^a, Q_2^a) & K < k_1 Q_1^* + k_2 Q_2^* \end{cases}$$

且

$$\pi^a(Q_1^a, Q_2^a) \leqslant \pi^n(Q_1^*, Q_2^*)$$

证明：由定理 5.1 可得：

当 $k_1 Q_1^* + k_2 Q_2^* \leqslant K$ 时，$Q_1^* = Q_1^a$，$Q_2^a = Q_2^*$，由此可以得到：

$$\pi^a(Q_1^a, Q_2^a) = \pi^n(Q_1^*, Q_2^*)$$

当 $k_1 Q_1^* + k_2 Q_2^* > K$ 时，$Q_1^a < Q_1^*$，$Q_2^a < Q_2^*$，由此可以得到：

$$\pi^a(Q_1^a, Q_2^a) = \pi^n(Q_1^a, Q_2^a) < \pi^n(Q_1^*, Q_2^*)$$

得证。

推论 5.2 表明，在碳限额政策下，制造企业的期望利润低于在无限额下的期望利润。

5.2.3 碳限额与交易政策规制与考虑替代

1. 无绿色技术投入

令 E 为制造企业与外部碳交易市场的碳交易量。由此可以得到在碳限额与交易政策下，制造企业的期望利润为：

$$\max \pi^e(Q_1, Q_2) = \pi^n(Q_1, Q_2) - wE \qquad (5.20)$$

$$\text{s. t} \quad k_1 Q_1 + k_2 Q_2 = K + E \qquad (5.21)$$

$k_1 Q_1 + k_2 Q_2 = K + E$ 意味着制造企业的碳排放量必须等于政府的初始碳排放配额与外部碳交易市场碳排放交易数量之和。

当 $E > 0$ 时，意味着制造企业将从市场上购买碳排放配额。

当 $E = 0$ 时，意味着制造企业将不会在外部碳交易市场上进行交易。

当 $E < 0$ 时，意味着制造企业将在外部碳交易市场上售出使用不完的配额。

令单位碳配额为制造企业带来的期望利润增长为：

$$\theta_1(Q_1) = \frac{1}{k_1} \frac{\partial \pi^n(Q_1, Q_2)}{\partial Q_1}$$

$$\theta_2(Q_2) = \frac{1}{k_2} \frac{\partial \pi^n(Q_1, Q_2)}{\partial Q_2}$$

通过对制造企业在此情形下的最优生产决策进行讨论，得到以下命题：

定理 5.10：考虑向下替代情形，在碳限额与交易政策下，制造企业存在一个最优的生产量 Q_1^e 和 Q_2^e，且满足条件 $\theta_1(Q_1^e) = \theta_2(Q_2^e) = w$。

证明：

由式（5.21）可知，$E = k_1 Q_1 + k_2 Q_2 - K$，由此得到制造企业的期望利润为：

$$
\begin{aligned}
\pi^e(Q_1, Q_2) = &\int_0^{Q_1} \int_0^{Q_2} [p_1 x + p_2 y + v_1(Q_1 - x) + v_2(Q_2 - y)] f(x, y) \mathrm{d}y \mathrm{d}x \\
&+ \int_{Q_1}^{\infty} \int_{Q_2}^{\infty} [p_1 Q_1 + p_2 Q_2 - g_1(x - Q_1) - g_2(y - Q_2)] f(x, y) \mathrm{d}y \mathrm{d}x \\
&+ \int_{Q_1}^{\infty} \int_0^{Q_2} [p_1 Q_1 + p_2 y - g_1(x - Q_1) + v_2(Q_2 - y)] f(x, y) \mathrm{d}y \mathrm{d}x \\
&+ \int_0^{Q_1} \int_{Q_2}^{Q_1 + Q_2 - x} [p_1 x + p_2 y + v_1(Q_1 - x - (Q_2 - y))] f(x, y) \mathrm{d}y \mathrm{d}x
\end{aligned}
$$

$$+ \int_0^{Q_1} \int_{Q_1+Q_2-x}^{\infty} \left[p_1 x + p_2(Q_1 + Q_2 - x) - g_2(y - (Q_1 + Q_2 - x)) \right]$$

$$f(x, y)\mathrm{d}y\mathrm{d}x - c_1 Q_1 - c_2 Q_2 - w(k_1 Q_1 + k_2 Q_2 - K)$$

对 Q_1 和 Q_2 求一阶偏导得：

$$\frac{\partial \pi^e(Q_1, Q_2)}{\partial Q_1} = (r_2 - r_1)F_1(Q_1) + (v_1 - r_2)\int_0^{Q_1}\int_0^{Q_1+Q_2-x} f(x, y)\mathrm{d}y\mathrm{d}x$$

$$+ r_1 - c_1 - wk_1$$

$$\frac{\partial \pi^e(Q_1, Q_2)}{\partial Q_2} = (v_1 - r_2)\left[\int_0^{Q_1}\int_0^{Q_1+Q_2-x} f(x, y)\mathrm{d}y\mathrm{d}x - F(Q_1, Q_2) \right]$$

$$+ (v_2 - r_2)F_2(Q_2) + r_2 - c_2 - wk_2$$

对 Q_1 和 Q_2 求二阶偏导得：

$$\frac{\partial^2 \pi^e(Q_1, Q_2)}{\partial Q_1^2} = (r_2 - r_1)f_1(Q_1) + (v_1 - r_2)\left[\int_0^{Q_1} f(x, Q_1+Q_2-x)\mathrm{d}x \right.$$

$$\left. + \int_0^{Q_2} f(Q_1, y)\mathrm{d}y \right] < 0$$

$$\frac{\partial^2 \pi^e(Q_1, Q_2)}{\partial Q_2^2} = (v_1 - r_2)\left[\int_0^{Q_1} f(x, Q_1+Q_2-x)\mathrm{d}x - \int_0^{q_1} f(x, Q_2)\mathrm{d}x \right]$$

$$+ (v_2 - r_2)f_2(Q_2) \leqslant (v_1 - r_2)\left[\int_0^{Q_1} f(x, Q_1+Q_2-x)\mathrm{d}x \right.$$

$$\left. + \int_{Q_1}^{\infty} f(x, Q_2)\mathrm{d}x \right] < 0$$

对 Q_1 和 Q_2 求二阶混合偏导得：

$$\frac{\partial^2 \pi^e(Q_1, Q_2)}{\partial Q_1 \partial Q_2} = \frac{\partial^2 \pi^e(Q_1, Q_2)}{\partial Q_2 \partial Q_1} = (v_1 - r_2)\int_0^{Q_1} f(x, Q_1+Q_2-x)\mathrm{d}x < 0$$

由此可得：

$$\begin{vmatrix} \dfrac{\partial^2 \pi^e(Q_1, Q_2)}{\partial Q_1^2} & \dfrac{\partial^2 \pi^e(Q_1, Q_2)}{\partial Q_1 \partial Q_2} \\ \dfrac{\partial^2 \pi^e(Q_1, Q_2)}{\partial Q_2 \partial Q_1} & \dfrac{\partial^2 \pi^e(Q_1, Q_2)}{\partial Q_2^2} \end{vmatrix} = \dfrac{\partial^2 \pi^e(Q_1, Q_2)}{\partial Q_1^2}\dfrac{\partial^2 \pi^e(Q_1, Q_2)}{\partial Q_2^2}$$

$$- \dfrac{\partial^2 \pi^e(Q_1, Q_2)}{\partial Q_1 \partial Q_2}\dfrac{\partial^2 \pi^e(Q_1, Q_2)}{\partial Q_2 \partial Q_1} > 0$$

$\pi^e(Q_1, Q_2)$ 是关于 Q_1 和 Q_2 的凹函数，令 $\dfrac{\partial \pi^e(Q_1, Q_2)}{\partial Q_1} = 0$，可以

得出：

$$(r_2 - r_1)F_1(Q_1) + (v_1 - r_2)\int_0^{Q_1}\int_0^{Q_1+Q_2-x} f(x, y)\mathrm{d}y\mathrm{d}x + r_1 - c_1 - wk_1 = 0$$

由此可得 $\theta_1(Q_1^e) = w$。

令 $\dfrac{\partial \pi^e(Q_1, Q_2)}{\partial Q_2} = 0$，可以得出：

$$(v_1 - r_2)\left[\int_0^{Q_1}\int_0^{Q_1+Q_2-x} f(x, y)\mathrm{d}y\mathrm{d}x - F(Q_1, Q_2)\right]$$
$$+ (v_2 - r_2)F_2(Q_2) + r_2 - c_2 - wk_2 = 0$$

由此可得 $Q_2^e = w$。

得证。

定理5.9表明，在碳限额与交易政策下，制造企业满足 $\theta_1(Q_1^e) = \theta_2(Q_2^e)$，否则制造企业可以通过多生产绿色节能产品或者普通产品以获得更高的期望利润。

当 $\theta_1(Q_1^e) = \theta_2(Q_2^e) > w$ 时，单位碳配额所带来的制造企业期望利润高于1单位碳排放配额的价格，制造企业将从外部碳交易市场购买碳排放配额来生产更多的产品以获得更多的利润。

当 $\theta_1(Q_1^e) = \theta_2(Q_2^e) < w$ 时，单位碳配额所带来的制造企业期望利润低于1单位碳排放配额的价格，制造企业将在外部碳交易市场上出售碳排放配额。

当 $\theta_1(Q_1^e) = \theta_2(Q_2^e) = w$ 时，单位碳配额所带来的制造企业期望利润等于1单位碳排放配额的价格。制造企业将不会在外部碳交易市场上进行碳排放权交易。在此情形下存在一个最优的生产策略，使企业期望利润最大。

制造企业在碳限额与交易政策下的期望利润为：

$$\pi^e(Q_1^e, Q_2^e) = \pi^n(Q_1^e, Q_2^e) - w(k_1Q_1^e + k_2Q_2^e - K) \qquad (5.22)$$

为了讨论碳限额与交易政策对生产决策的影响，提出以下命题。

定理5.11：$Q_1^e < Q_1^*$，$Q_2^e < Q_2^*$。

证明：

$\theta_1(Q_1)$ 和 $\theta_2(Q_2)$ 分别对 Q_1 和 Q_2 求偏导得：

$$\frac{\mathrm{d}\theta_1(Q_1)}{\mathrm{d}Q_1} = \frac{1}{k_1}\left\{(r_2 - r_1)f_1(Q_1) + (v_1 - r_2)\left[\int_0^{Q_1} f(x, Q_1 + Q_2 - x)\mathrm{d}x\right.\right.$$
$$\left.\left. + \int_0^{Q_2} f(Q_1, y)\mathrm{d}y\right]\right\} < 0$$

$$\frac{\mathrm{d}\theta_2(Q_2)}{\mathrm{d}Q_2} = \frac{1}{k_2}\{(v_1 - r_2)[\int_0^{Q_1} f(x, Q_1 + Q_2 - x)\mathrm{d}x - \int_0^{Q_1} f(x, Q_2)\mathrm{d}x]$$

$$+ (v_2 - r_2)f_2(Q_2)\}$$

$$\leqslant \frac{1}{k_2}\{(v_1 - r_2)[\int_0^{Q_1} f(x, Q_1 + Q_2 - x)\mathrm{d}x$$

$$+ \int_{Q_1}^{\infty} f(x, Q_2)\mathrm{d}x]\} < 0$$

由此可得 $\theta_1(Q_1)$ 和 $\theta_2(Q_2)$ 是关于 Q_1 和 Q_2 的递减函数，由式（5.13）和定理 5.10 可得，$\theta_1(Q_1^*) = 0$，$\theta_2(Q_2^*) = 0$，$\theta_1(Q_1^e) = \theta_2(Q_2^e) = w$，因此，$Q_1^* > Q_1^e$，$Q_2^* > Q_2^e$。

得证。

定理 5.11 意味着在碳限额与交易政策下，普通产品和绿色产品的最优生产量都低于无限额下普通产品和绿色产品的最优生产量。在碳限额与交易政策下普通产品和绿色产品的最优生产量、碳限额政策下普通产品和绿色产品的最优生产量间的大小关系主要取决于在限额条件下生产 1 单位产品所取得的边际利润的多少。

为了讨论碳限额与交易政策对制造企业期望利润的影响，提出以下命题：

定理 5.12：当 $K^* = k_1 Q_1^e + k_2 Q_2^e + \frac{1}{w}[\pi^n(Q_1^*, Q_2^*) - \pi^e(Q_1^e, Q_2^e)]$ 时：

（1）若 $K > K^*$，则 $\pi^e(Q_1^e, Q_2^e) > \pi^n(Q_1^*, Q_2^*) > \pi^a(Q_1^a, Q_2^a)$。

（2）若 $K = K^*$，则 $\pi^e(Q_1^e, Q_2^e) = \pi^n(Q_1^*, Q_2^*) > \pi^a(Q_1^a, Q_2^a)$。

（3）若 $K < K^*$，则 $\pi^n(Q_1^*, Q_2^*) > \pi^e(Q_1^e, Q_2^e) \geqslant \pi^a(Q_1^a, Q_2^a)$。

证明：

当 $\pi^e(Q_1, Q_2)$ 取最大值时，有：

$$\pi^e(Q_1^e, Q_2^e) > \pi^n(Q_1^*, Q_2^*) - w(k_1 Q_1^* + k_2 Q_2^* - K)$$

若 $K \geqslant k_1 Q_1^* + k_2 Q_2^*$，由定理 5.1 可知，在此情形下：

$$\pi^a(Q_1^a, Q_2^a) = \pi^n(Q_1^*, Q_2^*)$$

所以：

$$\pi^e(Q_1^e, Q_2^e) - \pi^a(Q_1^a, Q_2^a) > -w(k_1 Q_1^* + k_2 Q_2^* - K) > 0$$

因此，$\pi^e(Q_1^e, Q_2^e) > \pi^a(Q_1^a, Q_2^a)$。

若 $K < k_1 Q_1^* + k_2 Q_2^*$，在此情形下：

$$K = k_1 Q_1^a + k_2 Q_2^a$$

当 $\pi^e(Q_1,\ Q_2)$ 取最大值时有：

$$\pi^e(Q_1^e,\ Q_2^e) \geqslant \pi^n(Q_1^a,\ Q_2^a) - w(k_1Q_1^a + k_2Q_2^a - K)$$

由推论 5.1 可知，$\pi^a(Q_1^a,\ Q_2^a) = \pi^n(Q_1^a,\ Q_2^a)$，由此可得：

$$\pi^e(Q_1^e,\ Q_2^e) - \pi^a(Q_1^a,\ Q_2^a) \geqslant -w(k_1Q_1^a + k_2Q_2^a - K) = 0$$

所以：

$$\pi^e(Q_1^e,\ Q_2^e) \geqslant \pi^a(Q_1^a,\ Q_2^a)$$

综上所述，$\pi^e(Q_1^e,\ Q_2^e) \geqslant \pi^a(Q_1^a,\ Q_2^a)$。

若 $K \leqslant k_1Q_1^e + k_2Q_2^e$，由式（5.22）可得：

$$\begin{aligned}\pi^e(Q_1^e,\ Q_2^e) &= \pi^n(Q_1^e,\ Q_2^e) - w(k_1Q_1^e + k_2Q_2^e - K) \\ &\leqslant \pi^n(Q_1^e,\ Q_2^e) < \pi^n(Q_1^*,\ Q_2^*)\end{aligned}$$

若 $K \geqslant k_1Q_1^* + k_2Q_2^*$

$$\pi^e(Q_1^e,\ Q_2^e) > \pi^n(Q_1^*,\ Q_2^*) - w(k_1Q_1^* + k_2Q_2^* - K) > \pi^n(Q_1^*,\ Q_2^*)$$

因此，$\pi^e(Q_1^e,\ Q_2^e) > \pi^n(Q_1^*,\ Q_2^*)$。

当 $K^* \in (k_1Q_1^e + k_2Q_2^e,\ k_1Q_1^* + k_2Q_2^*)$ 时，根据介值定理可知，存在一个 K^* 满足 $\pi^e(Q_1^e,\ Q_2^e) = \pi^n(Q_1^*,\ Q_2^*)$，因此：

$$\pi^e(Q_1^e,\ Q_2^e) - w(k_1Q_1^e + k_2Q_2^e - K) = \pi^n(Q_1^*,\ Q_2^*)$$

$$K^* = k_1Q_1^e + k_2Q_2^e + \frac{1}{w}\left[\pi^n(Q_1^*,\ Q_2^*) - \pi^e(Q_1^e,\ Q_2^e)\right]$$

因为 $\pi^e(Q_1,\ Q_2)$ 是关于 K 的递增函数，因此：

（1）若 $K > K^*$，$\pi^e(Q_1^e,\ Q_2^e) > \pi^n(Q_1^*,\ Q_2^*) > \pi^a(Q_1^a,\ Q_2^a)$。

（2）若 $K = K^*$，$\pi^e(Q_1^e,\ Q_2^e) = \pi^n(Q_1^*,\ Q_2^*) > \pi^a(Q_1^a,\ Q_2^a)$。

（3）若 $K < K^*$，$\pi^n(Q_1^*,\ Q_2^*) > \pi^e(Q_1^e,\ Q_2^e) \geqslant \pi^a(Q_1^a,\ Q_2^a)$。

得证。

定理 5.12 表明，制造企业可以通过购买或出售碳配额增加期望利润。在碳限额与交易政策下，制造企业的期望利润是否高于无限额下的期望利润主要取决于政府的初始碳配额量，只有在政府给予较宽松的初始碳配额时，制造企业在碳限额与交易政策下的期望利润才高于无限额下的期望利润。

2. 有绿色技术投入

若 T 为绿色技术投入水平，那么，制造企业在此情况下的期望利润为：

$$\pi^c(Q_1, Q_2, T) = \int_0^{Q_1} \int_0^{Q_2} [p_1 x + p_2 y + v_1(Q_1 - x) + v_2(Q_2 - y)] f(x, y) \mathrm{d}y \mathrm{d}x$$

$$+ \int_{Q_1}^{\infty} \int_{Q_2}^{\infty} [p_1 Q_1 + p_2 Q_2 - g_1(x - Q_1) - g_2(y - Q_2)] f(x, y) \mathrm{d}y \mathrm{d}x$$

$$+ \int_{Q_1}^{\infty} \int_0^{Q_2} [p_1 Q_1 + p_2 y - g_1(x - Q_1) + v_2(Q_2 - y)] f(x, y) \mathrm{d}y \mathrm{d}x$$

$$+ \int_0^{Q_1} \int_{Q_2}^{Q_1 + Q_2 - x} [p_1 x + p_2 y + v_1(Q_1 - x - (Q_2 - y))] f(x, y) \mathrm{d}y \mathrm{d}x$$

$$+ \int_0^{Q_1} \int_{Q_1 + Q_2 - x}^{\infty} [p_1 x + p_2(Q_1 + Q_2 - x) - g_2(y - (Q_1 + Q_2 - x))]$$

$$f(x, y) \mathrm{d}y \mathrm{d}x - c_1 Q_1 - c_2 Q_2 - c(T) \tag{5.23}$$

$$\text{s. t}\quad k_1 Q_1 + (1 - T) k_2 Q_2 = K + E \tag{5.24}$$

约束条件意味着在碳限额与交易政策下，制造企业进行绿色技术投入后的总碳排放量仍必须等于政府的初始碳排放配额与外部碳交易市场碳排放交易数量之和。

为了讨论在碳限额与交易政策下制造企业的最优生产决策，提出以下命题：

定理 5.13：考虑向下替代情形，在碳限额与交易政策下，制造企业进行绿色技术投入，存在一个生产决策，使企业期望利润最大，且 $\theta_2(Q_2^c) = (1 - T)w$。

证明：

由式（5.24）可得 $E = k_1 Q_1 + (1 - T) k_2 Q_2 - K$，代入式（5.23）得：

$$\pi^c(Q_1, Q_2, T) = \int_0^{Q_1} \int_0^{Q_2} [p_1 x + p_2 y + v_1(Q_1 - x) + v_2(Q_2 - y)] f(x, y) \mathrm{d}y \mathrm{d}x$$

$$+ \int_{Q_1}^{\infty} \int_{Q_2}^{\infty} [p_1 Q_1 + p_2 Q_2 - g_1(x - Q_1) - g_2(y - Q_2)] f(x, y) \mathrm{d}y \mathrm{d}x$$

$$+ \int_{Q_1}^{\infty} \int_0^{Q_2} [p_1 Q_1 + p_2 y - g_1(x - Q_1) + v_2(Q_2 - y)] f(x, y) \mathrm{d}y \mathrm{d}x$$

$$+ \int_0^{Q_1} \int_{Q_2}^{Q_1 + Q_2 - x} [p_1 x + p_2 y + v_1(Q_1 - x - (Q_2 - y))] f(x, y) \mathrm{d}y \mathrm{d}x$$

$$+ \int_0^{Q_1} \int_{Q_1 + Q_2 - x}^{\infty} [p_1 x + p_2(Q_1 + Q_2 - x) - g_2(y - (Q_1 + Q_2 - x))]$$

$$f(x, y) \mathrm{d}y \mathrm{d}x - c_1 Q_1 - c_2 Q_2 - c(T)$$

$$- w[k_1 Q_1 + (1 - T) k_2 Q_2 - K]$$

当绿色技术投入水平 T 一定时，对 Q_1 和 Q_2 求一阶偏导得：

$$\frac{\partial \pi^c(Q_1, Q_2, T)}{\partial Q_1} = (r_2 - r_1)F_1(Q_1) + (v_1 - r_2)\int_0^{Q_1}\int_0^{Q_1+Q_2-x}f(x, y)\mathrm{d}y\mathrm{d}x$$
$$+ r_1 - c_1 - wk_1$$

$$\frac{\partial \pi^c(Q_1, Q_2, T)}{\partial Q_2} = (v_1 - r_2)\left[\int_0^{Q_1}\int_0^{Q_1+Q_2-x}f(x, y)\mathrm{d}y\mathrm{d}x - F(Q_1,Q_2)\right]$$
$$+ (v_2 - r_2)F_2(Q_2) + r_2 - c_2 - w(1 - T)k_2$$

对 Q_1 和 Q_2 求二阶偏导得：

$$\frac{\partial^2 \pi^c(Q_1, Q_2, T)}{\partial Q_1^2} = (r_2 - r_1)f_1(Q_1) + (v_1 - r_2)\left[\int_0^{Q_1}f(x, Q_1 + Q_2 - x)\mathrm{d}x\right.$$
$$\left. + \int_0^{Q_2}f(Q_1, y)\mathrm{d}y\right] < 0$$

$$\frac{\partial^2 \pi^c(Q_1, Q_2, T)}{\partial Q_2^2} = (v_1 - r_2)\left[\int_0^{Q_1}f(x, Q_1 + Q_2 - x)\mathrm{d}x - \int_0^{Q_1}f(x, Q_2)\mathrm{d}x\right]$$
$$+ (v_2 - r_2)f_2(Q_2)$$
$$\leqslant (v_1 - r_2)\left[\int_0^{Q_1}f(x, Q_1 + Q_2 - x)\mathrm{d}x + \int_{Q_1}^{\infty}f(x, Q_2)\mathrm{d}x\right]$$
$$< 0$$

对 Q_1 和 Q_2 求二阶混合偏导得：

$$\frac{\partial^2 \pi^c(Q_1, Q_2, T)}{\partial Q_1 \partial Q_2} = \frac{\partial^2 \pi^c(Q_1, Q_2, T)}{\partial Q_2 \partial Q_1}$$
$$= (v_1 - r_2)\int_0^{Q_1}f(x, Q_1 + Q_2 - x)\mathrm{d}x < 0$$

由此可得：

$$\begin{vmatrix} \dfrac{\partial^2 \pi^c(Q_1, Q_2, T)}{\partial Q_1^2} & \dfrac{\partial^2 \pi^c(Q_1, Q_2, T)}{\partial Q_1 Q_2} \\ \dfrac{\partial^2 \pi^c(Q_1, Q_2, T)}{\partial Q_2 Q_1} & \dfrac{\partial^2 \pi^c(Q_1, Q_2, T)}{\partial Q_2^2} \end{vmatrix}$$
$$= (v_1 - p_1 - r_1)f_1(Q_1)(v_2 - p_2 - r_2)f_2(Q_2) > 0$$

令 $\dfrac{\partial \pi^c(Q_1, Q_2, T)}{\partial Q_2} = 0$，可以得出：

$$\frac{1}{k_2}(v_1 - r_2)\left[\int_0^{Q_1}\int_0^{Q_1+Q_2-x}f(x, y)\mathrm{d}y\mathrm{d}x - F(Q_1, Q_2)\right]$$
$$+ (v_2 - r_2)F_2(Q_2) + r_2 - c_2 - w(1 - T)k_2 = 0$$

那么，由此可得 $\theta_2(Q_2^c) = (1-T)w$。

令 $\dfrac{\partial \pi^c(Q_1,\ Q_2,\ T)}{\partial Q_1} = 0$ 和 $\dfrac{\partial \pi^c(Q_1,\ Q_2,\ T)}{\partial Q_2} = 0$，可得：

$$F_1(Q_1) + \frac{r_2 - v_1}{r_1 - r_2}\int_0^{Q_1}\int_0^{Q_1+Q_2-x} f(x,\ y)\mathrm{d}y\mathrm{d}x = \frac{r_1 - c_1 - wk_1}{r_1 - r_2}$$

$$F_2(Q_2) + \frac{r_2 - v_1}{r_2 - v_2}\Big[\int_0^{Q_1}\int_0^{Q_1+Q_2-x} f(x,\ y)\mathrm{d}y\mathrm{d}x - F(Q_1,\ Q_2)\Big]$$

$$= \frac{r_2 - c_2 - (1-T)wk_2}{r_2 - v_2}$$

得证。

定理 5.13 表明，考虑向下替代情形，在碳限额与交易政策下，存在一个最优绿色技术投入量和最优生产量的生产决策，使制造企业期望利润最大。

当 $\theta_2(Q_2^c) > (1-T)w$ 时，考虑向下替代情形，在碳限额与交易政策下，制造企业进行绿色技术投入，生产 1 单位普通产品所得到的边际利润高于 1 单位碳排放配额的价格，制造企业将在外部碳交易市场上购买碳排放配额。制造企业将增加在碳限额与交易政策下普通产品的产量直至边际收益为 $(1-T)w$。

当 $\theta_2(Q_2^c) < (1-T)w$ 时，考虑向下替代情形，在碳限额与交易政策下，制造企业进行绿色技术投入，生产 1 单位普通产品所得到的边际利润低于 1 单位碳排放配额的价格，制造企业将在外部碳交易市场上出售碳排放配额。

当 $\theta_2(Q_2^c) = (1-T)w$ 时，考虑向下替代情形，在碳限额与交易政策下，制造企业进行绿色技术投入，生产 1 单位普通产品所得到的边际利润等于 1 单位碳排放配额的价格，制造企业将不会在外部碳交易市场上进行碳排放权交易。此时，在碳限额与交易政策下，制造企业进行绿色技术投入，存在一个使期望利润最大的生产决策。

本章讨论了考虑向下替代情形，在碳限额与交易政策下制造企业进行绿色技术投入对其生产决策的影响，由此得到下面的命题：

定理 5.14：$Q_1^c \leqslant Q_1^e < Q_1^*$，$Q_2^c \leqslant Q_2^e < Q_2^*$。

证明：

由定理 5.9 可知，$\theta_1(Q_1)$ 和 $\theta_2(Q_2)$ 是关于 Q_1 和 Q_2 的递减函数，$\theta_1(Q_1^*) = 0$，$\theta_2(Q_2^*) = 0$，$\theta_1(Q_1^e) = \theta_2(Q_2^e) = w$，$\theta_2(Q_2^c) = (1-T)w$，

因此，$Q_1^* > Q_1^e$，$Q_2^* > Q_2^c \geqslant Q_2^e$。

因此：

$$F_1(Q_1^e) = \frac{r_1 - c_1 - wk_1}{r_1 - r_2} - \frac{r_2 - v_1}{r_1 - r_2} \int_0^{Q_1^e} \int_0^{Q_1^e + Q_2^e - x} f(x, y)\,\mathrm{d}y\mathrm{d}x$$

$$\geqslant \frac{r_1 - c_1 - wk_1}{r_1 - r_2} - \frac{r_2 - v_1}{r_1 - r_2} \int_0^{Q_1^e} \int_0^{Q_1^e + Q_2^c - x} f(x, y)\,\mathrm{d}y\mathrm{d}x$$

$$= F_1(Q_1^c)$$

又因为 $F_1(\cdot)$ 为递增函数，所以 $Q_1^c \leqslant Q_1^e$。

得证。

定理 5.14 表明，考虑向下替代情形，在碳限额与交易政策下，制造企业进行绿色技术投入可以在一定程度上提升制造企业普通产品的产出，但是由于向下替代作用的减弱，绿色产品的生产量会减少。

为了进一步讨论碳限额与交易政策对生产决策的影响，在碳限额与交易政策下，设制造企业的最大期望利润为：

$$\pi^c(Q_1^c, Q_2^c) = \pi^n(Q_1^c, Q_2^c) - w[k_1 Q_1^c + (1 - T)k_2 Q_2^c - K] - c(T)$$

$$(5.25)$$

令 H 为在碳限额与交易政策下，制造企业进行绿色技术投入后因向下替代作用减弱带来的差值。那么：

$$H = \pi^e(Q_1^e, Q_2^e) - \pi^c(Q_1^c, Q_2^c) = (r_2 - v_1)\left[\int_0^{Q_1^c} \int_{Q_1^c + Q_2^c - x}^{\infty} (Q_1^c - x)f(x, y)\,\mathrm{d}y\mathrm{d}x \right.$$

$$\left. + \int_0^{Q_1^c} \int_{Q_2^c}^{Q_1^c + Q_2^c - x} (y - Q_2^c)f(x, y)\,\mathrm{d}y\mathrm{d}x \right] + v_1 \int_0^{Q_1^c} \int_{Q_2^c}^{\infty} (Q_1^c - x)f(x, y)\,\mathrm{d}y\mathrm{d}x$$

$$+ v_2 \int_{Q_1^c}^{\infty} \int_0^{Q_2^c} (Q_2^c - y)f(x, y)\,\mathrm{d}y\mathrm{d}x \geqslant 0$$

定理 5.15：考虑向下替代情形，在碳限额与交易政策下，制造企业进行绿色技术投入，存在一个最优策略，使 $\pi^c(Q_1^c, Q_2^c, T) \geqslant \pi^e(Q_1^e, Q_2^e) \geqslant \pi^a(Q_1^a, Q_2^a)$。

证明：

当 $\pi^e(Q_1, Q_2)$ 取最大值时，有：

$$\pi^e(Q_1^e, Q_2^e) > \pi^n(Q_1^*, Q_2^*) - w(k_1 Q_1^* + k_2 Q_2^* - K)$$

若 $K \geqslant k_1 Q_1^* + k_2 Q_2^*$，由定理 5.1 可知，在此情形下：

$$\pi^a(Q_1^a, Q_2^a) = \pi^n(Q_1^*, Q_2^*)$$

所以：

$$\pi^e(Q_1^e, \ Q_2^e) - \pi^a(Q_1^a, \ Q_2^a) > -w(k_1 Q_1^* + k_2 Q_2^* - K) > 0$$

因此，$\pi^e(Q_1^e, \ Q_2^e) > \pi^a(Q_1^a, \ Q_2^a)$。

若 $K < k_1 Q_1^* + k_2 Q_2^*$，在此情形下：

$$K = k_1 Q_1^a + k_2 Q_2^e$$

当 $\pi^e(Q_1, \ Q_2)$ 取最大值时，有：

$$\pi^e(Q_1^e, \ Q_2^e) \geqslant \pi^n(Q_1^a, \ Q_2^a) - w(k_1 Q_1^a + k_2 Q_2^a - K)$$

由推论 5.1 可知，$\pi^a(Q_1^a, \ Q_2^a) = \pi^n(Q_1^a, \ Q_2^a)$，由此可得：

$$\pi^e(Q_1^e, \ Q_2^e) - \pi^a(Q_1^a, \ Q_2^a) \geqslant -w(k_1 Q_1^a + k_2 Q_2^a - K) = 0$$

所以：

$$\pi^e(Q_1^e, \ Q_2^e) \geqslant \pi^a(Q_1^a, \ Q_2^a)$$

综上所述，$\pi^e(Q_1^e, \ Q_2^e) \geqslant \pi^a(Q_1^a, \ Q_2^a)$。

由式（5.25）-式（5.22）可得：

$$H + c(T) + wk_2 \big[(1-T)(a_2 - b_2 p_2^c + z_1^c) - (a_2 - b_2 p_2^e + z_1^e) \big]$$

$$\pi^c(Q_1^c, \ Q_2^c) - \pi^e(Q_1^e, \ Q_2^e) = -H - c(T) - wk_2 \big[(1-T)Q_2^c - k_2 Q_2^e \big]$$

（1）当 $H + c(T) + wk_2 \big[(1-T)k_2 Q_2^c - k_2 Q_2^e \big] < 0$ 时：

$$\pi^e(Q_1^e, \ Q_2^e) - \pi^c(p_1^c, \ p_2^c, \ T) = H + c(T) + wk_2 \big[(1-T)k_2 Q_2^c - k_2 Q_2^e \big] < 0$$

此时，$\pi^c(p_1^c, \ p_2^c, \ T) < \pi^e(p_1^e, \ p_2^e)$，进行绿色技术投入可以增加制造企业在碳限额与交易政策下的期望利润。

（2）当 $H + c(T) + wk_2 \big[(1-T)k_2 Q_2^c - k_2 Q_2^e \big] = 0$ 时：

$$\pi^e(Q_1^e, \ Q_2^e) - \pi^c(p_1^c, \ p_2^c, \ T) = H + c(T) + wk_2 \big[(1-T)k_2 Q_2^c - k_2 Q_2^e \big] = 0$$

此时，$\pi^c(p_1^c, \ p_2^c, \ T) = \pi^e(p_1^e, \ p_2^e)$，绿色技术投入不会增加制造企业在碳限额与交易政策下的期望利润，所以，制造企业理性地放弃绿色技术投入。

（3）当 $H + c(T) + wk_2 \big[(1-T)k_2 Q_2^c - k_2 Q_2^e \big] > 0$ 时：

$$\pi^e(Q_1^e, \ Q_2^e) - \pi^c(p_1^c, \ p_2^c, \ T) = H + c(T) + wk_2 \big[(1-T)k_2 Q_2^c - k_2 Q_2^e \big] > 0$$

此时，$\pi^c(p_1^c, \ p_2^c, \ T) > \pi^e(p_1^e, \ p_2^e)$，进行绿色技术投入可以增加制造企业在碳限额与交易政策下的期望利润。

因此，$\pi^c(Q_1^c, \ Q_2^c, \ T) \geqslant \pi^e(Q_1^e, \ Q_2^e) \geqslant \pi^a(Q_1^a, \ Q_2^a)$。

得证。

定理 5.15 表明，在碳限额与交易政策下考虑向下替代情况时，对普通产品进行适当的绿色技术投入会增加制造企业期望利润。但制造企业是否进行绿色技术投入主要取决于碳限额与交易政策规制下，进行绿色技术投入后取得的利润与向下替代作用减弱后的利润差值和节约的碳排放权交易成本的大小关系。

5.3 小   结

本章主要研究一个面临随机需求的两产品（绿色产品和普通产品）制造企业，在碳限额与交易政策下的生产决策。首先，在无替代情形下，分三种情况研究了制造企业面临随机需求，在碳限额政策、碳限额与交易政策、碳限额与交易政策下考虑绿色技术投入的两产品生产决策。其次，在向下替代情形下，分三种情况研究了制造企业面临随机需求，在碳限额政策、碳限额与交易政策、碳限额与交易政策下考虑绿色技术投入的两产品生产决策。

本章节主要结论如表 5-3 所示。

研究表明：

第一，在碳限额政策下，在无替代和向下替代两种情形下，制造企业的普通产品和绿色产品的最优生产量均不会大于在无限额下的最优生产量。制造企业的期望利润不高于在无限额下的期望利润。

第二，在碳限额与交易政策下，在无替代和向下替代两种情形下，制造企业的普通产品和绿色产品的生产量均不会高于在无限额下的最优生产量，但是否高于碳限额政策下的最优生产量主要取决于普通产品和绿色产品在限额情形下的边际利润的多少。在碳限额与交易政策下，在无替代和向下替代两种情形下，制造企业的期望利润不低于碳限额政策下的期望利润，是否高于无限额下的期望利润主要取决于政府的初始碳配额量。制造企业可以通过购买或出售碳配额提升企业期望利润，这表明碳限额与交易机制有利于提高企业效益，并证明了碳限额与交易机制的有效性。

第三，无替代情形，在碳限额与交易政策下，制造企业进行绿色技术投入后普通产品和绿色产品的最优生产量与无绿色技术投入普通产品和绿色产品的最优产量之间的大小关系主要取决于制造企业的绿色技术投入水平。只有当进行绿色技术投入后制造企业所取得的额外碳排放权

表5-3　考虑碳限额与交易政策规制的两产品生产决策

		无限额	碳限额政策	碳限额与交易政策（无绿色技术投入）	碳限额与交易政策（有绿色技术投入）
不替代	解析解	$\theta_1(Q_1^*) = \theta_2(Q_2^*) = 0$	$\theta_1(Q_1^a) = \theta_2(Q_2^a) \geq 0$	$\theta_1(Q_1^c) = \theta_2(Q_2^c) = w$	$\theta_2(Q_2^t) = (1-T)w$
	最优生产量		$Q_1^a \leq Q_1^*$ $Q_2^a \leq Q_2^*$	(1)若 $\theta_1(Q_1^c) = \theta_2(Q_2^c) = w$, $Q_1^a = Q_1^c < Q_1^*$, $Q_2^c = Q_2^a < Q_2^*$; (2)若 $\theta_1(Q_1^c) = \theta_2(Q_2^c) < w$, $Q_1^c < Q_1^*$, $Q_2^c < Q_2^a < Q_2^*$; (3)若 $\theta_1(Q_1^c) = \theta_2(Q_2^c) > w$, $Q_1^* < Q_1^c < Q_1^a$, $Q_2^c < Q_2^a < Q_2^*$	(1)若 $\theta_1(Q_1^t) = \theta_2(Q_2^t) > w$, $Q_1^a = Q_1^c < Q_1^t < Q_1^*$, $Q_2^a < Q_2^c < Q_2^t < Q_2^*$; (2)若 $\theta_1(Q_1^t) = \theta_2(Q_2^t) = w$, $Q_1^a = Q_1^c = Q_1^t < Q_1^*$, $Q_2^a = Q_2^c = Q_2^t < Q_2^*$; (3)若 $(1-T)w \leq \theta_1(Q_1^t) < \theta_2(Q_2^t) < w$, $Q_1^a = Q_1^c < Q_1^t < Q_1^*$, $Q_2^c < Q_2^t < Q_2^*$; (4)若 $\theta_1(Q_1^t) = \theta_2(Q_2^t) < (1-T)w$, $Q_1^a = Q_1^c < Q_1^t < Q_1^*$, $Q_2^c < Q_2^t < Q_2^*$
	利润比较		$\pi^a(Q_1^a, Q_2^a)$ $\leq \pi^n(Q_1^*, Q_2^*)$	(1)若 $K > K^*$, $\pi^c(Q_1^c, Q_2^c) > \pi^n(Q_1^*, Q_2^*) \geq \pi^a(Q_1^a, Q_2^a)$; (2)若 $K = K^*$, $\pi^c(Q_1^c, Q_2^c) = \pi^n(Q_1^*, Q_2^*) > \pi^a(Q_1^a, Q_2^a)$; (3)若 $K < K^*$, $\pi^n(Q_1^*, Q_2^*) > \pi^c(Q_1^c, Q_2^c) \geq \pi^a(Q_1^a, Q_2^a)$	$\pi^c(Q_1^c, Q_2^c) \geq \pi^n(Q_1^*, Q_2^*) \geq \pi^a(Q_1^a, Q_2^a)$

续表

		无限额	碳限额政策	碳限额与交易政策（无绿色技术投入）	碳限额与交易政策（有绿色技术投入）
不替代	解析解	$\theta_1(Q_1^*) = \theta_2(Q_2^*) = 0$	$\theta_1(Q_1^a) = \theta_2(Q_2^a) \geq 0$	$\theta_1(Q_1^c) = \theta_2(Q_2^c) = w$	$\theta_2(Q_2^c) = (1-T)w$
	最优生产量		$Q_1^a \leq Q_1^*$ $Q_2^a \leq Q_2^*$	(1) 若 $\theta_1(Q_1^c) = \theta_2(Q_2^c) = w$, $Q_1^c = Q_1^*$, $Q_2^c = Q_2^*$ (2) 若 $\theta_1(Q_1^c) = \theta_2(Q_2^c) < w$, $Q_1^c < Q_1^*$, $Q_2^c \leq Q_2^*$ (3) 若 $\theta_1(Q_1^c) = \theta_2(Q_2^c) > w$, $Q_1^c < Q_1^*$, $Q_2^c < Q_2^*$	(1) 若 $\theta_1(Q_1^a) = \theta_2(Q_2^a) > w$, $Q_1^a < Q_1^c \leq Q_1^*$, $Q_2^a < Q_2^c < Q_2^*$ (2) 若 $\theta_1(Q_1^a) = \theta_2(Q_2^a) = w$, $Q_1^a = Q_1^c < Q_1^*$, $Q_2^a = Q_2^c < Q_2^*$ (3) 若 $(1-T)w \leq \theta_1(Q_1^c) = \theta_2(Q_2^c) < w$, $Q_1^c < Q_1^c \leq Q_1^*$, $Q_2^c < Q_2^c < Q_2^*$ (4) 若 $\theta_1(Q_1^c) = \theta_2(Q_2^c) < (1-T)w$, $Q_1^c \leq Q_1^c < Q_1^*$, $Q_2^c < Q_2^c < Q_2^*$
	利润比较		$\pi^a(Q_1^a, Q_2^a) \leq \pi^n(Q_1^*, Q_2^*)$	(1) 若 $K > K^*$, $\pi^c(Q_1^c, Q_2^c) > \pi^n(Q_1^*, Q_2^*) \geq \pi^a(Q_1^a, Q_2^a)$ (2) 若 $K = K^*$, $\pi^c(Q_1^c, Q_2^c) = \pi^n(Q_1^*, Q_2^*) > \pi^a(Q_1^a, Q_2^a)$ (3) 若 $K < K^*$, $\pi^n(Q_1^*, Q_2^*) > \pi^c(Q_1^c, Q_2^c) > \pi^a(Q_1^a, Q_2^a)$	$\pi^c(Q_1^c, Q_2^c) \geq \pi^c(Q_1^c, Q_2^c) \geq \pi^a(Q_1^a, Q_2^a)$

成本低于市场上的单位碳排放权价格时，绿色技术的投入能够在一定程度上增加制造企业的期望利润水平。

第四，向下替代情形，在碳限额与交易政策下，制造企业进行绿色技术投入可以在一定程度上减弱向下替代的作用，普通产品生产量不低于无绿色技术投入普通产品的最优生产量。相反，绿色产品生产量不高于无绿色技术投入绿色产品的最优生产量。当制造企业进行绿色技术投入后所取得的利润高于向下替代作用减弱后的利润差值与节约的碳排放权交易成本时，绿色技术的投入能够在一定程度上增加制造企业的期望利润水平。

但总的看来，适当的绿色技术投入能够在一定程度上增加产品产出，提升制造企业期望利润。但制造企业并不会一味地进行绿色技术投入，因为虽然绿色技术投入总体上看对环境有利，但对制造企业并不一定总是有利。因此，对于政府而言，应同时从环境和制造企业两个角度考虑，制定既有利于环境又有利于制造企业的碳限额与交易政策，使制造企业倾向于采用绿色技术，促进制造企业发展与环境保护的共赢。

103

第6章　制造企业碳限额与交易政策规制下的两产品定价决策

在第5章的基础上，本章节依然考虑市场上有一个面临随机需求的制造企业和两个随机消费群体。制造企业为了满足消费群体的需求，针对两个不同市场分别生产两种产品：绿色产品和普通产品。本章节将从以下几个方面展开研究：一是无替代情形，制造企业面临随机需求，在碳限额政策下的两产品定价决策；二是无替代情形，制造企业面临随机需求，在碳限额与交易政策下的两产品定价决策；三是无替代情形，制造企业面临随机需求，在碳限额与交易政策下考虑绿色技术投入的两产品定价决策；四是向下替代情形，制造企业面临随机需求，在碳限额政策下的两产品定价决策；五是向下替代情形，制造企业面临随机需求，在碳限额与交易政策下的两产品定价决策；六是向下替代情形，制造企业面临随机需求，在碳限额与交易政策下考虑绿色技术投入的两产品生产决策。

6.1　碳限额与交易政策规制下的两产品定价决策

6.1.1　问题描述与假设

1. 问题描述

在一个垄断市场中，假设市场上有一个面临随机需求的制造企业和两个消费群体。就如同电灯泡市场上有两种灯泡：绿色节能灯泡和普通灯泡。在碳限额与交易政策下，政府规定一个最大碳排放量，即碳限额 K。制造企业在生产活动中所产生的碳排放量不能超过政府制定的碳限额，但碳排放配额不足的制造企业可以向拥有多余配额的制造企业购买碳排放权。

本节在以下三种情形下研究制造企业的定价决策问题：

（1）在碳限额政策下，制造企业的两产品定价决策。

（2）在碳限额与交易政策下，制造企业的两产品定价决策。

（3）在碳限额与交易政策下，制造企业对普通的高碳排放产品进行绿色技术投入后的两产品定价决策。

为了表述方便，模型中符号的含义如表 6-1 所示。

表 6-1　　　　　　　　　　　模型中符号的含义

参数	参数含义
$f_1(\cdot)$ 和 $f_2(\cdot)$	绿色产品和普通产品的随机需求概率密度函数
$F_1(\cdot)$ 和 $F_2(\cdot)$	绿色产品和普通产品的随机需求的分布函数
c_1 和 c_2	每单位绿色产品和普通产品的生产成本
Q_1 和 Q_2	绿色产品和普通产品的产量
r_1 和 r_2	每单位绿色产品和普通产品的缺货机会成本
v_1 和 v_2	每单位绿色产品和普通产品在销售周期末的残值
K	政府规定的最大碳排放量
E	在外部碳交易市场的交易量
k_1 和 k_2	每单位绿色产品和普通产品的碳排放量
z	无风险库存水平，即期望市场需求与生产量的偏差
p_1^a 和 p_2^a	碳限额政策下绿色产品和普通产品的定价水平
p_1^e 和 p_2^e	碳限额与交易政策下绿色产品和普通产品的定价水平
p_1^c 和 p_2^c	考虑绿色技术投入的绿色产品和普通产品的定价水平
T	绿色技术投入水平

2. 假设

上述参数必须满足某些条件，才能使建立的模型有实际意义，所以假设：

（1）$p_i \geqslant c_i > v_i > 0$，其中 $i = 1$，2。这个条件说明每个在消费者市场上出售的产品都将会为制造企业带来利润的增长。若有一个产品未售出，那么制造企业将会受到利润上的损失。

（2）该模型的需求函数可以用一个加法形式建立，特别地，需求可以定义为 $D_i(p_i, \varepsilon_i) = y_i(p_i) + \varepsilon_i$（Mills，1959）。其中，$y_i(p_i)$ 表示需求是价格的减函数，ε_i 是均值为 μ 的随机变量。

（3）$r_1 > r_2$，$v_1 > v_2$。这个条件说明绿色产品的缺货成本高于普通产品的缺货成本，绿色产品的残值高于普通产品。

（4）$r_2 > v_1$。这个条件说明普通产品的缺货成本高于绿色产品的残值。因此，在普通产品缺货时，用绿色产品代替普通产品能够为制造企业带来利润。

（5）$k_2 < k_1$。这个条件说明每单位绿色产品的碳排放量小于每单位普通产品的碳排放量。

（6）我们考虑制造企业可以通过其绿色技术投入来减少碳排放量。绿色技术投入成本 $C(T)$，它是连续可微的，随绿色技术投入水平 T 的上升而加速上升，如图 3-1 所示。而且在现有技术条件下，企业实现碳零排放的成本为无穷大，即制造企业在现有技术下无法实现碳的零排放。$C'(T) > 0$，$C''(T) > 0$，且满足 $C(0) = 0$，$C(1) = \infty$。

（7）假设制造企业是理性的，会权衡绿色技术所带来的收益与成本。

6.1.2 无碳减排政策规制

在无碳限额下，在生产期开始时，两种产品的生产量分别为 Q_1 和 Q_2，生产成本分别为 $c_1 Q_1$ 和 $c_2 Q_2$，如果此时需求量不超过 Q_1 和 Q_2，则收益为 $p_1 D_1(p_1, \varepsilon_1) + p_2 D_2(p_2, \varepsilon_2)$，剩余产品以单位成本 v_1 和 v_2 处理，注意到单位废旧品回收价值可能为负（$v_1 \geqslant -c_1$，$v_1 \geqslant -c_2$）；如果需求超过 Q_1 和 Q_2，两产品的短缺量分别为 $D_1(p_1, \varepsilon_1) - Q_1$ 和 $D_2(p_2, \varepsilon_2) - Q_2$，单位惩罚成本为 r_i，那么制造企业在此情形下的期望利润函数为：

$$\pi^n(p_1, p_2) = \begin{cases} p_1 D_1(p_1, \varepsilon_1) - c_1 Q_1 - v_1[Q_1 - D_1(p_1, \varepsilon_1)] + p_2 D_2(p_2, \varepsilon_2) - c_2 Q_2 \\ \quad - v_2[Q_2 - D_2(p_2, \varepsilon_2)], \quad D_1(p_1, \varepsilon_1) \leqslant Q_1, \ D_2(p_2, \varepsilon_2) \leqslant Q_2 \\ p_1 D_1(p_1, \varepsilon_1) - c_1 Q_1 - v_1[Q_1 - D_1(p_1, \varepsilon_1)] + (p_2 - c_2) Q_2 \\ \quad - r_2[D_2(p_2, \varepsilon_2) - Q_2], \quad D_1(p_1, \varepsilon_1) \leqslant Q_1, \ D_2(p_2, \varepsilon_2) > Q_2 \\ (p_1 - c_1) Q_1 - r_1[D_1(p_1, \varepsilon_1) - Q_1] + p_2 D_2(p_2, \varepsilon_2) - c_2 Q_2 \\ \quad - v_2[Q_2 - D_2(p_2, \varepsilon_2)], \quad D_1(p_1, \varepsilon_1) > Q_1, \ D_2(p_2, \varepsilon_2) \leqslant Q_2 \\ (p_1 - c_1) Q_1 - r_1[D_1(p_1, \varepsilon_1) - Q_1] + (p_2 - c_2) Q_2 - r_2[D_2(p_2, \varepsilon_2) \\ \quad - Q_2], \quad D_1(p_1, \varepsilon_1) > Q_1, \ D_2(p_2, \varepsilon_2) > Q_2 \end{cases}$$

$$(6.1)$$

此利润函数的一个较简便的表达式可通过替换 $D_i(p_i, \varepsilon_i) = Q_1 + \varepsilon_i$ ($i = 1, 2$) 得到，且与恩斯特（Ernst, 1970）及索森（Thowsen, 1975）的研究一致，定义 $z_i = Q_i - y_i(p_i)$，则：

$$\pi^n(p_1, p_2) = \begin{cases} p_1[y_1(p_1) + \varepsilon_1] - c_1[y_1(p_1) + z_1] - h_1[z_1 - \varepsilon_1] + p_2[y_2(p_2) + \varepsilon_2] \\ \quad - c_2[y_2(p_2) + z_2] - h_2[z_2 - \varepsilon_2], \quad \varepsilon_1 \leqslant z_1, \ \varepsilon_2 \leqslant z_2 \\ p_1[y_1(p_1) + \varepsilon_1] - c_1[y_1(p_1) + z_1] - h_1[z_1 - \varepsilon_1] + p_2[y_2(p_2) + z_2] \\ \quad - c_2[y_2(p_2) + z_2] - s_2[\varepsilon_2 - z_2], \quad \varepsilon_1 \leqslant z_1, \ \varepsilon_2 > z_2 \\ p_1[y_1(p_1) + z_1] - c_1[y_1(p_1) + z_1] - s_1[\varepsilon_1 - z_1] + p_2[y_2(p_2) + \varepsilon_2] \\ \quad - c_2[y_2(p_2) + z_2] - h_2[z_2 - \varepsilon_2], \quad \varepsilon_1 > z_1, \ \varepsilon_2 \leqslant z_2 \\ p_1[y_1(p_1) + z_1] - c_1[y_1(p_1) + z_1] - s_1[\varepsilon_1 - z_1] + p_2[y_2(p_2) + z_2] \\ \quad - c_2[y_2(p_2) + z_2] - s_2[\varepsilon_2 - z_2], \quad \varepsilon_1 > z_1, \ \varepsilon_2 > z_2 \end{cases}$$

$$(6.2)$$

这一变形提供了一个有关生产与定价决策的相应解释，如果 z_i 的选择较实际的 ε_i 值大，则产品出现剩余，如果 z_i 的选择较实际的 ε_i 值小，则产品出现短缺，相应的生产与定价决策为 $Q_i = y_i(p_i) + z_i$。其期望利润为：

$$\pi^n(p_1, p_2) = \int_{m_1}^{z_1} [p_1[y_1(p_1) + \varepsilon_1] - v_1(z_1 - \varepsilon_1)] f(u_1) \mathrm{d}u_1$$
$$+ \int_{z_1}^{n_1} [p_1[y_1(p_1) + z_1] - r_1(u_1 - z_1)] f(u_1) \mathrm{d}u_1 - c_1[y_1(p_1) - z_1]$$
$$+ \int_{m_2}^{z_2} [p_2[y_2(p_2) + \varepsilon_2] - v_2(z_2 - \varepsilon_2)] f(u_2) \mathrm{d}u_2$$

$$+ \int_{z_1}^{n_1} [p_2[y_2(p_2) + z_2] - r_2(\varepsilon_2 - z_2)] f(u_2) \mathrm{d}u_2 - c_2[y_2(p_2) - z_2]$$

$$(6.3)$$

定义 $\delta_i(z_i) = \int_{m_i}^{z_i} (z_i - \varepsilon_i) f(u_i) \mathrm{d}u_i$，以及 $\sigma_i(z_i) = \int_{z_i}^{n_i} (\varepsilon_i - z_i) f(u_i) \mathrm{d}u_i$。其中，$\delta_i(z_i)$ 为制造企业定价太高时的剩余期望，$\sigma_i(z_i)$ 为制造企业定价太低时的短缺期望。可将式（6.3）改写成：

$$\pi^n(p_1, p_2) = (p_1 - c_1)[y_1(p_1) + \varepsilon_1] - [(c_1 - v_1)\delta_1 + (p_1 + r_1 - c_1)\sigma_1]$$
$$+ (p_2 - c_2)[y_2(p_2) + \varepsilon_2] - [(c_2 - v_2)\delta_2 + (p_2 + r_2 - c_2)\sigma_2]$$
$$= \Psi_1(p_1) + \Phi_1(p_1, z_1) + \Psi_2(p_2) + \Phi_2(p_2, z_2) \qquad (6.4)$$

式中，$\Psi_i(p_i) = (p_i - c_i)[y_i(p_i) + \varepsilon_i]$，表示无风险时的利润函数（Mills，1959），$\Phi_i = [(c_i - v_i)\delta_i + (p_i + r_i - c_i)\sigma_i]$ 则为损失函数。

定理 6.1：制造企业存在一个最优的定价决策，使制造企业期望利润最大。且对于固定的 z_i，最优价格 p_i 唯一确定。

证明：

对 z_1 和 z_2 分别求偏导得：

$$\frac{\partial \pi^n(p_1, p_2)}{\partial z_1} = -(c_1 - v_1) + (p_1 + r_1 - v_1)[1 - F_1(z_1)]$$

$$\frac{\partial \pi^n(p_1, p_2)}{\partial z_2} = -(c_2 - v_2) + (p_2 + r_2 - v_2)[1 - F_2(z_2)]$$

对 z_1 和 z_2 分别求二次偏导得：

$$\frac{\partial^2 \pi^n(p_1, p_2)}{\partial z_1^2} = -(p_1 + r_1 - v_1)f_1(z_1) < 0$$

$$\frac{\partial^2 \pi^n(p_1, p_2)}{\partial z_2^2} = -(p_2 + r_2 - v_2)f_2(z_2) < 0$$

$$\frac{\partial^2 \pi^n(z_1, z_2)}{\partial z_1 \partial z_2} \frac{\partial^2 \pi^n(z_1, z_2)}{\partial z_2 \partial z_1} = 0$$

$$\begin{vmatrix} \dfrac{\partial^2 \pi^n(z_1, z_2)}{\partial z_1^2} & \dfrac{\partial^2 \pi^n(z_1, z_2)}{\partial z_1 \partial z_2} \\ \dfrac{\partial^2 \pi^n(z_1, z_2)}{\partial z_2 \partial z_1} & \dfrac{\partial^2 \pi^n(z_1, z_2)}{\partial z_2^2} \end{vmatrix} > 0$$

因此，$\pi^n(p_1, p_2)$ 是关于 z_1 和 z_2 的凹函数，由此可知 $\pi^n(p_1, p_2)$ 对于一个给定的定价决策 p_1 和 p_2 而言，是关于 z_1 和 z_2 的凹函数，对 p_1

和 p_2 分别求偏导得：

$$\frac{\partial \pi^n(p_1,\ p_2)}{\partial p_1} = a_1 - 2b_1 p_1 + b_1 c_1 + z_1 - \delta_1(z_1)$$

$$\frac{\partial \pi^n(p_1,\ p_2)}{\partial p_2} = a_2 - 2b_2 p_2 + b_2 c_2 + z_2 - \delta_2(z_2)$$

对 p_1 和 p_2 分别求二次偏导得：

$$\frac{\partial^2 \pi^n(p_1,\ p_2)}{\partial p_1^2} = -2b_1 < 0$$

$$\frac{\partial^2 \pi^n(p_1,\ p_2)}{\partial p_2^2} = -2b_2 < 0$$

$$\frac{\partial^2 \pi^n(p_1,\ p_2)}{\partial p_1 p_2} = \frac{\partial^2 \pi^n(p_1,\ p_2)}{\partial p_2 p_1} = 0$$

可以得到：

$$\begin{vmatrix} \dfrac{\partial^2 \pi^n(p_1,\ p_2)}{\partial p_1^2} & \dfrac{\partial^2 \pi^n(p_1,\ p_2)}{\partial p_1 p_2} \\[4mm] \dfrac{\partial^2 \pi^n(p_1,\ p_2)}{\partial p_2 p_1} & \dfrac{\partial^2 \pi^n(p_1,\ p_2)}{\partial p_2^2} \end{vmatrix} > 0 \qquad (6.5)$$

因此，$\pi^n(p_1,\ p_2)$ 是关于 p_1 和 p_2 的凹函数，令 $\dfrac{\partial \pi^n(p_1,\ p_2)}{\partial p_1} = 0$ 和 $\dfrac{\partial \pi^n(p_1,\ p_2)}{\partial p_2} = 0$，可得：

$$p_1^* = p_1(z_1) = \frac{a_1 + b_1 c_1 + z_1 - \delta_1(z_1)}{2b_1}$$

$$p_2^* = p_2(z_2) = \frac{a_2 + b_2 c_2 + z_2 - \delta_2(z_2)}{2b_2}$$

得证。

定理 6.1 表明，无碳限额下，制造企业存在一个最优的定价决策，且对于固定的 z_i，最优价格 p_i 唯一确定。

在碳限额政策下，政府规定一个最大碳排放量，即碳限额 K，制造企业在进行生产活动时产生的碳排放量不能超过政府规定的碳限额。因此，在碳限额政策下，制造企业的期望利润为：

$$\max \pi^a(p_1,\ p_2) = \pi^n(p_1,\ p_2) \qquad (6.6)$$

$$\text{s.t}\quad k_1(a_1 - b_1 p_1 + z_1) + k_2(a_2 - b_2 p_2 + z_2) \leqslant K \qquad (6.7)$$

约束条件式（6.7）表明制造企业在生产活动中的总碳排放量不得超过政府规定的碳限额。通过对制造企业在此情形下的最优定价决策进行讨论，令单位碳排放量带来的制造企业期望利润增量为：

$$\theta_1(p_1) = -\frac{1}{k_1 b_1} \frac{\partial \pi^n(p_1, p_2)}{\partial p_1}$$

$$\theta_1(p_2) = -\frac{1}{k_2 b_2} \frac{\partial \pi^n(p_1, p_2)}{\partial p_2}$$

式中的负号表示单位碳配额所带来的制造企业期望利润增长与单位价格的提高呈反相关关系。

通过对制造企业在此情形下的最优定价决策进行讨论，得到以下命题：

定理6.2：在碳限额政策下，制造企业的最优定价 $p_1^a \geq p_1^*$，$p_2^a \geq p_2^*$。

证明：

令 $\varphi \geq 0$，由约束条件可得：

$$k_1(a_1 - b_1 p_1 + z_1) + k_2(a_2 - b_2 p_2 + z_2) - K \leq 0 \qquad (6.8)$$

$$\varphi[k_1(a_1 - b_1 p_1 + z_1) + k_2(a_2 - b_2 p_2 + z_2) - K] = 0 \qquad (6.9)$$

$$a_1 - 2b_1 p_1 + b_1 c_1 + z_1 - \delta_1(z_1) + \varphi k_1 b_1 = 0 \qquad (6.10)$$

$$a_2 - 2b_2 p_2 + b_2 c_2 + z_2 - \delta_2(z_2) + \varphi k_2 b_2 = 0 \qquad (6.11)$$

当 $\varphi = 0$ 时，$k_1(a_1 - b_1 p_1^* + z_1^*) + k_2(a_2 - b_2 p_2^* + z_2^*) \leq K$。由式（6.10）和式（6.11）可得 $\frac{\partial \pi^n(p_1, p_2)}{\partial p_1} = 0$ 和 $\frac{\partial \pi^n(p_1, p_2)}{\partial p_2} = 0$，因此，可以得到 $p_1^a = p_1^*$ 和 $p_2^a = p_2^*$。

当 $\varphi > 0$ 时，$k_1(a_1 - b_1 p_1^* + z_1^*) + k_2(a_2 - b_2 p_2^* + z_2^*) > K$。由式（6.10）和式（6.11）可得：

$$\frac{\partial \pi^n(p_1, p_2)}{\partial p_1} = a_1 - 2b_1 p_1 + b_1 c_1 + z_1 - \delta_1(z_1) = -\varphi k_1 b_1 < 0$$

和

$$\frac{\partial \pi^n(p_1, p_2)}{\partial p_2} = a_2 - 2b_2 p_2 + b_2 c_2 + z_2 - \delta_2(z_2) = -\varphi k_2 b_2 < 0$$

因此，可以得到 $p_1^a > p_1^*$ 和 $p_2^a > p_2^*$。

综上所述，制造企业在碳限额政策条件下的最优定价 $p_1^a \geq p_1^*$，$p_2^a \geq p_2^*$。

得证。

定理6.2表明，在碳限额政策下，制造企业的最优定价不低于无限额下的最优定价。

政府规定的初始限额能够对制造企业的定价决策产生影响，因此，可以得到下面的推论：

推论6.1：在碳限额政策下，制造企业的期望利润为：

$$\pi^a(p_1^a,\ p_2^a) = \begin{cases} \pi^n(p_1^*,\ p_2^*) & K \geqslant k_1(a_1 - b_1 p_1^* + z_1^*) + k_2(a_2 - b_2 p_2^* + z_2^*) \\ \pi^n(p_1^a,\ p_2^a) & K < k_1(a_1 - b_1 p_1^* + z_1^*) + k_2(a_2 - b_2 p_2^* + z_2^*) \end{cases},$$

且 $\pi^a(p_1^a,\ p_2^a) \leqslant \pi^n(p_1^*,\ p_2^*)$。

证明：

当 $k_1(a_1 - b_1 p_1^* + z_1^*) + k_2(a_2 - b_2 p_2^* + z_2^*) \leqslant K$ 时，可得 $p_1^a = p_1^*$ 和 $p_2^a = p_2^*$，进而可以得到 $\pi^a(p_1^a,\ p_2^a) = \pi^n(p_1^*,\ p_2^*)$。

当 $k_1(a_1 - b_1 p_1^* + z_1^*) + k_2(a_2 - b_2 p_2^* + z_2^*) > K$ 时，可得 $p_1^a > p_1^*$ 和 $p_2^a > p_2^*$。由定理6.1可知，制造企业存在一个最优的定价决策 p_1^* 和 p_2^* 使制造企业期望利润 $\pi^n(p_1^*,\ p_2^*)$ 最大，因此：

$$\pi^a(p_1^a,\ p_2^a) < \pi^n(p_1^*,\ p_2^*)$$

综上可得，制造企业在碳限额政策下的期望利润 $\pi^a(p_1^a,\ p_2^a) \leqslant \pi^n(p_1^*,\ p_2^*)$。

得证。

推论6.1表明，在碳限额政策下，制造企业的期望利润小于在无限额下的期望利润。这可以理解为为了维护良好的环境，制造企业必须满足政府制定的碳排放政策约束，并付出一定的经济代价。

6.1.3　碳限额与交易政策规制

1. 无绿色技术投入

令 E 为制造企业与外部碳交易市场的碳交易量。由此可以得到在碳限额与交易政策下，制造企业的期望利润函数为：

$$\max \pi^e(p_1,\ p_2) = \pi^n(p_1,\ p_2) - wE \tag{6.12}$$

$$\text{s. t}\quad k_1(a_1 - b_1 p_1 + z_1) + k_2(a_2 - b_2 p_2 + z_2) = K + E \tag{6.13}$$

$k_1(a_1 - b_1 p_1 + z_1) + k_2(a_2 - b_2 p_2 + z_2) = K + E$ 意味着制造企业的碳排放量必须等于政府的初始碳排放配额与外部碳交易市场碳排放交易数量之和。

当 $E > 0$ 时，意味着制造企业将从市场上购买碳排放配额。

当 $E=0$ 时，意味着制造企业将不会在外部碳交易市场上进行交易。

当 $E<0$ 时，意味着制造企业将在外部碳交易市场上售出没有用完的配额。

定理 6.3：在碳限额与交易政策下，制造企业存在一个最优的定价决策 p_1^e 和 p_2^e，且满足条件 $\theta_1(p_1^e)=\theta_2(p_2^e)=w$。

证明：

由式（6.13）可知，$E=k_1(a_1-b_1p_1+z_1)+k_2(a_2-b_2p_2+z_2)-K$，由此得到制造企业的期望利润为：

$$
\begin{aligned}
\pi^e(p_1,p_2) &= (p_1-c_1)[y_1(p_1)+\varepsilon_1]-[(c_1-v_1)\delta_1+(p_1+r_1-c_1)\sigma_1]\\
&\quad +(p_2-c_2)[y_2(p_2)+\varepsilon_2]-[(c_2-v_2)\delta_2+(p_2+r_2-c_2)\sigma_2]\\
&= \Psi_1(p_1)+\Phi_1(p_1,z_1)+\Psi_2(p_2)+\Phi_2(p_2,z_2)\\
&\quad -w[k_1(a_1-b_1p_1+z_1)+k_2(a_2-b_2p_2+z_2)-K]
\end{aligned}
$$

对 z_1 和 z_2 分别求偏导得：

$$\frac{\partial \pi^e(z_1,z_2)}{\partial z_1}=-(c_1-v_1)+(p_1+r_1-v_1)[1-F_1(z_1)]-wk_1$$

$$\frac{\partial \pi^e(z_1,z_2)}{\partial z_2}=-(c_2-v_2)+(p_2+r_2-v_2)[1-F_2(z_2)]-wk_2$$

对 z_1 和 z_2 分别求二次偏导得：

$$\frac{\partial^2 \pi^e(z_1,z_2)}{\partial z_1^2}=-(p_1+r_1-v_1)f_1(z_1)<0$$

$$\frac{\partial^2 \pi^e(z_1,z_2)}{\partial z_2^2}=-(p_2+r_2-v_2)f_2(z_2)<0$$

$$\frac{\partial^2 \pi^e(z_1,z_2)}{\partial z_1 \partial z_2}\frac{\partial^2 \pi^e(z_1,z_2)}{\partial z_2 \partial z_1}=0$$

$$\begin{vmatrix}\dfrac{\partial^2 \pi^e(z_1,z_2)}{\partial z_1^2} & \dfrac{\partial^2 \pi^e(z_1,z_2)}{\partial z_1 \partial z_2}\\[2mm] \dfrac{\partial^2 \pi^e(z_1,z_2)}{\partial z_2 \partial z_1} & \dfrac{\partial^2 \pi^e(z_1,z_2)}{\partial z_2^2}\end{vmatrix}>0$$

因此，$\pi^e(z_1,z_2)$ 是关于 z_1 和 z_2 的凹函数，由此可知，$\pi^e(z_1,z_2)$ 对于一个给定的价格策略 p_1 和 p_2 而言，是关于 z_1 和 z_2 的凹函数，对 p_1 和 p_2 分别求偏导得：

$$\frac{\partial \pi^e(p_1, p_2)}{\partial p_1} = a_1 - 2b_1p_1 + b_1c_1 + z_1 - \delta_1(z_1) + wk_1b_1$$

$$\frac{\partial \pi^e(p_1, p_2)}{\partial p_2} = a_2 - 2b_2p_2 + b_2c_2 + z_2 + wk_2b_2$$

对 p_1 和 p_2 分别求二次偏导得：

$$\frac{\partial^2 \pi^e(p_1, p_2)}{\partial p_1^2} = -2b_1 < 0$$

$$\frac{\partial^2 \pi^e(p_1, p_2)}{\partial p_2^2} = -2b_2 < 0$$

$$\frac{\partial^2 \pi^e(p_1, p_2)}{\partial p_1 p_2} = \frac{\partial^2 \pi^e(p_1, p_2)}{\partial p_2 p_1} = 0$$

通过推导可得：

$$\begin{vmatrix} \dfrac{\partial^2 \pi^e(p_1, p_2)}{\partial p_1^2} & \dfrac{\partial^2 \pi^e(p_1, p_2)}{\partial p_1 p_2} \\ \dfrac{\partial^2 \pi^e(p_1, p_2)}{\partial p_2 p_1} & \dfrac{\partial^2 \pi^e(p_1, p_2)}{\partial p_2^2} \end{vmatrix} > 0$$

由此可知，$\pi^e(p_1, p_2)$ 是关于 p_1 和 p_2 的凹函数。

令 $\dfrac{\partial \pi^e(p_1, p_2)}{\partial p_1} = 0$，可得 $a_1 - 2b_1p_1 + b_1c_1 + z_1 - \delta_1(z_1) + wk_1b_1 = 0$，由此可得 $\theta_1(p_1^e) = w$。

令 $\dfrac{\partial \pi^e(p_1, p_2)}{\partial p_2} = 0$，可得 $a_2 - 2b_2p_2 + b_2c_2 + z_2 + wk_2b_2 = 0$，由此可得 $\theta_1(p_1^e) = \theta_2(p_2^e) = w$。

得证。

定理 6.3 表明，在碳限额与交易政策下，制造企业存在一个最优的定价决策，使制造企业期望利润最大。且在碳限额与交易政策下，制造企业满足条件 $\theta_1(p_1^e) = \theta_2(p_2^e)$，否则制造企业可以通过多生产绿色产品或者普通产品以获得更高的期望利润。

定理 6.4：

（1）若 $\theta_1(p_1^a) = \theta_2(p_2^a) > w$，则 $p_1^* < p_1^e < p_1^a$ 和 $p_2^* < p_2^e < p_2^a$。

（2）若 $\theta_1(p_1^a) = \theta_2(p_2^a) = w$，则 $p_1^* < p_1^e = p_1^a$ 和 $p_2^* < p_2^e = p_2^a$。

（3）若 $\theta_1(p_1^a) = \theta_2(p_2^a) < w$，则 $p_1^* < p_1^a < p_1^e$ 和 $p_2^* < p_2^a < p_2^e$。

证明：

$$\frac{\partial \theta_1(p_1)}{\partial p_1} = \frac{2b_1}{k_1} > 0$$

$$\frac{\partial \theta_2(p_2)}{\partial p_2} = \frac{2b_2}{k_2} > 0$$

由此可以看出，$\theta_1(p_1)$ 和 $\theta_2(p_2)$ 分别是关于 p_1 和 p_2 的递增函数，由式（6.12）和定理6.3可得，$\theta_1(p_1^*) = 0$ 和 $\theta_2(p_1^*) = 0$，$\theta_1(p_1^e) = w$ 和 $\theta_2(p_2^e) = w$。因此，$p_1^* \leqslant p_1^e$，$p_2^* \leqslant p_2^e$。

（1）若 $\theta_1(p_1^a) = \theta_2(p_2^a) > w$，则 $p_1^* < p_1^e < p_1^a$ 和 $p_2^* < p_2^e < p_2^a$。

（2）若 $\theta_1(p_1^a) = \theta_2(p_2^a) = w$，则 $p_1^* < p_1^e = p_1^a$ 和 $p_2^* < p_2^e = p_2^a$。

（3）若 $\theta_1(p_1^a) = \theta_2(p_2^a) < w$，则 $p_1^* < p_1^a < p_1^e$ 和 $p_2^* < p_2^a < p_2^e$。

得证。

定理6.4表明，在碳限额与交易政策下，制造企业的最优定价不低于无限额下的最优定价，碳限额与交易政策下的最优定价和碳限额政策下的最优定价之间的高低关系主要取决于在限额条件下调整产品定价水平所取得的边际利润的多少。

当 $\theta_1(p_1^a) = \theta_2(p_2^a) > w$ 时，碳配额的单位价格高于生产1单位产品的边际利润，制造企业将在外部碳交易市场购买碳排放配额，并且提高产品单位销售价格直至边际收益为零。

当 $\theta_1(p_1^a) = \theta_2(p_2^a) < w$ 时，碳配额的单位价格低于生产1单位产品的边际利润，制造企业选择在外部碳交易市场出售碳配额。

当 $\theta_1(p_1^a) = \theta_2(p_2^a) = w$ 时，碳配额的单位价格等于生产1单位产品的边际利润，制造企业将不会在外部碳交易市场上进行碳排放权交易。

为了讨论碳限额与交易政策对定价决策的影响，令制造企业在碳限额与交易政策约束下的最大期望利润为：

$$\pi^e(p_1^e,\ p_2^e) = \pi^n(p_1^e,\ p_2^e) - w[k_1(a_1 - b_1 p_1^e + z_1^e) + k_2(a_2 - b_2 p_2^e + z_2^e) - K]$$

$$(6.14)$$

为了讨论碳限额与交易政策对制造企业期望利润的影响，提出以下命题：

定理6.5：当

$$K^* = k_1(a_1 - b_1 p_1^e + z_1^e) + k_2(a_2 - b_2 p_2^e + z_2^e)$$

$$+ \frac{1}{w}[\pi^n(p_1^*,\ p_2^*) - \pi^e(p_1^e,\ p_2^e)]$$

时：

(1) 若 $K^* > K$，则 $\pi^e(p_1^e, p_2^e) > \pi^n(p_1^*, p_2^*) > \pi^a(p_1^a, p_2^a)$。

(2) 若 $K^* = K$，则 $\pi^e(p_1^e, p_2^e) = \pi^n(p_1^*, p_2^*) = \pi^a(p_1^a, p_2^a)$。

(3) 若 $K^* < K$，则 $\pi^n(p_1^*, p_2^*) > \pi^e(p_1^e, p_2^e) > \pi^a(p_1^a, p_2^a)$。

证明：

当 $\pi^e(p_1^e, p_2^e)$ 取最大值时，有：

$$\pi^e(p_1^e, p_2^e) > \pi^n(p_1^*, p_2^*) - w[k_1(a_1 - b_1 p_1^* + z_1^*) + k_2(a_2 - b_2 p_2^* + z_2^*) - K]$$

若 $K \geqslant k_1(a_1 - b_1 p_1^* + z_1^*) + k_2(a_2 - b_2 p_2^* + z_2^*)$，由定理 6.2 可知，在此情形下：

$$\pi^a(p_1^a, p_2^a) = \pi^n(p_1^*, p_2^*)$$

所以：

$$\pi^e(p_1^e, p_2^e) - \pi^a(p_1^a, p_2^a) > -w[k_1(a_1 - b_1 p_1^* + z_1^*) + k_2(a_2 - b_2 p_2^* + z_2^*) - K] > 0$$

因此，$\pi^e(p_1^e, p_2^e) \geqslant \pi^a(p_1^a, p_2^a)$。

若 $K < k_1(a_1 - b_1 p_1^* + z_1^*) + k_2(a_2 - b_2 p_2^* + z_2^*)$，在此情形下：

$$K = k_1(a_1 - b_1 p_1^a + z_1^a) + k_2(a_2 - b_2 p_2^a + z_2^a)$$

当 $\pi^e(p_1^e, p_2^e)$ 取最大值时，可得：

$$\pi^e(p_1^e, p_2^e) \geqslant \pi^n(p_1^a, p_2^a) - w[k_1(a_1 - b_1 p_1^a + z_1^a) + k_2(a_2 - b_2 p_2^a + z_2^a) - K]$$

然后可得：

$$\pi^e(p_1^e, p_2^e) - \pi^a(p_1^a, p_2^a) \geqslant -w[k_1(a_1 - b_1 p_1^a + z_1^a) + k_2(a_2 - b_2 p_2^a + z_2^a) - K] = 0$$

因此，可以得到 $\pi^e(p_1^e, p_2^e) \geqslant \pi^a(p_1^a, p_2^a)$。

若 $K \leqslant k_1(a_1 - b_1 p_1^e + z_1^e) + k_2(a_2 - b_2 p_2^e + z_2^e)$，可以得到：

$$\begin{aligned}\pi^e(p_1^e, p_2^e) &= \pi^n(p_1^e, p_2^e) - w[k_1(a_1 - b_1 p_1^e + z_1^e) + k_2(a_2 - b_2 p_2^e + z_2^e) - K] \\ &\leqslant \pi^n(p_1^e, p_2^e) \leqslant \pi^n(p_1^*, p_2^*)\end{aligned}$$

因此，$\pi^e(p_1^e, p_2^e) < \pi^n(p_1^*, p_2^*)$。

若 $K > k_1(a_1 - b_1 p_1^*) + k_2(a_2 - b_2 p_2^*)$，则：

$$\begin{aligned}\pi^e(p_1^e, p_2^e) &> \pi^n(p_1^*, p_2^*) - w[k_1(a_1 - b_1 p_1^e + z_1^e) + k_2(a_2 - b_2 p_2^e + z_2^e) - K] \\ &> \pi^n(p_1^*, p_2^*)\end{aligned}$$

因此，$\pi^e(p_1^e, p_2^e) > \pi^n(p_1^*, p_2^*)$。

当

$$\begin{aligned}K^* \in (&k_1(a_1 - b_1 p_1^e + z_1^e) + k_2(a_2 - b_2 p_2^e + z_2^e), \\ &k_1(a_1 - b_1 p_1^* + z_1^*) + k_2(a_2 - b_2 p_2^* + z_2^*))\end{aligned}$$

时，由介值定理可知，存在一个 K^*，满足 $\pi^e(p_1^e, p_2^e) = \pi^n(p_1^*, p_2^*)$，因此：

$$K^* = k_1(a_1 - b_1 p_1^e + z_1^e) + k_2(a_2 - b_2 p_2^e + z_2^e)$$
$$+ \frac{1}{w}[\pi^n(p_1^*, p_2^*) - \pi^e(p_1^e, p_2^e)]$$

因为 $\pi^e(p_1^e, p_2^e)$ 是关于 K 的递增函数，因此：

(1) 若 $K^* > K$，则 $\pi^e(p_1^e, p_2^e) > \pi^n(p_1^*, p_2^*) > \pi^a(p_1^a, p_2^a)$。

(2) 若 $K^* = K$，则 $\pi^e(p_1^e, p_2^e) = \pi^n(p_1^*, p_2^*) = \pi^a(p_1^a, p_2^a)$。

(3) 若 $K^* < K$，则 $\pi^n(p_1^*, p_2^*) > \pi^e(p_1^e, p_2^e) > \pi^a(p_1^a, p_2^a)$。

得证。

定理 6.5 表明，制造企业可以通过购买或出售碳配额增加制造企业期望利润，所以，在碳限额与交易政策下，制造企业的期望利润总是高于碳限额政策下的期望利润。在碳限额与交易政策下，制造企业的期望利润是否高于无限额下的期望利润主要取决于政府的初始碳配额量 K。

2. 有绿色技术投入

若 T 为绿色技术投入水平，那么，制造企业在此情况下的期望利润为：

$$\max \pi^c(p_1, p_2, T) = \pi^n(p_1, p_2) - C(T) - wE \qquad (6.15)$$
$$\text{s. t} \quad k_1(a_1 - b_1 p_1 + z_1) + (1 - T)k_2(a_2 - b_2 p_2 + z_2) = K + E \quad (6.16)$$

约束条件意味着在碳限额与交易政策下，制造企业进行绿色技术投入后的总碳排放量仍必须等于政府的初始碳排放配额与外部碳交易市场碳排放权交易数量之和。

为了进一步讨论在碳限额与交易政策下制造企业的最优生产决策，提出以下命题：

定理 6.6： 在碳限额与交易政策下，制造企业进行绿色技术投入，存在一个最优的定价决策，使制造企业期望利润最大，且 $\theta_1(p_1^c) = w$，$\theta_2(p_2^c) = (1 - T)w$。

证明：

由式 (6.16) 可得 $E = k_1(a_1 - b_1 p_1 + z_1) + (1 - T)k_2(a_2 - b_2 p_2 + z_2) - K$，代入式 (6.15) 得：

$$\pi^c(p_1, p_2) = (p_1 - c_1)[y_1(p_1) + \varepsilon_1] - [(c_1 - v_1)\delta_1 + (p_1 + r_1 - c_1)\sigma_1]$$
$$+ (p_2 - c_2)[y_2(p_2) + \varepsilon_2] - [(c_2 - v_2)\delta_2 + (p_2 + r_2 - c_2)\sigma_2]$$
$$- w[k_1(a_1 - b_1 p_1 + z_1) + (1 - T)k_2(a_2 - b_2 p_2 + z_2) - K] - C(T)$$

$$= \Psi_1(p_1) + \Phi_1(p_1, z_1) + \Psi_2(p_2) + \Phi_2(p_2, z_2)$$
$$-w[k_1(a_1 - b_1p_1 + z_1) + (1-T)k_2(a_2 - b_2p_2 + z_2) - K] - C(T)$$

对 z_1 和 z_2 分别求偏导得:

$$\frac{\partial \pi^c(z_1, z_2)}{\partial z_1} = -(c_1 - v_1) + (p_1 + r_1 - v_1)[1 - F_1(z_1)]$$

$$\frac{\partial \pi^c(z_1, z_2)}{\partial z_2} = -(c_2 - v_2) + (p_2 + r_2 - v_2)[1 - F_2(z_2)]$$

另外, 对 z_1 和 z_2 分别求二次偏导得:

$$\frac{\partial^2 \pi^c(z_1, z_2)}{\partial z_1^2} = -(p_1 + r_1 - v_1)f_1(z_1) < 0$$

$$\frac{\partial^2 \pi^c(z_1, z_2)}{\partial z_2^2} = -(p_2 + r_2 - v_2)f_2(z_2) < 0$$

$$\frac{\partial^2 \pi^c(z_1, z_2)}{\partial z_1 \partial z_2} \frac{\partial^2 \pi^c(z_1, z_2)}{\partial z_2 \partial z_1} = 0$$

$$\begin{vmatrix} \dfrac{\partial^2 \pi^c(z_1, z_2)}{\partial z_1^2} & \dfrac{\partial^2 \pi^c(z_1, z_2)}{\partial z_1 \partial z_2} \\ \dfrac{\partial^2 \pi^c(z_1, z_2)}{\partial z_2 \partial z_1} & \dfrac{\partial^2 \pi^c(z_1, z_2)}{\partial z_2^2} \end{vmatrix} > 0$$

因此, $\pi^n(p_1, p_2)$ 是关于 z_1 和 z_2 的凹函数, 由此可知 $\pi^n(p_1, p_2)$ 对于一个给定的价格策略 p_1 和 p_2 而言, 是关于 z_1 和 z_2 的凹函数, 对 p_1 和 p_2 分别求偏导得:

$$\frac{\partial \pi^c(p_1, p_2)}{\partial p_1} = 2b_1(p_1^o - p_1) - \delta_1(z_1) + wk_1b_1$$

$$\frac{\partial \pi^c(p_1, p_2)}{\partial p_2} = 2b_2(p_2^o - p_2) - \delta_2(z_2) + (1-T)wk_2b_2$$

另外, 对 p_1 和 p_2 分别求二次偏导得:

$$\frac{\partial^2 \pi^c(p_1, p_2)}{\partial p_1^2} = -2b_1 < 0$$

$$\frac{\partial^2 \pi^c(p_1, p_2)}{\partial p_2^2} = -2b_2 < 0$$

$$\frac{\partial^2 \pi^e(p_1, p_2)}{\partial p_1 p_2} = \frac{\partial^2 \pi^e(p_1, p_2)}{\partial p_2 p_1} = 0$$

通过推导可得：

$$\begin{vmatrix} \dfrac{\partial^2 \pi^c(p_1,\ p_2)}{\partial p_1^2} & \dfrac{\partial^2 \pi^c(p_1,\ p_2)}{\partial p_1 p_2} \\[4mm] \dfrac{\partial^2 \pi^c(p_1,\ p_2)}{\partial p_2 p_1} & \dfrac{\partial^2 \pi^c(p_1,\ p_2)}{\partial p_2^2} \end{vmatrix} > 0$$

由此可知，$\pi^e(p_1,\ p_2)$ 是关于 p_1 和 p_2 的凹函数。

令 $\dfrac{\partial \pi^c(p_1,\ p_2)}{\partial p_1} = 0$，可得 $a_1 - 2b_1 p_1 + b_1 c_1 + z_1 - \delta_1(z_1) + w k_1 b_1 = 0$，由此可得 $\theta_1(p_1^c) = w$。

令 $\dfrac{\partial \pi^c(p_1,\ p_2)}{\partial p_2} = 0$，可得 $a_2 - 2b_2 p_2 + b_2 c_2 + z_2 + (1 - T) w k_2 b_2 = 0$，由此可得 $\theta_2(p_2^c) = (1 - T) w$。

得证。

定理 6.6 表明，在碳限额与交易政策下，制造企业进行绿色技术投入，存在一个最优的定价决策，使制造企业期望利润最大。

当 $\theta(p_2^c) > (1 - T) w$ 时，制造企业进行绿色技术投入，产品的单位价格变动所带来的边际利润高于 1 单位的碳排放配额价格，制造企业将在外部碳交易市场上购买碳排放配额，并且降低普通产品单位销售价格直至边际收益为 $(1 - T) w$。

当 $\theta(p_2^c) < (1 - T) w$ 时，制造企业进行绿色技术投入，产品的单位价格变动所带来的边际利润低于 1 单位的碳排放配额价格，制造企业将在外部碳交易市场上出售碳排放配额。

当 $\theta(p_2^c) = (1 - T) w$ 时，制造企业进行绿色技术投入，产品的单位价格变动所带来的边际利润等于 1 单位的碳排放配额价格，制造企业不会进行碳交易，此时，企业在此情形下存在一个最优的定价策略，使企业期望利润最大。

本节讨论了在碳限额与交易政策下制造企业进行绿色技术投入对定价决策的影响，由此得到下面的命题：

定理 6.7：

(1) 若 $\theta_1(p_1^a) = \theta_2(p_2^a) > w$，$p_2^* < p_2^c < p_2^e < p_2^a$。

(2) 若 $\theta_1(p_1^a) = \theta_2(p_2^a) = w$，$p_2^* < p_2^c < p_2^e = p_2^a$。

(3) 若 $(1 - T) w \leq \theta_1(p_1^a) = \theta_2(p_2^a) < w$，$p_2^* < p_2^c < p_2^a < p_2^e$。

（4）若 $\theta_1(p_1^a)=\theta_2(p_2^a)<(1-T)w$，$p_2^*<p_2^a<p_2^c<p_2^e$。

证明：

由定理 6.4 可得 $\dfrac{\partial \theta_2(p_2)}{\partial p_2}=\dfrac{2b_2}{k_2}>0$，所以 $\theta_1(p_1)$ 和 $\theta_2(p_2)$ 分别是关于 p_1 和 p_2 的递增函数。

由定理 6.1 和定理 6.3 可得 $\theta_2(p_1^*)=0$ 和 $\theta_2(p_2^e)=w$，由定理 6.6 可知 $\theta_2(p_2^c)=(1-T)w$，因此，$p_2^*<p_2^c<p_2^e$。

（1）若 $\theta_1(p_1^a)=\theta_2(p_2^a)>w$，$p_2^*<p_2^c<p_2^e<p_2^a$。

（2）若 $\theta_1(p_1^a)=\theta_2(p_2^a)=w$，$p_2^*<p_2^c<p_2^e=p_2^a$。

（3）若 $(1-T)w\leqslant\theta_1(p_1^a)=\theta_2(p_2^a)<w$，$p_2^*<p_2^c<p_2^a<p_2^e$。

（4）若 $\theta_1(p_1^a)=\theta_2(p_2^a)<(1-T)w$，$p_2^*<p_2^a<p_2^c<p_2^e$。

得证。

定理 6.7 表明，在碳限额与交易政策下，制造企业无论是否进行绿色技术投入，其产品定价都不低于无限额下的最优定价，碳限额政策下的最优定价、碳限额与交易政策下的最优定价、碳限额与交易政策下进行绿色技术投入后的最优定价之间的高低关系主要取决于绿色技术投入水平。

为了讨论碳限额与交易政策对制造企业期望利润的影响，提出以下命题：

定理 6.8：在碳限额与交易政策下，制造企业进行绿色技术投入，存在一个最优策略，使 $\pi^c(p_1^c,\ p_2^c,\ T)\geqslant\pi^e(p_1^e,\ p_2^e)\geqslant\pi^a(p_1^a,\ p_2^a)$。且制造企业进行绿色技术投入的条件满足 $\dfrac{c'(T)}{k_2(a_2-b_2p+z_2)}=w$。

证明：

当 $\pi^e(p_1^e,\ p_2^e)$ 取最大值时，有：

$\pi^e(p_1^e,\ p_2^e)>\pi^n(p_1^*,\ p_2^*)-w[k_1(a_1-b_1p_1^*+z_1^*)+k_2(a_2-b_2p_2^*+z_2^*)-K]$

若 $K\geqslant k_1(a_1-b_1p_1^*+z_1^*)+k_2(a_2-b_2p_2^*+z_2^*)$，由定理 6.2 可知，在此情形下：

$$\pi^a(p_1^a,\ p_2^a)=\pi^n(p_1^*,\ p_2^*)$$

所以：

$\pi^e(p_1^e,\ p_2^e)-\pi^a(p_1^a,\ p_2^a)>-w[k_1(a_1-b_1p_1^*+z_1^*)+k_2(a_2-b_2p_2^*+z_2^*)-K]>0$

因此，$\pi^e(p_1^e,\ p_2^e)\geqslant\pi^a(p_1^a,\ p_2^a)$。

若 $K < k_1(a_1 - b_1 p_1^* + z_1^*) + k_2(a_2 - b_2 p_2^* + z_2^*)$，在此情形下：

$$K = k_1(a_1 - b_1 p_1^a + z_1^a) + k_2(a_2 - b_2 p_2^a + z_2^a)$$

当 $\pi^e(p_1^e, p_2^e)$ 取最大值时，可得：

$$\pi^e(p_1^e, p_2^e) \geq \pi^n(p_1^a, p_2^a) - w[k_1(a_1 - b_1 p_1^a + z_1^a) + k_2(a_2 - b_2 p_2^a + z_2^a) - K]$$

然后可得：

$$\pi^e(p_1^e, p_2^e) - \pi^a(p_1^a, p_2^a) \geq -w[k_1(a_1 - b_1 p_1^a + z_1^a) + k_2(a_2 - b_2 p_2^a + z_2^a) - K] = 0$$

因此，可以得到 $\pi^e(p_1^e, p_2^e) \geq \pi^a(p_1^a, p_2^a)$。

$\pi^c(p_1, p_2, T)$ 对 T 求导得：

$$\frac{\partial \pi^c(p_1, p_2, T)}{\partial T} = -c'(T) + wk_2(a_2 - b_2 p + z_2)$$

（1）当 $\dfrac{c'(T)}{k_2(a_2 - b_2 p + z_2)} > w$ 时，可以得到：

$$\frac{\partial \pi^c(p_1, p_2, T)}{\partial T} = -c'(T) + wk_2(a_2 - b_2 p + z_2) < 0$$

此时，进行绿色技术投入会减少制造企业在碳限额与交易政策下的期望利润。因此，$\pi^c(p_1^c, p_2^c, T) < \pi^e(p_1^e, p_2^e)$。

（2）当 $\dfrac{c'(T)}{k_2(a_2 - b_2 p + z_2)} = w$ 时，可以得到：

$$\frac{\partial \pi^c(p_1, p_2, T)}{\partial T} = -c'(T) + wk_2(a_2 - b_2 p + z_2) = 0$$

此时，进行绿色技术投入不能增加制造企业在碳限额与交易政策下的期望利润。因此，$\pi^c(p_1^c, p_2^c, T) \geq \pi^e(p_1^e, p_2^e)$。

（3）当 $\dfrac{c'(T)}{k_2(a_2 - b_2 p + z_2)} < w$ 时，可以得到：

$$\frac{\partial \pi^c(p_1, p_2, T)}{\partial T} = -c'(T) + wk_2(a_2 - b_2 p + z_2) > 0$$

进行绿色技术投入可以增加制造企业在碳限额与交易政策下的期望利润。此时，$\pi^c(p_1^c, p_2^c, T) > \pi^e(p_1^e, p_2^e)$。综上所述，$\pi^c(p_1^c, p_2^c, T) \geq \pi^e(p_1^e, p_2^e)$。

综合可得 $\pi^c(p_1^c, p_2^c, T) \geq \pi^e(p_1^e, p_2^e) \geq \pi^a(p_1^a, p_2^a)$。

得证。

定理6.8表明：首先，在碳限额与交易政策下，制造企业会对所生产制造产品适当地进行绿色技术投入，从而使绿色技术投入后的制造企业期望利润不低于未进行绿色技术投入前的期望利润。其次，绿色技术投入的主要作用之一就是获得额外的碳排放权，为制造企业在碳限额与交易政策下带来新的利润增长。

同时，定理 6.8 表明，制造企业进行绿色技术投入的条件满足 $\dfrac{c'(T)}{k_2(a_2-b_2p+z_2)}=w$，否则制造企业可以通过提高绿色技术投入水平或者降低绿色技术投入水平以获得更高的期望利润。

当 $\dfrac{c'(T)}{k_2(a_2-b_2p+z_2)}<w$ 时，进行绿色技术投入后的单位碳排放权成本低于市场上 1 单位碳排放权的价格，制造企业可以利用额外的碳排放权进行生产或者在市场上进行出售。在此情形下，制造企业将继续进行绿色技术投入直至 $\dfrac{c'(T)}{k_2(a_2-b_2p+z_2)}=w$，以获得更多的利润。

当 $\dfrac{c'(T)}{k_2(a_2-b_2p+z_2)}>w$ 时，进行绿色技术投入后的单位碳排放权成本高于市场上 1 单位碳排放权的价格，此时，进行绿色技术投入会减少制造企业在碳限额与交易政策下的期望利润，这时，制造企业会放弃绿色技术投入，转而在交易市场上购买碳排放权来进行生产。

当 $\dfrac{c'(T)}{k_2(a_2-b_2p+z_2)}=w$ 时，进行绿色技术投入后的单位碳排放权成本等于市场上 1 单位碳排放权的价格，绿色技术投入不能增加制造企业在碳限额与交易政策下的期望利润，所以，制造企业仍不会进行绿色技术投入。

因此，只有当进行绿色技术投入后制造企业所取得的额外碳排放权成本低于市场碳排放权价格时，制造企业才会进行绿色技术投入。

6.2　碳限额与交易政策规制下考虑替代的两产品定价决策

在此情形下，制造企业针对两个不同市场分别生产两种产品：绿色产品和普通产品。同时，绿色产品对于普通产品存在向下替代作用，当普通产品缺货时，制造企业可以在普通产品的价格下用绿色产品满足顾客的需要。

6.2.1　问题描述与假设

1. 问题描述

在一个垄断市场中，假设市场上有一个面临随机需求的制造企业和两个消费群体。如前面所述的电灯泡市场。绿色节能灯泡对于普通灯泡有向下替代作用，当普通灯泡缺货时，制造企业可以用普通灯泡的价格用绿色节能灯泡满足顾客的需要。在碳限额与交易政策下，政府规定一个最大碳排放量，即碳限额 K。制造企业在生产活动中所产生的碳排放量不能超过政府制定的碳限额，但碳排放配额不足的制造企业可以向拥有多余配额的制造企业购买碳排放权。

本节在以下三种情形下研究制造企业的定价决策问题：

（1）考虑向下替代情形，在碳限额政策下，制造企业的两产品定价决策。

（2）考虑向下替代情形，在碳限额与交易政策下，制造企业的两产品定价决策。

（3）考虑向下替代情形，在碳限额与交易政策下，制造企业对普通的高碳排放产品进行绿色技术投入后的两产品定价决策。

为了表述方便，模型中符号的含义如表 6 - 2 所示。

表 6 - 2　　　　　　　　　模型中符号的含义

参数	参数含义
$f_1(\cdot)$ 和 $f_2(\cdot)$	绿色产品和普通产品的随机需求概率密度函数
$F_1(\cdot)$ 和 $F_2(\cdot)$	绿色产品和普通产品的随机需求的分布函数
c_1 和 c_2	每单位绿色产品和普通产品的生产成本
p_1 和 p_2	绿色产品和普通产品的零售价格
g_1 和 g_2	绿色产品和普通产品的缺货惩罚成本
r_1 和 r_2	每单位绿色产品和普通产品的缺货机会成本，且 $r_i = p_i + g_i$
v_1 和 v_2	每单位绿色产品和普通产品在销售周期末的残值
K	政府规定的最大碳排放量
E	在外部碳交易市场的交易量

参数	参数含义
k_1 和 k_2	每单位绿色产品和普通产品的碳排放量
z_1 和 z_2	普通产品和绿色产品的无风险库存水平
p_1^a 和 p_2^a	碳限额政策下绿色产品和普通产品的定价水平
p_1^e 和 p_2^e	碳限额与交易政策下绿色产品和普通产品的定价水平
p_1^c 和 p_2^c	考虑绿色技术投入的绿色产品和普通产品的定价水平
T	绿色技术投入水平

2. 假设

上述参数必须满足某些条件，才能使建立的模型有实际意义，所以假设：

（1）$p_i \geqslant c_i > v_i > 0$，其中 $i = 1$，2。这个条件说明每个在消费者市场上出售的产品都会为制造企业带来利润的增长。若有一个产品未售出，那么企业将会受到利润上的损失。

（2）该模型的需求函数可以用一个加法形式建立，特别地，需求可以定义为 $D_i(p_i, \varepsilon_i) = y_i(p_i) + \varepsilon_i$（Mills，1959）。其中，$y_i(p_i)$ 表示需求是价格的减函数，ε_i 是均值为 μ 的随机变量。

（3）$r_1 > r_2$，$v_1 > v_2$。这个条件说明绿色产品的缺货成本高于普通产品的缺货成本，绿色产品的残值高于普通产品的残值。

（4）$r_2 > v_1$。这个条件说明普通产品的缺货成本高于绿色产品的残值。因此，在普通产品缺货时，用绿色产品代替普通产品能够为制造企业带来利润。

（5）$k_2 < k_1$。这个条件说明每单位绿色产品的碳排放量小于每单位普通产品的碳排放量。

（6）我们考虑制造企业可以通过其绿色技术投入来减少碳排放量。绿色技术投入成本为 $C(T)$，它是连续可微的，随绿色技术投入水平 T 的上升而加速上升，如图 3-1 所示。而且在现有技术条件下，企业实现碳零排放的成本为无穷大，即制造企业在现有技术下无法实现碳的零排放。$C'(T) > 0$，$C''(T) > 0$，且满足 $C(0) = 0$，$C(1) = \infty$。

（7）假设制造企业是理性的，会权衡绿色技术所带来的收益与成本。

6.2.2　无碳减排政策规制与考虑替代

在无碳限额政策下，在生产期开始时，两种产品的生产量分别为 Q_1 和 Q_2，生产成本分别为 c_1Q_1 和 c_2Q_2，如果此时需求量不超过 Q_1 和 Q_2，则收益为 $p_1D_1(p_1, \varepsilon_1) + p_2D_2(p_2, \varepsilon_2)$，剩余产品以单位成本 v_1 和 v_2 处理，注意到单位废旧品回收价值可能为负（$v_1 \geqslant -c_1$，$v_2 \geqslant -c_2$）；如果需求量超过 Q_1 和 Q_2，两产品的短缺量分别为 $D_1(p_1, \varepsilon_1) - Q_1$ 和 $D_2(p_2, \varepsilon_2) - Q_2$，单位惩罚成本为 g_i，那么制造企业在此情形下的期望利润为：

$$
\begin{cases}
p_1D_1(p_1, \varepsilon_1) - c_1Q_1 + v_1[Q_1 - D_1(p_1, \varepsilon_1)] + p_2D_2(p_2, \varepsilon_2) - c_2Q_2 \\
\quad + v_2[Q_2 - D_2(p_2, \varepsilon_2)] \\
p_1D_1(p_1, \varepsilon_1) - c_1Q_1 + g_1[Q_1 - D_1(p_1, \varepsilon_1)] + (p_2 - c_2)Q_2 \\
\quad - g_2[D_2(p_2, \varepsilon_2) - Q_2] \\
p_1D_1(p_1, \varepsilon_1) - c_1Q_1 + g_1[Q_1 - D_1(p_1, \varepsilon_1)] + p_2D_2(p_2, \varepsilon_2) \\
\quad - c_2Q_2 + v_2[Q_2 - D_2(p_2, \varepsilon_2)] \\
p_1D_1(p_1, \varepsilon_1) - c_1Q_1 + h_1[Q_1 - D_1(p_1, \varepsilon_1) + D_2(p_2, \varepsilon_2) - Q_2] \\
\quad + p_2D_2(p_2, \varepsilon_2) - c_2Q_2 \\
p_1D_1(p_1, \varepsilon_1) - c_1Q_1 + p_2[Q_1 + Q_2 - D_1(p_1, \varepsilon_1)] - g_2[D_1(p_1, \varepsilon_1) \\
\quad + D_2(p_2, \varepsilon_2) - Q_1 - Q_2] - c_2Q_2
\end{cases}
$$

以上利润函数表示：

（1）当两种产品的需求都小于各自的产量时，制造企业利润为两种产品的收益扣除生产成本和未出售产品的损失成本之和。

（2）当两种产品的需求都大于各自的产量时，制造企业利润为两种产品的总收益扣除总生产成本和缺货成本。

（3）当绿色产品缺货而普通产品剩余时，由于普通产品不能替代绿色产品，因而制造企业利润为两种产品的总收益扣除总生产成本和绿色产品的缺货成本以及普通产品的未出售产品的损失成本。

（4）当绿色产品有剩余而普通产品缺货，且普通产品缺货数量小于剩余的绿色产品时，制造企业将用剩余的绿色产品去满足普通产品的缺货需求，制造企业利润为两种产品的总收益扣除总生产成本以及绿色产品替代普通产品后仍有剩余的未出售产品的损失成本。

（5）当绿色产品有剩余而普通产品缺货，且普通产品缺货数量大于剩余的绿色产品时，制造企业将用剩余的绿色产品去满足普通产品的缺货需求，这时，制造企业利润为两种产品的总收益扣除总生产成本以及绿色产品替代后仍不能满足普通产品的缺货成本。

定义 $z_i = Q_i - y_i(p_i)$，z_i 即期望市场需求与生产量的偏差，得到了与恩斯特（Ernst，1970）及索森（Thowsen，1975）一致的结论：当 $z_i > \varepsilon_i$ 时，制造企业产品生产量超过实际发生的数量，将会产生库存；当 $z_i < \varepsilon_i$ 时，实际发生的数量超过制造企业产品生产量，可将上式改写成：

$$\begin{aligned}
\pi^n(p_1, p_2) &= \int_{m_1}^{z_1} \int_{m_2}^{z_2} [p_1 x + p_2 y + v_1(z_1 - x) + v_2(z_2 - y)] f(x, y)\,dy\,dx \\
&\quad + \int_{z_1}^{n_1} \int_{z_2}^{n_2} [p_1(y_1(p_1) + z_1) + p_2(y_2(p_2) + z_2) - g_1(x - z_1) \\
&\quad - g_2(y - z_2)] f(x, y)\,dy\,dx + \int_{z_1}^{n_1} \int_{m_1}^{z_1} [p_1(y_1(p_1) + z_1) + p_2 y \\
&\quad - g_1(x - z_1) + v_2(z_2 - y)] f(x, y)\,dy\,dx + \int_{m_1}^{z_1} \int_{z_2}^{z_1 + z_2 - x} [p_1 x + p_2 y \\
&\quad + v_1(z_1 - x - (z_2 - y))] f(x, y)\,dy\,dx \\
&\quad + \int_{m_1}^{z_1} \int_{z_1 + z_2 - x}^{n_2} [p_1 x + p_2(z_1 + z_2 - x) \\
&\quad - g_2(y - (z_1 + z_2 - x))] f(x, y)\,dy\,dx \\
&\quad - c_1(y_1(p_1) + z_1) - c_2(y_2(p_2) + z_2)
\end{aligned} \tag{6.17}$$

定理 6.9：考虑向下替代情形，制造企业存在一个最优的定价决策，使制造企业期望利润最大。

证明：

式（6.17）分别对 z_1 和 z_2 求一阶偏导数，可得：

$$\frac{\partial \pi^n(p_1, p_2)}{\partial z_1} = (r_2 - r_1) F_1(z_1) + (v_1 - r_2) \int_{m_1}^{z_1} \int_{m_2}^{z_1 + z_2 - x} f(x, y)\,dy\,dx + r_1 - c_1$$

$$\begin{aligned}
\frac{\partial \pi^n(p_1, p_2)}{\partial z_2} &= (v_1 - r_2) \left[\int_{m_1}^{z_1} \int_{m_2}^{z_1 + z_2 - x} f(x, y)\,dy\,dx - F(z_1, z_2) \right] \\
&\quad + (v_2 - r_2) F_2(z_2) + r_2 - c_2
\end{aligned}$$

式（6.17）分别对 z_1 和 z_2 求二阶偏导数，可得：

$$\frac{\partial^2 \pi^n(z_1, z_2)}{\partial z_1^2} = (r_2 - r_1)f_1(z_1) + (v_1 - r_2)\left[\int_{m_1}^{z_1} f(x, z_1 + z_2 - x)\,\mathrm{d}x\right.$$
$$\left. + \int_{m_2}^{z_2} f(z_1, y)\,\mathrm{d}y\right] < 0$$

$$\frac{\partial^2 \pi^n(z_1, z_2)}{\partial z_2^2} = (v_1 - r_2)\left[\int_{m_1}^{z_1} f(x, z_1 + z_2 - x)\,\mathrm{d}x - \int_{m_1}^{Q_1} f(x, z_2)\,\mathrm{d}x\right]$$
$$+ (v_2 - r_2)f_2(z_2)$$
$$\leqslant (v_1 - r_2)\left[\int_{m_1}^{z_1} f(x, z_1 + z_2 - x)\,\mathrm{d}x + \int_{z_1}^{\infty} f(x, z_2)\,\mathrm{d}x\right]$$
$$< 0$$

分别对 z_1 和 z_2 求二阶混合偏导数，可得：

$$\frac{\partial^2 \pi^n(z_1, z_2)}{\partial z_1 \partial z_2} = \frac{\partial^2 \pi^n(z_1, z_2)}{\partial z_2 \partial z_1} = (v_1 - r_2)\int_{m_1}^{z_1} f(x, z_1 + z_2 - x)\,\mathrm{d}x < 0$$

可以得到：

$$\begin{vmatrix} \dfrac{\partial^2 \pi^n(z_1, z_2)}{\partial z_1^2} & \dfrac{\partial^2 \pi^n(z_1, z_2)}{\partial z_1 \partial z_2} \\ \dfrac{\partial^2 \pi^n(z_1, z_2)}{\partial z_2 \partial z_1} & \dfrac{\partial^2 \pi^n(z_1, z_2)}{\partial z_2^2} \end{vmatrix} = \frac{\partial^2 \pi^n(z_1, z_2)}{\partial z_1^2}\frac{\partial^2 \pi^n(z_1, z_2)}{\partial z_2^2}$$
$$- \frac{\partial^2 \pi^n(z_1, z_2)}{\partial z_1 \partial z_2}\frac{\partial^2 \pi^n(z_1, z_2)}{\partial z_2 \partial z_1} > 0$$

因此，$\pi^n(z_1, z_2)$ 是关于 z_1 和 z_2 的凹函数，令 $\dfrac{\partial \pi^n(z_1, z_2)}{\partial z_1} = 0$ 和

$\dfrac{\partial \pi^n(z_1, z_2)}{\partial z_2} = 0$，可得：

$$F_1(z_1) + \frac{r_2 - v_1}{r_1 - r_2}\int_{m_1}^{z_1}\int_{m_2}^{z_1 + z_2 - x} f(x, y)\,\mathrm{d}y\mathrm{d}x = \frac{r_1 - c_1}{r_1 - r_2}$$

$$F_2(z_2) + \frac{r_2 - v_1}{r_2 - v_2}\left[\int_{m_1}^{z_1}\int_{m_2}^{z_1 + z_2 - x} f(x, y)\,\mathrm{d}y\mathrm{d}x - F(z_1, z_2)\right] = \frac{r_2 - c_2}{r_2 - v_2}$$

由此可知 $\pi^n(z_1, z_2)$ 对于一个给定的价格策略 p_1 和 p_2 而言，是关于 z_1 和 z_2 的凹函数，对 p_1 和 p_2 分别求偏导得：

$$\frac{\partial \pi^n(p_1, p_2)}{\partial p_1} = a_1 - 2b_1 p_1 + b_1 c_1 - \int_{z_1}^{n_1}(x - z_1)f_1(x)\,\mathrm{d}x$$

$$\frac{\partial \pi^n(p_1, p_2)}{\partial p_2} = a_2 - 2b_2 p_2 + b_2 c_2 - \left(\int_{z_1}^{n_1}\int_{z_2}^{n_2}(y - z_2)f(x, y)\,\mathrm{d}y\mathrm{d}x\right.$$

$$+ \int_{m_1}^{z_1} \int_{z_1+z_2-x}^{n_2} \left[(x + y - z_1 - z_2) \right] f(x, y) \mathrm{d}y \mathrm{d}x)$$

另外，对 p_1 和 p_2 分别求二次偏导得：

$$\frac{\partial^2 \pi^n (p_1, p_2)}{\partial p_1^2} = -2b_1 < 0$$

$$\frac{\partial^2 \pi^n (p_1, p_2)}{\partial p_2^2} = -2b_2 < 0$$

$$\frac{\partial^2 \pi^n (p_1, p_2)}{\partial p_1 p_2} = \frac{\partial^2 \pi^n (p_1, p_2)}{\partial p_2 p_1} = 0$$

可以得到：

$$\begin{vmatrix} \dfrac{\partial^2 \pi^n (p_1, p_2)}{\partial p_1^2} & \dfrac{\partial^2 \pi^n (p_1, p_2)}{\partial p_1 p_2} \\ \dfrac{\partial^2 \pi^n (p_1, p_2)}{\partial p_2 p_1} & \dfrac{\partial^2 \pi^n (p_1, p_2)}{\partial p_2^2} \end{vmatrix} > 0$$

因此，对于固定的 z_i，$\pi^n (p_1, p_2)$ 是关于 p_1 和 p_2 的凹函数，这表明在考虑单向替代情形中，制造企业在无限额约束下存在一个最优的定价决策。

得证。

在碳限额政策下，政府规定一个最大碳排放量 K，制造企业在进行生产活动时产生的碳排放量不能超过政府规定的碳限额。因此，制造企业在碳限额政策下的期望利润为：

$$\max \pi^a (p_1, p_2) = \pi^n (p_1, p_2) \tag{6.18}$$

$$\text{s.t} \quad k_1 (a_1 - b_1 p_1 + z_1) + k_2 (a_2 - b_2 p_2 + z_2) \leqslant K \tag{6.19}$$

约束条件式（6.19）表明制造企业在生产活动中的总碳排放量不得超过政府规定的碳排放量。

令单位碳排放量带来的制造企业期望利润增量为：

$$\Delta \pi^n (p_1, p_2) = \pi^n (p_1, p_2)'_{p_i} = \partial \pi^n (p_1, p_2)$$

故单位碳排放量带来的制造企业期望利润增量分别为：

$$\theta_1 (p_1) = -\frac{1}{k_1 b_1} \frac{\partial \pi^n (p_1, p_2)}{\partial p_1}$$

$$\theta_1 (p_2) = -\frac{1}{k_2 b_2} \frac{\partial \pi^n (p_1, p_2)}{\partial p_2}$$

式中的负号表示单位碳配额所带来的制造企业期望利润增长与单位

价格的提高呈反相关关系。

当 $\theta_i(p_i) > 0$ 时，表明制造企业可以通过提升价格来增加期望利润。

当 $\theta_i(p_i) < 0$ 时，表明制造企业不能通过提升价格来增加期望利润。

当 $\theta_i(p_i) = 0$ 时，表明此时的产品定价能最大化制造企业的期望利润。

得证。

通过对制造企业在此情形下的最优定价决策进行讨论，得到以下命题：

定理 6.10：考虑向下替代情形，在碳限额政策下，制造企业满足 $\theta_1(p_1^a) = \theta_2(p_2^a)$，且在碳限额政策下的最优定价 $p_1^a \geqslant p_1^*$，$p_2^a \geqslant p_2^*$。

证明：

令 $\varphi \geqslant 0$，由约束条件可得：

$$k_1(a_1 - b_1 p_1 + z_1) + k_2(a_2 - b_2 p_2 + z_2) - K \leqslant 0 \qquad (6.20)$$

$$\varphi[k_1(a_1 - b_1 p_1 + z_1) + k_2(a_2 - b_2 p_2 + z_2) - K] = 0 \qquad (6.21)$$

当 $\varphi = 0$ 时，$k_1(a_1 - b_1 p_1^* + z_1^*) + k_2(a_2 - b_2 p_2^* + z_2^*) \leqslant K$。可得 $\dfrac{\partial \pi^n(p_1, p_2)}{\partial p_1} = 0$ 和 $\dfrac{\partial \pi^n(p_1, p_2)}{\partial p_2} = 0$，因此，可以得到 $p_1^a = p_1^*$ 和 $p_2^a = p_2^*$。

当 $\varphi > 0$ 时，$k_1(a_1 - b_1 p_1^* + z_1^*) + k_2(a_2 - b_2 p_2^* + z_2^*) > K$。由定理 6.9 可知：

$$\frac{\partial \pi^n(p_1, p_2)}{\partial p_1} = a_1 - 2b_1 p_1 + b_1 c_1 - \int_{z_1}^{n_1}(x - z_1)f_1(x)\mathrm{d}x = -\varphi k_1 b_1 < 0$$

和

$$\frac{\partial \pi^n(p_1, p_2)}{\partial p_2} = a_2 - 2b_2 p_2 + b_2 c_2 - \left(\int_{z_1}^{n_1}\int_{z_2}^{n_2}(y - z_2)f(x, y)\mathrm{d}y\mathrm{d}x\right.$$

$$\left. + \int_{m_1}^{z_1}\int_{z_1+z_2-x}^{n_2}[(x + y - z_1 - z_2)]f(x, y)\mathrm{d}y\mathrm{d}x\right)$$

$$= -\varphi k_2 b_2 < 0$$

因此，可以得到 $p_1^a > p_1^*$ 和 $p_2^a > p_2^*$。

综上可以得到 $p_1^a \geqslant p_1^*$，$p_2^a \geqslant p_2^*$。

又因为：

$$\frac{1}{k_1}\left[a_1 - 2b_1 p_1 + b_1 c_1 - \int_{z_1}^{n_1}(x - z_1)f_1(x)\mathrm{d}x\right]$$

$$= \frac{1}{k_2} \Big[a_2 - 2b_2 p_2 + b_2 c_2 - \big(\int_{z_1}^{n_1} \int_{z_2}^{n_2} (y - z_2) f(x, y) \mathrm{d}y \mathrm{d}x$$

$$+ \int_{m_1}^{z_1} \int_{z_1 + z_2 - x}^{n_2} \big[(x + y - z_1 - z_2) \big] f(x, y) \mathrm{d}y \mathrm{d}x \big) \Big]$$

因此，$\theta_1(p_1^a) = \theta_2(p_2^a)$。

得证。

定理 6.10 表明，在碳限额政策下，制造企业满足 $\theta_1(p_1^a) = \theta_2(p_2^a)$，且：

当 $\theta_1(p_1^a) > \theta_2(p_2^a)$ 时，制造企业可以通过多生产绿色节能产品以获得更高的期望利润。

当 $\theta_1(p_1^a) > \theta_2(p_2^a)$ 时，制造企业可以通过多生产普通产品以获得更高的期望利润。

由于碳限额政策的存在，制造企业在无限额下的最优定价不会高于碳限额政策下的最优定价，这可以理解为制造企业受到政府制定的碳排放政策约束，只能通过提高产品价格来弥补维护良好环境而产生的损失。

政府规定的初始限额能够对制造企业的定价决策产生影响，因此，可以得到下面的推论：

推论 6.2：考虑向下替代情形，在碳限额政策下，制造企业的期望利润为：

$$\pi^a(p_1^a, p_2^a) = \begin{cases} \pi^n(p_1^*, p_2^*) & K \geqslant k_1(a_1 - b_1 p_1^* + z_1^*) + k_2(a_2 - b_2 p_2^* + z_2^*) \\ \pi^n(p_1^a, p_2^a) & K < k_1(a_1 - b_1 p_1^* + z_1^*) + k_2(a_2 - b_2 p_2^* + z_2^*) \end{cases}$$

且

$$\pi^a(p_1^a, p_2^a) \leqslant \pi^n(p_1^*, p_2^*)$$

证明：

当 $k_1(a_1 - b_1 p_1^* + z_1^*) + k_2(a_2 - b_2 p_2^* + z_2^*) \leqslant K$ 时，可以得到 $p_1^a = p_1^*$ 和 $p_2^a = p_2^*$，进而可以得到 $\pi^a(p_1^a, p_2^a) = \pi^n(p_1^*, p_2^*)$。

当 $k_1(a_1 - b_1 p_1^* + z_1^*) + k_2(a_2 - b_2 p_2^* + z_2^*) > K$ 时，可以得到 $p_1^a > p_1^*$ 和 $p_2^a > p_2^*$。由定理 6.8 可知，制造企业存在一个最优的定价决策 p_1^* 和 p_2^* 使制造企业期望利润 $\pi^n(p_1^*, p_2^*)$ 最大，因此，$\pi^a(p_1^a, p_2^a) < \pi^n(p_1^*, p_2^*)$。

综上可得，制造企业在碳限额政策下的期望利润 $\pi^a(p_1^a, p_2^a) \leqslant \pi^n(p_1^*, p_2^*)$。

得证。

推论 6.2 表明，制造企业在政府碳限额政策约束条件下的期望利润低于在无限额约束条件下的期望利润。这可以理解为制造企业为了维护良好的环境，必须付出一定的代价。

6.2.3　碳限额与交易政策规制与考虑替代

1. 无绿色技术投入

令 E 为制造企业与外部碳交易市场的碳交易量。由此可以得到在碳限额与交易政策下的制造企业期望利润函数为：

$$\max \pi^e(p_1,\ p_2) = \pi^n(p_1,\ p_2) - wE \tag{6.22}$$

$$\text{s. t}\quad k_1(a_1 - b_1 p_1 + z_1) + k_2(a_2 - b_2 p_2 + z_2) = K + E \tag{6.23}$$

式（6.23）意味着制造企业的碳排放量必须等于政府的初始碳排放配额与外部碳交易市场碳排放交易数量之和。

当 $E > 0$ 时，意味着制造企业将从市场上购买碳排放配额。

当 $E = 0$ 时，意味着制造企业将不会在外部碳交易市场上进行交易。

当 $E < 0$ 时，意味着制造企业将在外部碳交易市场上售出没有用完的配额。

定理 6.11：考虑向下替代情形，在碳限额与交易政策下，存在一个最优的定价决策 p_1^e 和 p_2^e，且满足条件 $\theta_1(p_1^e) = \theta_2(p_2^e) = w$。

证明：

由式（6.23）可知，$E = k_1(a_1 - b_1 p_1 + z_1) + k_2(a_2 - b_2 p_2 + z_2) - K$，由此得到制造企业的期望利润函数为：

$$
\begin{aligned}
\pi^e(p_1,\ p_2) = & \int_{m_1}^{z_1}\int_{m_2}^{z_2}\left[p_1 x + p_2 y + v_1(z_1 - x) + v_2(z_2 - y)\right]f(x,\ y)\mathrm{d}y\mathrm{d}x \\
& + \int_{z_1}^{n_1}\int_{z_2}^{n_2}\left[p_1(y_1(p_1) + z_1) + p_2(y_2(p_2) + z_2) - g_1(x - z_1)\right. \\
& \left. - g_2(y - z_2)\right]f(x,\ y)\mathrm{d}y\mathrm{d}x + \int_{z_1}^{n_1}\int_{m_1}^{z_1}\left[p_1(y_1(p_1) + z_1) + p_2 y\right. \\
& \left. - g_1(x - z_1) + v_2(z_2 - y)\right]f(x,\ y)\mathrm{d}y\mathrm{d}x \\
& + \int_{m_1}^{z_1}\int_{z_2}^{z_1 + z_2 - x}\left[p_1 x + p_2 y + v_1(z_1 - x - (z_2 - y))\right]f(x,\ y)\mathrm{d}y\mathrm{d}x \\
& + \int_{m_1}^{z_1}\int_{z_1 + z_2 - x}^{n_2}\left[p_1 x + p_2(z_1 + z_2 - x)\right. \\
& \left. - g_2(y - (z_1 + z_2 - x))\right]f(x,\ y)\mathrm{d}y\mathrm{d}x - c_1(y_1(p_1) + z_1)
\end{aligned}
$$

130

$$- c_2(y_2(p_2) + z_2) - w[k_1(a_1 - b_1p_1 + z_1)$$
$$+ k_2(a_2 - b_2p_2 + z_2) - K]$$

分别对 z_1 和 z_2 求一阶偏导数，可得：

$$\frac{\partial \pi^e(z_1, z_2)}{\partial z_1} = (r_2 - r_1)F_1(z_1) + (v_1 - r_2)\int_{m_1}^{z_1}\int_{m_2}^{z_1+z_2-x} f(x, y)\,\mathrm{d}y\,\mathrm{d}x$$
$$+ r_1 - c_1 - wk_1$$

$$\frac{\partial \pi^e(z_1, z_2)}{\partial z_2} = (v_1 - r_2)\left[\int_{m_1}^{z_1}\int_{m_2}^{z_1+z_2-x} f(x, y)\,\mathrm{d}y\,\mathrm{d}x - F(z_1, z_2)\right]$$
$$+ (v_2 - r_2)F_2(z_2) + r_2 - c_2 - wk_2$$

分别对 z_1 和 z_2 求二阶偏导数，可得：

$$\frac{\partial^2 \pi^e(z_1, z_2)}{\partial z_1^2} = (r_2 - r_1)f_1(z_1) + (v_1 - r_2)\left[\int_{m_1}^{z_1} f(x, z_1 + z_2 - x)\,\mathrm{d}x\right.$$
$$\left. + \int_{m_2}^{z_2} f(z_1, y)\,\mathrm{d}y\right] < 0$$

$$\frac{\partial^2 \pi^e(z_1, z_2)}{\partial z_2^2} = (v_1 - r_2)\left[\int_{m_1}^{z_1} f(x, z_1 + z_2 - x)\,\mathrm{d}x - \int_{m_1}^{Q_1} f(x, z_2)\,\mathrm{d}x\right]$$
$$+ (v_2 - r_2)f_2(z_2) \leqslant (v_1 - r_2)\left[\int_{m_1}^{z_1} f(x, z_1 + z_2 - x)\,\mathrm{d}x\right.$$
$$\left. + \int_{z_1}^{\infty} f(x, z_2)\,\mathrm{d}x\right] < 0$$

分别对 z_1 和 z_2 求二阶混合偏导数，可得：

$$\frac{\partial^2 \pi^e(z_1, z_2)}{\partial z_1 \partial z_2} = \frac{\partial^2 \pi^e(z_1, z_2)}{\partial z_2 \partial z_1} = (v_1 - r_2)\int_{m_1}^{z_1} f(x, z_1 + z_2 - x)\,\mathrm{d}x < 0$$

可以得到：

$$\begin{vmatrix} \dfrac{\partial^2 \pi^e(z_1, z_2)}{\partial z_1^2} & \dfrac{\partial^2 \pi^e(z_1, z_2)}{\partial z_1 \partial z_2} \\ \dfrac{\partial^2 \pi^e(z_1, z_2)}{\partial z_2 \partial z_1} & \dfrac{\partial^2 \pi^e(z_1, z_2)}{\partial z_2^2} \end{vmatrix} = \frac{\partial^2 \pi^e(z_1, z_2)}{\partial z_1^2}\frac{\partial^2 \pi^e(z_1, z_2)}{\partial z_2^2}$$

$$- \frac{\partial^2 \pi^e(z_1, z_2)}{\partial z_1 \partial z_2}\frac{\partial^2 \pi^e(z_1, z_2)}{\partial z_2 \partial z_1} > 0$$

由此可知，$\pi^n(z_1, z_2)$ 对于一个给定的价格策略 p 而言，是关于 z_1 和 z_2 的凹函数，对 p_1 和 p_2 分别求偏导得：

$$\frac{\partial \pi^e(p_1, p_2)}{\partial p_1} = a_1 - 2b_1p_1 + b_1c_1 - \int_{z_1}^{n_1} (x - z_1)f_1(x)\,\mathrm{d}x + wk_1b_1$$

$$\frac{\partial \pi^e(p_1, p_2)}{\partial p_2} = a_2 - 2b_2 p_2 + b_2 c_2 - \left(\int_{z_1}^{n_1} \int_{z_2}^{n_2} (y - z_2) f(x, y) \mathrm{d}y \mathrm{d}x \right.$$

$$\left. + \int_{m_1}^{z_1} \int_{z_1+z_2-x}^{n_2} [(x + y - z_1 - z_2)] f(x, y) \mathrm{d}y \mathrm{d}x \right) + wk_2 b_2$$

另外，对 p_1 和 p_2 分别求二次偏导得：

$$\frac{\partial^2 \pi^e(p_1, p_2)}{\partial p_1^2} = -2b_1 < 0$$

$$\frac{\partial^2 \pi^e(p_1, p_2)}{\partial p_2^2} = -2b_2 < 0$$

$$\frac{\partial^2 \pi^e(p_1, p_2)}{\partial p_1 p_2} = \frac{\partial^2 \pi^e(p_1, p_2)}{\partial p_2 p_1} = 0$$

可以得到：

$$\begin{vmatrix} \dfrac{\partial^2 \pi^e(p_1, p_2)}{\partial p_1^2} & \dfrac{\partial^2 \pi^e(p_1, p_2)}{\partial p_1 p_2} \\[4mm] \dfrac{\partial^2 \pi^e(p_1, p_2)}{\partial p_2 p_1} & \dfrac{\partial^2 \pi^e(p_1, p_2)}{\partial p_2^2} \end{vmatrix} > 0$$

因此，对于固定的 z_i，$\pi^n(p_1, p_2)$ 是关于 p_1 和 p_2 的凹函数，这表明在碳限额与交易政策下，制造企业在考虑单向替代情形时，存在一个最优的定价决策。

令 $\dfrac{\partial \pi^e(p_1, p_2)}{\partial p_1} = 0$，可得：

$a_1 - 2b_1 p_1 + b_1 c_1 - \int_{z_1}^{n_1} (x - z_1) f_1(x) \mathrm{d}x = -wk_1 b_1$，由此可得 $\theta_1(p_1^e) = w$。

令 $\dfrac{\partial \pi^e(p_1, p_2)}{\partial p_2} = 0$，可得：

$$a_2 - 2b_2 p_2 + b_2 c_2 - \left(\int_{z_1}^{n_1} \int_{z_2}^{n_2} (y - z_2) f(x, y) \mathrm{d}y \mathrm{d}x \right.$$

$$\left. + \int_{m_1}^{z_1} \int_{z_1+z_2-x}^{n_2} [(x + y - z_1 - z_2)] f(x, y) \mathrm{d}y \mathrm{d}x \right) + wk_2 b_2 = -wk_2 b_2$$

由此可得 $\theta_1(p_1^e) = \theta_2(p_2^e) = w$。

得证。

定理 6.11 表明，在碳限额与交易政策下，存在一个最优的定价决策，使制造企业期望利润最大。且制造企业在碳限额政策条件下满足$\theta_1(p_1^e) = \theta_2(p_2^e)$，否则，当$\theta_1(p_1^e) > \theta_2(p_2^e)$ 时，制造企业可以通过提高绿色节能产品价格以获得更高的期望利润；反之，当$\theta_1(p_1^e) < \theta_2(p_2^e)$ 时，制造企业可以通过提高普通产品价格以获得更高的期望利润。因此，只有当满足$\theta_1(p_1^e) = \theta_2(p_2^e)$ 条件时，制造企业才能得到最优的生产决策。

定理 6.12：

（1）若$\theta_1(p_1^a) = \theta_2(p_2^a) > w$，则$p_1^* < p_1^e < p_1^a$ 和 $p_2^* < p_2^e < p_2^a$。

（2）若$\theta_1(p_1^a) = \theta_2(p_2^a) = w$，则$p_1^* < p_1^e = p_1^a$ 和 $p_2^* < p_2^e = p_2^a$。

（3）若$\theta_1(p_1^a) = \theta_2(p_2^a) < w$，则$p_1^* \leq p_1^a < p_1^e$ 和 $p_2^* \leq p_2^a < p_2^e$。

证明：

$$\frac{\partial \theta_1(p_1)}{\partial p_1} = \frac{2b_1}{k_1} > 0$$

$$\frac{\partial \theta_2(p_2)}{\partial p_2} = \frac{2b_2}{k_2} > 0$$

由此可以看出，$\theta_1(p_1)$ 和 $\theta_2(p_2)$ 分别是关于p_1 和 p_2 的递增函数，由式（6.22）和定理 6.10 可得，$\theta_1(p_1^*) = 0$ 和 $\theta_2(p_2^*) = 0$，$\theta_1(p_1^e) = w$ 和 $\theta_2(p_2^e) = w$。因此，$p_1^* < p_1^e$，$p_2^* < p_2^e$。

（1）若$\theta_1(p_1^a) = \theta_2(p_2^a) > w$，则$\theta_1(p_1^*) < \theta_1(p_1^e) < \theta_1(p_1^a)$，$\theta_2(p_2^*) < \theta_2(p_2^e) < \theta_2(p_2^a)$。因此，$p_1^* < p_1^e < p_1^a$ 和 $p_2^* < p_2^e < p_2^a$。

（2）若$\theta_1(p_1^a) = \theta_2(p_2^a) = w$，则$\theta_1(p_1^*) < \theta_1(p_1^e) = \theta_1(p_1^a)$，$\theta_2(p_2^*) < \theta_2(p_2^e) = \theta_2(p_2^a)$。因此，$p_1^* < p_1^e = p_1^a$ 和 $p_2^* < p_2^e = p_2^a$。

（3）若$\theta_1(p_1^a) = \theta_2(p_2^a) < w$，则$\theta_1(p_1^*) \leq \theta_1(p_1^a) < \theta_1(p_1^e)$，$\theta_2(p_2^*) \leq \theta_2(p_2^a) < \theta_2(p_2^e)$。因此，$p_1^* \leq p_1^a < p_1^e$ 和 $p_2^* \leq p_2^a < p_2^e$。

得证。

定理 6.12 表明，碳限额与交易政策下的最优定价均不低于无限额下的最优定价，碳限额与交易政策下的最优定价和碳限额政策下的最优定价间的高低关系主要取决于在碳限额下调整定价行为所取得的边际利润的多少。

当$\theta_1(p_1^a) = \theta_2(p_2^a) > w$ 时，碳配额的单位价格高于生产 1 单位产品的边际利润，制造企业将在外部碳交易市场购买碳排放配额，并且降低产品单位销售价格直至边际收益为w。

当$\theta_1(p_1^a) = \theta_2(p_2^a) < w$ 时，碳配额的单位价格低于生产 1 单位产品

的边际利润，制造企业选择在外部碳交易市场出售碳配额。

当 $\theta_1(p_1^a) = \theta_2(p_2^a) = w$ 时，碳配额的单位价格等于生产 1 单位产品的边际利润，制造企业将不会在外部碳交易市场上进行碳排放权交易。

为了讨论碳限额与交易政策对定价决策的影响，令制造企业在碳限额与交易政策约束下的最大期望利润为：

$$\pi^e(p_1^e,\ p_2^e) = \pi^n(p_1^e,\ p_2^e) - w[\,k_1(a_1 - b_1 p_1^e + z_1^e) + k_2(a_2 - b_2 p_2^e + z_2^e) - K\,]$$

$$(6.24)$$

为了讨论碳限额与交易政策对制造企业期望利润的影响，提出以下命题：

定理 6.13：当

$$K^* = k_1(a_1 - b_1 p_1^e + z_1^e) + k_2(a_2 - b_2 p_2^e + z_2^e) + \frac{1}{w}[\,\pi^n(p_1^*,\ p_2^*) - \pi^e(p_1^e,\ p_2^e)\,]$$

时：

(1) 若 $K^* > K$，则 $\pi^e(p_1^e,\ p_2^e) > \pi^n(p_1^*,\ p_2^*) > \pi^a(p_1^a,\ p_2^a)$。

(2) 若 $K^* = K$，则 $\pi^e(p_1^e,\ p_2^e) = \pi^n(p_1^*,\ p_2^*) = \pi^a(p_1^a,\ p_2^a)$。

(3) 若 $K^* < K$，则 $\pi^n(p_1^*,\ p_2^*) > \pi^e(p_1^e,\ p_2^e) > \pi^a(p_1^a,\ p_2^a)$。

证明：

当 $\pi^e(p_1^e,\ p_2^e)$ 取最大值时，有：

$$\pi^e(p_1^e,\ p_2^e) > \pi^n(p_1^*,\ p_2^*) - w[\,k_1(a_1 - b_1 p_1^* + z_1^*) + k_2(a_2 - b_2 p_2^* + z_2^*) - K\,]$$

若 $K \geqslant k_1(a_1 - b_1 p_1^* + z_1^*) + k_2(a_2 - b_2 p_2^* + z_2^*)$，由定理 6.10 可知，在此情形下：

$$\pi^a(p_1^a,\ p_2^a) = \pi^n(p_1^*,\ p_2^*)$$

所以：

$$\pi^e(p_1^e,\ p_2^e) - \pi^a(p_1^a,\ p_2^a) > -w[\,k_1(a_1 - b_1 p_1^* + z_1^*) + k_2(a_2 - b_2 p_2^* + z_2^*) - K\,] > 0$$

因此，$\pi^e(p_1^e,\ p_2^e) > \pi^a(p_1^a,\ p_2^a)$。

若 $K < k_1(a_1 - b_1 p_1^* + z_1^*) + k_2(a_2 - b_2 p_2^* + z_2^*)$，在此情形下：

$$K = k_1(a_1 - b_1 p_1^a + z_1^a) + k_2(a_2 - b_2 p_2^a + z_2^a)$$

当 $\pi^e(p_1^e,\ p_2^e)$ 取最大值时可得：

$$\pi^e(p_1^e,\ p_2^e) \geqslant \pi^n(p_1^a,\ p_2^a) - w[\,k_1(a_1 - b_1 p_1^a + z_1^a) + k_2(a_2 - b_2 p_2^a + z_2^a) - K\,]$$

然后可得：

$$\pi^e(p_1^e,\ p_2^e) - \pi^a(p_1^a,\ p_2^a) \geqslant -w[\,k_1(a_1 - b_1 p_1^a + z_1^a) + k_2(a_2 - b_2 p_2^a + z_2^a) - K\,] = 0$$

可以得到 $\pi^e(p_1^e,\ p_2^e) \geqslant \pi^a(p_1^a,\ p_2^a)$。因此，综上可得 $\pi^e(p_1^e,\ p_2^e) \geqslant$

$\pi^a(p_1^a,\ p_2^a)$。

若 $K \leqslant k_1(a_1 - b_1 p_1^e + z_1^e) + k_2(a_2 - b_2 p_2^e + z_2^e)$，可以得到：

$$\pi^e(p_1^e,\ p_2^e) = \pi^n(p_1^e,\ p_2^e) - w[k_1(a_1 - b_1 p_1^e + z_1^e) + k_2(a_2 - b_2 p_2^e + z_2^e) - K]$$
$$\leqslant \pi^n(p_1^e,\ p_2^e) \leqslant \pi^n(p_1^*,\ p_2^*)$$

因此，$\pi^e(p_1^e,\ p_2^e) < \pi^n(p_1^*,\ p_2^*)$。

若

$$K > k_1(a_1 - b_1 p_1^* + z_1^*) + k_2(a_2 - b_2 p_2^* + z_2^*)$$
$$\pi^e(p_1^e,\ p_2^e) > \pi^n(p_1^*,\ p_2^*) - w[k_1(a_1 - b_1 p_1^e + z_1^e) + k_2(a_2 - b_2 p_2^e + z_2^e) - K]$$
$$> \pi^n(p_1^*,\ p_2^*)$$

因此，$\pi^e(p_1^e,\ p_2^e) > \pi^n(p_1^*,\ p_2^*)$。

$$K^* \in (k_1(a_1 - b_1 p_1^e + z_1^e) + k_2(a_2 - b_2 p_2^e + z_2^e),\ k_1(a_1 - b_1 p_1^* + z_1^*)$$
$$+ k_2(a_2 - b_2 p_2^* + z_2^*))$$

时，根据介值定理可知，存在一个 K^*，满足 $\pi^e(p_1^e,\ p_2^e) = \pi^n(p_1^*,\ p_2^*)$，因此：

$$K^* = k_1(a_1 - b_1 p_1^e + z_1^e) + k_2(a_2 - b_2 p_2^e + z_2^e) + \frac{1}{w}[\pi^n(p_1^*,\ p_2^*) - \pi^e(p_1^e,\ p_2^e)]$$

因为 $\pi^e(p_1^e,\ p_2^e)$ 是关于 K 的递增函数，因此：

（1）若 $K^* > K$，则 $\pi^e(p_1^e,\ p_2^e) > \pi^n(p_1^*,\ p_2^*) > \pi^a(p_1^a,\ p_2^a)$。

（2）若 $K^* = K$，则 $\pi^e(p_1^e,\ p_2^e) = \pi^n(p_1^*,\ p_2^*) = \pi^a(p_1^a,\ p_2^a)$。

（3）若 $K^* < K$，则 $\pi^n(p_1^*,\ p_2^*) > \pi^e(p_1^e,\ p_2^e) > \pi^a(p_1^a,\ p_2^a)$。

得证。

定理 6.13 表明，制造企业可以通过购买或出售碳限额政策增加制造企业期望利润，所以，制造企业在碳限额与交易政策下的期望利润总是高于碳限额政策下的期望利润。制造企业在碳限额与交易政策下的期望利润是否高于无限额下的期望利润主要取决于政府的初始碳配额量，只有在政府给予较宽松的初始碳配额时，制造企业在碳限额与交易政策下的期望利润才高于最优情形下的期望利润。

2. 有绿色技术投入

若 T 为绿色技术投入水平，那么，制造企业在此情况下的期望利润为：

$$\max \pi^c(p_1,\ p_2,\ T) = \pi^n(p_1,\ p_2) - C(T) - wE \qquad (6.25)$$
$$\text{s. t} \quad k_1(a_1 - b_1 p_1 + z_1) + (1 - T)k_2(a_2 - b_2 p_2 + z_2) = K + E \qquad (6.26)$$

约束条件式（6.26）意味着制造企业在有绿色技术投入下的总碳

排放量仍必须等于政府的初始碳排放配额与外部碳交易市场碳排放交易数量之和。

为了讨论制造企业在碳限额与交易政策下的最优生产决策，提出以下命题：

定理 6. 14：考虑向下替代情形，在碳限额与约束政策下，制造企业进行绿色技术投入，存在一个最优定价决策，使制造企业期望利润最大，且 $\theta_2(p_2^c) = (1 - T)w$。

证明：

由式（6.26）可得 $E = k_1(a_1 - b_1 p_1 + z_1) + k_2(a_2 - b_2 p_2 + z_2) - K$，代入式（6.25）得：

$$
\begin{aligned}
\pi^c(p_1, p_2) =& \int_{m_1}^{z_1} \int_{m_2}^{z_2} [p_1 x + p_2 y + v_1(z_1 - x) + v_2(z_2 - y)] f(x, y) \mathrm{d}y \mathrm{d}x \\
&+ \int_{z_1}^{n_1} \int_{z_2}^{n_2} [p_1(y_1(p_1) + z_1) + p_2(y_2(p_2) + z_2) - g_1(x - z_1) \\
&- g_2(y - z_2)] f(x, y) \mathrm{d}y \mathrm{d}x + \int_{z_1}^{n_1} \int_{m_1}^{z_1} [p_1(y_1(p_1) + z_1) \\
&+ p_2 y - g_1(x - z_1) + v_2(z_2 - y)] f(x, y) \mathrm{d}y \mathrm{d}x \\
&+ \int_{m_1}^{z_1} \int_{z_2}^{z_1+z_2-x} [p_1 x + p_2 y + v_1(z_1 - x - (z_2 - y))] f(x, y) \mathrm{d}y \mathrm{d}x \\
&+ \int_{m_1}^{z_1} \int_{z_1+z_2-x}^{n_2} [p_1 x + p_2(z_1 + z_2 - x) \\
&- g_2(y - (z_1 + z_2 - x))] f(x, y) \mathrm{d}y \mathrm{d}x \\
&- c_1(y_1(p_1) + z_1) - c_2(y_2(p_2) + z_2) - w[k_1(a_1 - b_1 p_1 + z_1) \\
&+ (1 - T)k_2(a_2 - b_2 p_2 + z_2) - K] - C(T)
\end{aligned}
$$

分别对 z_1 和 z_2 求一阶偏导数，可得：

$$
\begin{aligned}
\frac{\partial \pi^c(z_1, z_2)}{\partial z_1} =& (r_2 - r_1)F_1(z_1) + (v_1 - r_2) \int_{m_1}^{z_1} \int_{m_2}^{z_1+z_2-x} f(x, y) \mathrm{d}y \mathrm{d}x \\
&+ r_1 - c_1 - wk_1
\end{aligned}
$$

$$
\begin{aligned}
\frac{\partial \pi^c(z_1, z_2)}{\partial z_2} =& (v_1 - r_2) \left[\int_0^{z_1} \int_0^{z_1+z_2-x} f(x, y) \mathrm{d}y \mathrm{d}x - F(z_1, z_2) \right] \\
&+ (v_2 - r_2)F_2(z_2) + r_2 - c_2 - (1 - T)wk_2
\end{aligned}
$$

分别对 z_1 和 z_2 求二阶偏导数，可得：

$$
\frac{\partial^2 \pi^c(z_1, z_2)}{\partial z_1^2} = (r_2 - r_1)f_1(z_1) + (v_1 - r_2) \left[\int_{m_1}^{z_1} f(x, z_1 + z_2 - x) \mathrm{d}x \right.
$$

$$+ \int_{m_2}^{z_2} f(z_1, y)\,\mathrm{d}y \,\big] \,< 0$$

$$\frac{\partial^2 \pi^c(z_1, z_2)}{\partial z_2{}^2} = (v_1 - r_2)\big[\int_{m_1}^{z_1} f(x, z_1 + z_2 - x)\,\mathrm{d}x - \int_{m_1}^{Q_1} f(x, z_2)\,\mathrm{d}x \big]$$

$$+ (v_2 - r_2)f_2(z_2)$$

$$\leqslant (v_1 - r_2)\big[\int_{m_1}^{z_1} f(x, z_1 + z_2 - x)\,\mathrm{d}x + \int_{z_1}^{\infty} f(x, z_2)\,\mathrm{d}x \big]$$

$$< 0$$

分别对 z_1 和 z_2 求二阶混合偏导数，可得：

$$\frac{\partial^2 \pi^c(z_1, z_2)}{\partial z_1 \partial z_2} = \frac{\partial^2 \pi^c(z_1, z_2)}{\partial z_2 \partial z_1} = (v_1 - r_2) \int_{m_1}^{z_1} f(x, z_1 + z_2 - x)\,\mathrm{d}x < 0$$

可以得到：

$$\begin{vmatrix} \dfrac{\partial^2 \pi^c(z_1, z_2)}{\partial z_1{}^2} & \dfrac{\partial^2 \pi^c(z_1, z_2)}{\partial z_1 \partial z_2} \\[3mm] \dfrac{\partial^2 \pi^c(z_1, z_2)}{\partial z_2 \partial z_1} & \dfrac{\partial^2 \pi^c(z_1, z_2)}{\partial z_2{}^2} \end{vmatrix} = \frac{\partial^2 \pi^c(z_1, z_2)}{\partial z_1{}^2} \frac{\partial^2 \pi^c(z_1, z_2)}{\partial z_2{}^2}$$

$$- \frac{\partial^2 \pi^c(z_1, z_2)}{\partial z_1 \partial z_2} \frac{\partial^2 \pi^c(z_1, z_2)}{\partial z_2 \partial z_1} > 0$$

由此可知，$\pi^c(z_1, z_2)$ 对于一个给定的价格策略 p 而言，是关于 z_1 和 z_2 的凹函数，对 p_1 和 p_2 分别求偏导得：

$$\frac{\partial \pi^c(p_1, p_2)}{\partial p_1} = a_1 - 2b_1 p_1 + b_1 c_1 - \int_{z_1}^{n_1} (x - z_1)f_1(x)\,\mathrm{d}x + wk_1 b_1$$

$$\frac{\partial \pi^c(p_1, p_2)}{\partial p_2} = a_2 - 2b_2 p_2 + b_2 c_2 - \big(\int_{z_1}^{n_1} \int_{z_2}^{n_2} (y - z_2)f(x, y)\,\mathrm{d}y\mathrm{d}x$$

$$+ \int_{m_1}^{z_1} \int_{z_1 + z_2 - x}^{n_2} \big[(x + y - z_1 - z_2) \big] f(x, y)\,\mathrm{d}y\mathrm{d}x \big)$$

$$+ (1 - T)wk_2 b_2$$

另外，对 p_1 和 p_2 分别求二次偏导得：

$$\frac{\partial^2 \pi^c(p_1, p_2)}{\partial p_1^2} = -2b_1 < 0$$

$$\frac{\partial^2 \pi^c(p_1, p_2)}{\partial p_2^2} = -2b_2 < 0$$

$$\frac{\partial^2 \pi^c(p_1, p_2)}{\partial p_1 p_2} = \frac{\partial^2 \pi^c(p_1, p_2)}{\partial p_2 p_1} = 0$$

通过推导可得：

$$\begin{vmatrix} \dfrac{\partial^2 \pi^c(p_1, p_2)}{\partial p_1^2} & \dfrac{\partial^2 \pi^c(p_1, p_2)}{\partial p_1 p_2} \\[4mm] \dfrac{\partial^2 \pi^c(p_1, p_2)}{\partial p_2 p_1} & \dfrac{\partial^2 \pi^c(p_1, p_2)}{\partial p_2^2} \end{vmatrix} > 0$$

因此，对于固定的 z_i，$\pi^c(p_1, p_2)$ 是关于 p_1 和 p_2 的凹函数，这表明在进行绿色技术投入后，制造企业在考虑单向替代情形的碳限额与交易政策下存在一个最优的定价决策。

令 $\dfrac{\partial \pi^c(p_1, p_2)}{\partial p_1} = 0$，可得：

$$a_1 - 2b_1 p_1 + b_1 c_1 - \int_{z_1}^{n_1} (x - z_1) f_1(x)\,\mathrm{d}x + w k_1 b_1 = 0$$

由此可得 $\theta_1(p_1^c) = w$。

令 $\dfrac{\partial \pi^c(p_1, p_2)}{\partial p_2} = 0$，可得：

$$a_2 - 2b_2 p_2 + b_2 c_2 - (\int_{z_1}^{n_1} \int_{z_2}^{n_2} (y - z_2) f(x, y)\,\mathrm{d}y\mathrm{d}x$$

$$+ \int_{m_1}^{z_1} \int_{z_1+z_2-x}^{n_2} [(x + y - z_1 - z_2)] f(x, y)\,\mathrm{d}y\mathrm{d}x) + (1 - T) w k_2 b_2 = 0$$

由此可得 $\theta_2(p_2^c) = (1 - T)w$。

得证。

定理 6.14 表明，考虑向下替代情况，在碳限额与交易政策下，在制造企业进行绿色技术投入后存在一个最优的定价决策，使制造企业期望利润最大。

当 $\theta(p_2^c) > (1 - T)w$ 时，考虑向下替代情形，在碳限额与交易政策下，制造企业进行绿色技术投入，产品的单位价格变动所带来的边际利润高于 1 单位碳排放配额的价格，制造企业将在外部碳交易市场上购买碳排放配额，并且降低普通产品单位销售价格直至边际收益为 $(1 - T)w$。

当 $\theta(p_2^c) < (1 - T)w$ 时，考虑向下替代情形，在碳限额与交易政策下，制造企业进行绿色技术投入，产品的单位价格变动所带来的边际利润低于 1 单位碳排放配额的价格，制造企业将在外部碳交易市场上出售碳排放配额。

当 $\theta(p_2^c) = (1 - T)w$ 时，考虑向下替代情形，在碳限额与交易政策下，制造企业进行绿色技术投入，产品的单位价格变动所带来的边际利润等于 1 单位碳排放配额的价格，制造企业不会进行碳交易，企业在此情形下存在一个最优的定价策略，使企业期望利润最大。

本节讨论了在碳限额与交易政策下进行绿色技术投入对制造企业定价决策的影响，由此得到下面的命题：

定理 6.15：$p_1^e \geqslant p_1^c > p_1^*$，$p_2^c \geqslant p_2^e > p_2^*$。

证明：

由定理 5.9 可知，$\theta_1(p_1)$ 和 $\theta_2(p_2)$ 是关于 p_1 和 p_2 的递增函数，$\theta_1(p_1^*) = 0$，$\theta_2(p_2^*) = 0$，$\theta_1(p_1^e) = \theta_2(p_2^e) = w$，$\theta_2(p_2^c) = (1-T)w$，因此，$p_1^* > p_1^e$，$p_2^c \geqslant p_2^e > p_2^*$。

所以：

$$
\begin{aligned}
F_1(z_1^e) &= \frac{r_1 - c_1 - wk_1}{r_1 - r_2} - \frac{r_2 - v_1}{r_1 - r_2} \int_0^{z_1^e} \int_0^{z_1^e + z_2^e - x} f(x, y) \mathrm{d}y\mathrm{d}x \\
&\geqslant \frac{r_1 - c_1 - wk_1}{r_1 - r_2} - \frac{r_2 - v_1}{r_1 - r_2} \int_0^{z_1^e} \int_0^{z_1^e + z_2^c - x} f(x, y) \mathrm{d}y\mathrm{d}x \\
&= F_1(z_1^c)
\end{aligned}
$$

又因为 $F_1(\cdot)$ 为递增函数，所以 $z_1^c \leqslant z_1^e$。由 $z_1 = Q_1 - y_1(p_1)$ 可得 $p_1^e \geqslant p_1^c > p_1^*$。

得证。

定理 6.15 表明，在碳限额与交易政策下，无论是否进行绿色投入，其产品定价都不可能低于无限额下的普通产品最优定价。考虑向下替代情形，在碳限额与交易政策下，制造企业进行绿色技术投入可以在一定程度上提升制造企业普通产品的产出，但是由于向下替代作用的减弱，绿色产品的价格会上升。

制造企业在碳限额与交易政策约束下的最大期望利润为：

$$
\begin{aligned}
\pi^c(p_1^c, p_2^c, T) = \pi^n(p_1^c, p_2^c) &- w[k_1(a_1 - b_1 p_1^c + z_1^c) \\
&+ (1-T)k_2(a_2 - b_2 p_2^c + z_2^c) - K] - c(T) \quad (6.27)
\end{aligned}
$$

令 H 为在碳限额与交易政策规制下进行绿色技术投入后因向下替代作用减弱带来的差值。那么：

$$
\begin{aligned}
H = \pi^n(p_1^e, p_2^e) - \pi^n(p_1^c, p_2^c) = (r_2 - v_1)\Big[&\int_{m_1}^{z_1^c} \int_{z_1^c + z_2^c - x}^{\infty} (z_1^c - x)f(x, y) \mathrm{d}y\mathrm{d}x \\
&+ \int_{m_1}^{z_1^c} \int_{z_2^c}^{z_1^c + z_2^c - x} (y - z_2^c)f(x, y) \mathrm{d}y\mathrm{d}x \Big] + v_1 \int_{m_1}^{z_1^c} \int_{z_2^c}^{\infty} (z_1^c - x)f(x, y) \mathrm{d}y\mathrm{d}x
\end{aligned}
$$

$$+ v_2 \int_{z_1^c}^{n_1} \int_{m_2}^{z_2^c} (z_2^c - y) f(x, \ y) \mathrm{d}y \mathrm{d}x \geqslant 0 \text{。}$$

定理 6.16： 考虑向下替代情形，在碳限额与交易政策下，制造企业进行绿色技术投入，存在一个最优策略，使：

$$\pi^c(p_1^c, \ p_2^c, \ T) \geqslant \pi^e(p_1^e, \ p_2^e) \geqslant \pi^a(p_1^a, \ p_2^a)$$

证明：

当 $\pi^e(p_1^e, \ p_2^e)$ 取最大值时，有：

$$\pi^e(p_1^e, \ p_2^e) > \pi^n(p_1^*, \ p_2^*) - w[k_1(a_1 - b_1 p_1^* + z_1^*) + k_2(a_2 - b_2 p_2^* + z_2^*) - K]$$

若 $K \geqslant k_1(a_1 - b_1 p_1^* + z_1^*) + k_2(a_2 - b_2 p_2^* + z_2^*)$，由定理 6.10 可知，在此情形下：

$$\pi^a(p_1^a, \ p_2^a) = \pi^n(p_1^*, \ p_2^*)$$

所以：

$$\pi^e(p_1^e, \ p_2^e) - \pi^a(p_1^a, \ p_2^a) > - w[k_1(a_1 - b_1 p_1^* + z_1^*) + k_2(a_2 - b_2 p_2^* + z_2^*) - K] > 0$$

因此，$\pi^e(p_1^e, \ p_2^e) > \pi^a(p_1^a, \ p_2^a)$。

若 $K < k_1(a_1 - b_1 p_1^* + z_1^*) + k_2(a_2 - b_2 p_2^* + z_2^*)$，在此情形下：

$$K = k_1(a_1 - b_1 p_1^a + z_1^a) + k_2(a_2 - b_2 p_2^a + z_2^a)$$

当 $\pi^e(p_1^e, \ p_2^e)$ 取最大值时可得：

$$\pi^e(p_1^e, \ p_2^e) \geqslant \pi^n(p_1^a, \ p_2^a) - w[k_1(a_1 - b_1 p_1^a + z_1^a) + k_2(a_2 - b_2 p_2^a + z_2^a) - K]$$

然后可得：

$$\pi^e(p_1^e, \ p_2^e) - \pi^a(p_1^a, \ p_2^a) \geqslant - w[k_1(a_1 - b_1 p_1^a + z_1^a) + k_2(a_2 - b_2 p_2^a + z_2^a) - K] = 0$$

可以得到 $\pi^e(p_1^e, \ p_2^e) \geqslant \pi^a(p_1^a, \ p_2^a)$。因此，综上所述可得：

$$\pi^e(p_1^e, \ p_2^e) \geqslant \pi^a(p_1^a, \ p_2^a)$$

由式（6.26）~ 式（6.23）可得：$\pi^c(p_1^c, \ p_2^c, \ T) - \pi^e(p_1^e, \ p_2^e) = -H - c(T) - wk_2[(1 - T)(a_2 - b_2 p_2^c + z_2^c) - (a_2 - b_2 p_2^e + z_2^e)]$。

（1）当

$$H + c(T) + wk_2[(1 - T)(a_2 - b_2 p_2^c + z_1^c) - (a_2 - b_2 p_2^e + z_1^e)] < 0$$

时，

$$\pi^e(p_1^e, \ p_2^e) - \pi^c(p_1^c, \ p_2^c, \ T)$$

$$= H + c(T) + wk_2[(1 - T)(a_2 - b_2 p_2^c + z_2^c) - (a_2 - b_2 p_2^e + z_2^e)] < 0$$

此时，$\pi^c(p_1^c, \ p_2^c, \ T) < \pi^e(p_1^e, \ p_2^e)$。在这种情况下，进行绿色技术投入可以增加制造企业在碳限额与交易政策下的期望利润。

（2）当

$$H + c(T) + wk_2 [(1 - T)(a_2 - b_2 p_2^c + z_1^c) - (a_2 - b_2 p_2^e + z_1^e)] = 0$$

时，

$$\pi^e(p_1^e, p_2^e) - \pi^c(p_1^c, p_2^c, T)$$

$$= H + c(T) + wk_2 [(1 - T)(a_2 - b_2 p_2^c + z_2^c) - (a_2 - b_2 p_2^e + z_2^e)] = 0$$

此时，$\pi^c(p_1^c, p_2^c, T) = \pi^e(p_1^e, p_2^e)$。在这种情况下，进行绿色技术投入不会增加制造企业在碳限额与交易政策下的期望利润。

（3）当

$$H + c(T) + wk_2 [(1 - T)(a_2 - b_2 p_2^c + z_1^c) - (a_2 - b_2 p_2^e + z_1^e)] > 0$$

时，

$$\pi^e(p_1^e, p_2^e) - \pi^c(p_1^c, p_2^c, T)$$

$$= H + c(T) + wk_2 [(1 - T)(a_2 - b_2 p_2^c + z_2^c) - (a_2 - b_2 p_2^e + z_2^e)] > 0$$

此时，$\pi^c(p_1^c, p_2^c, T) > \pi^e(p_1^e, p_2^e)$。在这种情况下，进行绿色技术投入可以增加制造企业在碳限额与交易政策下的期望利润。

综上可得，$\pi^c(p_1^c, p_2^c, T) \geqslant \pi^e(p_1^e, p_2^e) \geqslant \pi^a(p_1^a, p_2^a)$。

得证。

定理 6.16 表明，考虑向下替代情形，在碳限额与交易政策下，对普通产品进行适当的绿色技术投入会增加制造企业期望利润。但制造企业是否进行绿色技术投入主要取决于碳限额与交易政策规制下，进行绿色技术投入后所取得的利润与向下替代作用减弱后的利润差值与节约的碳排放权交易成本之间的大小关系。

6.3　小　　结

本章主要研究一个面临随机需求的两产品（绿色产品和普通产品）制造企业在碳限额与交易政策下的定价决策。首先，在无替代情形下，分三种情况研究了制造企业面临随机需求，在碳限额政策、碳限额与交易政策、碳限额与交易政策下考虑绿色技术投入的两产品定价决策。其次，在向下替代情形下，分三种情况研究了制造企业面临随机需求，在碳限额政策、碳限额与交易政策、碳限额与交易政策下考虑绿色技术投入的两产品定价决策。

本章节主要结论如表 6－3 所示。

表 6 - 3　　　考虑碳限额与交易政策规制的两产品生产决策

	无限额	碳限额政策	碳限额与交易政策（无绿色技术投入）	碳限额与交易政策（有绿色技术投入）
解析解	$\theta_1(p_1^*) = \theta_2(p_2^*) = 0$	$\theta_1(p_1^a) = \theta_2(p_2^a) \geq 0$	$\theta_1(p_1^e) = \theta_2(p_2^e) = w$	$\theta_2(p_2^e) = (1-T)w$
定价比较		$p_1^a \geq p_1^*$ $p_2^a \geq p_2^*$	(1) $\theta_1(p_1^e) = \theta_2(p_2^e) > w$, $p_1^* < p_1^e < p_1^a$ 和 $p_2^* < p_2^e < p_2^a$, (2) $\theta_1(p_1^e) = \theta_2(p_2^e) = w$, $p_1^* < p_1^e = p_1^a$ 和 $p_2^* < p_2^e = p_2^a$, (3) $\theta_1(p_1^a) = \theta_2(p_2^a) < w$, $p_1^* \leq p_1^e < p_1^a$ 和 $p_2^* \leq p_2^e < p_2^a$	(1) $\theta_1(p_1^a) = \theta_2(p_2^a) > w$, $p_2^* < p_2^e < p_2^a$, (2) $\theta_1(p_1^a) = \theta_2(p_2^a) = w$, $p_2^* < p_2^e = p_2^a$, (3) $(1-T)w \leq \theta_1(p_1^a) = \theta_2(p_2^a) < w$, $p_2^* < p_2^e \leq p_2^a$, (4) $\theta_1(p_1^a) = \theta_2(p_2^a) < (1-T)w$, $p_2^* < p_2^e < p_2^a$
利润比较（不替代）		$\pi^a(p_1^a, p_2^a) \leq \pi^n(p_1^*, p_2^*)$	(1) $K^* > K$, $\pi^e(p_1^e, p_2^e) > \pi^n(p_1^*, p_2^*) > \pi^a(p_1^a, p_2^a)$, (2) $K^* = K$, $\pi^e(p_1^e, p_2^e) = \pi^n(p_1^*, p_2^*) = \pi^a(p_1^a, p_2^a)$, (3) $K^* < K$, $\pi^n(p_1^*, p_2^*) > \pi^e(p_1^e, p_2^e) > \pi^a(p_1^a, p_2^a)$	$\pi^c(p_1^e, p_2^e) \geq \pi^e(p_1^e, p_2^e) \geq \pi^a(p_1^a, p_2^a)$

续表

		无限额	碳限额政策	碳限额与交易政策（无绿色技术投入）	碳限额与交易政策（有绿色技术投入）
替代	解析解	$\theta_1(p_1^*) = \theta_2(p_2^*) = 0$	$\theta_1(p_1^a) = \theta_2(p_2^a) \geq 0$	$\theta_1(p_1^e) = \theta_2(p_2^e) = w$	$\theta_2(p_2^e) = (1-T)w$
	定价比较		$p_1^a \geq p_1^*$ $p_2^a \geq p_2^*$	（1）$\theta_1(p_1^a) = \theta_2(p_2^a) > w$, $p_1^* < p_1^a$ 和 $p_2^* < p_2^a$ （2）$\theta_1(p_1^a) = \theta_2(p_2^a) = w$, $p_1^* < p_1^a = p_1^e$ 和 $p_2^* < p_2^e = p_2^a$ （3）$\theta_1(p_1^a) = \theta_2(p_2^a) < w$, $p_1^* \leq p_1^a < p_1^e$ 和 $p_2^* < p_2^a \leq p_2^e$	（1）$\theta_1(p_1^a) = \theta_2(p_2^a) > w$, $p_2^* < p_2^c < p_2^a$ （2）$\theta_1(p_1^a) = \theta_2(p_2^a) = w$, $p_2^* < p_2^c < p_2^a$ （3）$(1-T)w \leq \theta_1(p_1^a) = \theta_2(p_2^a) < w$, $p_2^* < p_2^c \leq p_2^a$ （4）$\theta_1(p_1^a) = \theta_2(p_2^a) < (1-T)w$, $p_2^* < p_2^c < p_2^a$
	利润比较		$\pi^a(p_1^a, p_2^a) \leq \pi^n(p_1^*, p_2^*)$	（1）$K^* > K$, $\pi^e(p_1^e, p_2^e) > \pi^n(p_1^*, p_2^*) > \pi^a(p_1^a, p_2^a)$ （2）$K^* = K$, $\pi^e(p_1^e, p_2^e) = \pi^n(p_1^*, p_2^*) = \pi^a(p_1^a, p_2^a)$ （3）$K^* < K$, $\pi^n(p_1^*, p_2^*) > \pi^e(p_1^e, p_2^e) > \pi^a(p_1^a, p_2^a)$	$\pi^c(p_1^c, p_2^c) \geq \pi^e(p_1^e, p_2^e) \geq \pi^a(p_1^a, p_2^a)$

研究表明：

第一，碳限额政策下，在无替代和向下替代两种情形下，制造企业的普通产品和绿色产品的最优定价水平均不低于在无限额下最优生产量时的最优定价水平。制造企业的期望利润不高于无限额下的期望利润。

第二，碳限额与交易政策下，在无替代和向下替代两种情形下，制造企业的普通产品和绿色产品的定价水平均不低于在无限额下的最优定价水平，但是否高于碳限额政策下的最优定价水平主要取决于普通产品和绿色产品在限额情形下定价水平变动带来的边际利润的多少。碳限额与交易政策下，在无替代和向下替代两种情形下，制造企业的期望利润不低于碳限额政策下的期望利润，是否高于无限额下的期望利润主要取决于政府的初始碳配额量。制造企业可以通过购买或出售碳配额提升企业期望利润，这表明碳限额与交易机制有利于提高企业效益，证明了碳限额与交易机制的有效性。

第三，无替代情形，在碳限额与交易政策下，制造企业进行绿色技术投入后普通产品和绿色产品的最优定价水平与无绿色技术投入普通产品和绿色产品的最优定价水平之间的高低关系主要取决于制造企业的绿色技术投入水平。只有当进行绿色技术投入后制造企业所取得的额外碳排放权成本低于市场上的单位碳排放权价格时，绿色技术的投入才能够在一定程度上增加制造企业的期望利润水平。

第四，向下替代情形，在碳限额与交易政策下，制造企业进行绿色技术投入可以在一定程度上减弱向下替代的作用，绿色产品的最优定价水平不低于无绿色技术投入的绿色产品最优定价水平。相反，普通产品的最优定价水平不高于无绿色技术投入的普通产品最优定价水平。当制造企业进行绿色技术投入后所取得的利润高于向下替代作用减弱后的利润差值与节约的碳排放权交易成本时，绿色技术的投入能够在一定程度上增加制造企业的期望利润水平。

第7章 总结与研究展望

7.1 总 结

近年来，由于二氧化碳、甲烷等温室气体排放增加引起的温室效应导致全球持续变暖，在全球范围内减少二氧化碳等温室气体排放、遏制温室效应、实施碳减排政策以应对人类生存环境的恶化成为世界各国的共识。由于制造企业在生产、加工过程会产生二氧化碳，在生产运作领域存在诸多降低碳排放的机会，因此，成为执行碳减排政策的主力之一。政府碳减排的压力，给制造企业的运营管理带来了新的挑战，使制造企业的生产与定价决策更加复杂，具体表现为决策目标（提高期望利润和减少碳排放双重目标）、决策变量（生产、订货、定价等传统决策变量和碳减排背景下出现的碳排放权决策变量）和决策环境（产能、资金等传统约束和碳减排背景下出现的碳限额约束）变得更复杂。在此背景下，制造企业如何减少碳排放，如何调整自己的生产运作行为，如何平衡碳减排需求与经济效益，如何调整生产及定价决策，是否进行碳减排技术的投入，成为制造企业决策者必须思考的问题。因此，研究在碳减排政策规制下的制造企业生产与定价决策问题具有极其重要的现实意义。

基于上述原因，本书对随机需求下考虑碳限额与交易政策规制的制造企业生产与定价模型进行了研究。作为研究比较分析的基础，本书研究了一个面临随机市场的单一产品制造企业在碳限额与交易政策下的生产决策和定价决策问题。在此基础上，进一步研究了一个面临随机需求的两产品（绿色产品和普通产品）制造企业在碳限额与交易政策下的生产决策和定价决策。具体研究结论如下：

首先，本书研究了一个面临随机市场的单一产品制造企业在排放交易政策规制下的生产决策问题。研究表明：

第一，在碳限额政策下，制造企业的最优生产量不大于在无限额下的最优生产量，制造企业的期望利润不高于在无限额下的期望利润。这可以理解为制造企业为了维护良好的环境，必须满足政府制定的碳排放政策约束，并付出一定的代价。

第二，在碳限额与交易政策下，制造企业的最优生产量低于无限额下的最优生产量，但是否高于碳限额政策下的最优生产量主要取决于产品在限额情形下的边际利润大小。制造企业在碳限额与交易政策下的期望利润不低于碳限额政策下的期望利润，制造企业的期望利润是否高于无限额下的期望利润主要取决于政府的初始碳配额量。制造企业可以通过购买或出售碳配额提升企业期望利润，这表明碳限额与交易机制有利于提高企业效益，并证明了碳限额与交易机制的有效性。

第三，在碳限额与交易政策下，进行绿色技术投入后的最优产量与无绿色技术投入的最优产量之间的大小关系主要取决于制造企业的绿色技术投入水平。只有当进行绿色技术投入后制造企业所取得的额外碳排放权成本低于市场上的单位碳排放权价格时，制造企业才会进行绿色技术投入，并且绿色技术投入能够在一定程度上增加制造企业的期望利润水平。

其次，本书研究了一个面临随机市场的单一产品制造企业在碳限额与交易政策下的定价决策问题。研究表明：

第一，在碳限额政策下，制造企业的最优定价水平不低于在无限额下的最优定价水平，但制造企业的期望利润水平不高于无限额下的期望利润水平。这可以理解为制造企业为了维护良好的环境，满足政府制定的碳排放政策约束，必须付出一定的代价。

第二，在碳限额与交易政策下，制造企业的最优定价水平不低于无限额下的最优定价水平，但是否高于碳限额政策下的最优定价水平主要取决于产品在限额情形下定价水平变动带来的边际利润的多少。制造企业在碳限额与交易政策下的期望利润高于碳限额下的期望利润，但制造企业的期望利润是否高于无限额下的期望利润主要取决于政府的初始碳配额量。制造企业可以通过购买或出售碳配额提升企业期望利润，这表明碳限额与交易机制有利于提高企业效益，并证明了碳限额与交易机制的有效性。

第三，在碳限额与交易政策下，进行绿色技术投入后的最优定价水平与无绿色技术投入的最优定价水平之间的高低关系主要取决于制造企业的绿色技术投入水平。只有当进行绿色技术投入后制造企业所取得的额外碳排放权成本低于市场上的单位碳排放权价格时，绿色技术的投入才能够在一定程度上增加制造企业的期望利润水平。但总的看来，适当的绿色技术投入能够在一定程度上增加产品产出，提升制造企业期望利润。但制造企业并不会一味地进行绿色技术投入，因为虽然绿色技术投入总体上看对环境有利，但对制造企业并不一定总是有利。因此，对于政府而言，应同时从环境和制造企业两个角度考虑，制定既有利于环境又有利于制造企业的碳限额与交易政策，使制造企业倾向于采用绿色技术，促进制造企业发展与环境保护。

再次，本书研究一个面临随机需求的两产品（绿色产品和普通产品）制造企业在碳限额与交易政策下的生产决策。我们先考虑无替代情形，制造企业面临随机需求，在碳限额政策、碳限额与交易政策、碳限额与交易政策下考虑绿色技术投入的两产品生产决策。随后考虑向下替代情形，制造企业面临随机需求，在碳限额政策、碳限额与交易政策、碳限额与交易政策下考虑绿色技术投入的两产品生产决策。研究表明：

第一，在碳限额政策下，在无替代和向下替代两种情形下，制造企业的普通产品和绿色产品的最优生产量均不会高于在无限额下的最优生产量。制造企业的期望利润不高于在无限额下的期望利润。

第二，在碳限额与交易政策下，在无替代和向下替代两种情形下，制造企业的普通产品和绿色产品的生产量均不会高于在无限额下的最优生产量，但是否高于碳限额政策下的最优生产量主要取决于普通产品和绿色产品在限额情形下的边际利润的多少。限额与交易政策下，在无替代和向下替代两种情形下，制造企业的期望利润不低于碳限额政策下的期望利润，是否高于无限额下的期望利润主要取决于政府的初始碳配额量。制造企业可以通过购买或出售碳配额提升企业期望利润，这表明碳限额与交易机制有利于提高企业效益，并证明了碳限额与交易机制的有效性。

第三，在碳限额与交易政策下，不考虑替代情形，制造企业进行绿色技术投入后普通产品和绿色产品的最优生产量与无绿色技术投入普通产品和绿色产品的最优产量之间的大小关系主要取决于制造企业的绿色技术投入水平。只有当进行绿色技术投入后制造企业所取得的额外碳排放权成本低于市场上的单位碳排放权价格时，绿色技术的投入才能够在一定程度上提高制造企业的期望利润水平。

第四，在碳限额与交易政策下，考虑向下替代情形，制造企业进行绿色技术投入可以在一定程度上减弱向下替代的作用，普通产品生产量不低于无绿色技术投入普通产品的最优生产量。相反，绿色产品生产量不高于无绿色技术投入绿色产品的最优生产量。当制造企业进行绿色技术投入后所取得的利润大于向下替代作用减弱后的利润差值与节约的碳排放权交易成本时，绿色技术的投入能够在一定程度上提高制造企业的期望利润水平。

最后，本书研究了一个面临随机需求的两产品（绿色产品和普通产品）制造企业在碳限额与交易政策下的定价决策。我们先考虑无替代情形，研究了制造企业面临随机需求，在碳限额政策、碳限额与交易政策、碳限额与交易政策下考虑绿色技术投入的两产品定价决策。随后考虑向下替代情形，分制造企业面临随机需求，在碳限额政策、碳限额与交易政策、碳限额与交易政策下考虑绿色技术投入的两产品定价决策。研究表明：

第一，碳限额政策下，在无替代和向下替代两种情形下，制造企业的普通产品和绿色产品的最优定价水平均不低于在无限额下的最优生产量时的最优定价水平。制造企业的期望利润不高于无限额下的期望利润。

第二，碳限额与交易政策下，在无替代和向下替代两种情形下，制造企业的普通产品和绿色产品的定价水平均不低于在无限额下的最优定价水平，但是否高于碳限额政策下的最优定价水平主要取决于普通产品和绿色产品在限额情形下定价水平变动带来的边际利润的多少。碳限额与交易政策下，在无替代和向下替代两种情形下，制造企业的期望利润不低于碳限额政策下的期望利润，是否高于无限额下的期望利润主要取决于政府的初始碳配额量。制造企业可以通过购买或出售碳配额提升企业期望利润，这表明碳限额与交易机制有利于提高企业效益，并证明了碳限额与交易机制的有效性。

　　第三，在碳限额与交易政策下，不考虑替代情形，制造企业进行绿色技术投入后普通产品和绿色产品的最优定价水平与无绿色技术投入普通产品和绿色产品的最优定价水平之间的高低关系主要取决于制造企业的绿色技术投入水平。只有当进行绿色技术投入后制造企业所取得的额外碳排放权成本低于市场上的单位碳排放权价格时，绿色技术的投入才能够在一定程度上增加制造企业的期望利润水平。

　　第四，在碳限额与交易政策下，考虑向下替代情形，制造企业进行绿色技术投入可以在一定程度上减弱向下替代的作用，绿色产品的最优定价水平不低于无绿色技术投入的绿色产品最优定价水平。相反，普通产品的最优定价水平不高于无绿色技术投入的普通产品最优定价水平。当制造企业进行绿色技术投入后所取得的利润高于向下替代作用减弱后的利润差值与节约的碳排放权交易成本时，绿色技术的投入能够在一定程度上提高制造企业的期望利润水平。

　　通过对上述研究结果进行进一步分析，还可以得到以下重要的启示：

　　第一，碳限额政策是一种强制性的规制政策，无法提供灵活的市场机制。在碳限额政策下，制造企业的最优定价水平不低于无限额下的最优定价水平，但生产量刚好相反。无论是生产决策还是定价决策下的制造企业期望利润均不会高于在无限额下的期望利润。这可以理解为制造企业为了维护良好的环境，必须付出一定的代价，在实现碳减排的同时影响了制造企业的利润。

　　第二，良好的碳限额政策与碳市场交易机制，有利于制造企业进行合理生产与定价，提高制造企业的期望利润。在碳限额与交易政策下，虽然制造企业仍然受到碳限额政策的约束，但是制造企业可以比较买卖碳排放权的边际利润，当卖出碳排放权的边际收益大于购买碳排放权进行生产时，制造企业将减少生产甚至停产，提高产品价格，并通过卖出碳排放权获得最大收益。可见，良好的碳限额政策与碳市场交易机制，有利于制造企业进行合理生产与定价，提高制造企业利润。本书为制造企业在碳限额与交易政策机制下生产和定价决策的制定提供了理论指导。

　　第三，适当的绿色技术投入能够在一定程度上增加制造企业的期望利润。在碳限额与交易政策下，进行绿色技术投入后的最优定价水平与无绿色技术投入的最优定价水平之间的高低关系主要取决于制造企业的绿色技术投入水平。只有当进行绿色技术投入后制造企业所取得的额外碳排放权成本低于市场上的单位碳排放权价格时，绿色技术的投入才能够在一定程度上提高制造企业的期望利润水平。但总的看来，适当的绿色技术投入能够提升制造企业的期望利润。但制造企业并非会一味地进行绿色技术投入。因此，对于政府而言，应同时从环境和制造企业两个角度考虑，制定既有利于环境又有利于制造企业的碳限额与交易政策，使制造企业倾向于采用绿色技术投入，促进制造企业发展与环境保护。

7.2 研究展望

本书研究了在碳限额与交易政策下一个面临随机需求的制造企业的生产决策和定价决策，主要研究结论可以为制造企业在碳限额与交易政策下生产与定价决策的制定提供理论指导。同时，也可以为政府制定碳限额政策、构建外部碳交易市场机制提供一定的启发与思路。但本书的研究仍然存在一些不足，可以从以下几个方面对理论进行进一步完善：

第一，制造企业多周期产品的生产与定价决策。本书研究对象均为单周期产品，而现实中，整个计划周期内的价格都不是固定不变的，不同周期之间可能存在替代，或者交叉价格影响，这些因素使多周期优化问题变得异常复杂，但这却是制造企业普遍面临的实际问题，因此，将该领域的成果延展到多周期和无限计划周期是一个非常值得研究的问题。

第二，碳敏感型产品制造企业的生产与定价决策。本书研究的产品属于一般性产品，没有考虑碳敏感型产品对需求的影响。随着消费者环保意识的逐渐增强，购买低碳产品能给消费者带来心理安全、社会责任感等额外效用，并愿意为此支付更高的价格。这已经成为制造企业新的利润来源之一。因此，未来的研究可以在碳限额与交易政策规制下，进一步分析碳敏感型产品需求对制造企业的生产与定价决策的影响，使研究更符合现实。

第三，竞争市场态势下的制造企业生产与定价决策。本书的研究均是在垄断市场竞争态势下展开的，并未将市场的结构与竞争态势纳入研究范畴，这与现实不尽相符。在现实生活中，经常会出现两个或两个以上竞争性的制造商，制造企业竞争可能造成产品的替代，这些因素使制造企业管理决策变得异常复杂，但这却是制造企业普遍面临的实际问题，因此，未来可以考虑存在两个甚至多个竞争企业的市场，研究制造企业的生产决策与定价决策问题。

第四，更加深入的实证研究。本书主要以理论研究为主，通过建模、求解，分析在碳限额与交易政策规制下制造企业的生产决策与定价决策。尽管在研究过程中通过对相关研究结论进行分析，得到了相关的管理学启示，但还需要进一步加强利用行业真实数据进行的实证研究和案例研究。只有通过实证研究和案例研究，才能更好地验证本书的研究结论，并为后续研究提供新的方向，实现产学研的有机结合。

参 考 文 献

［1］ IPCC. 气候变化 1990：综合报告 ［R］. 日内瓦：IPCC.

［2］ IPCC. 气候变化 1995：综合报告 ［R］. 日内瓦：IPCC.

［3］ IPCC. 气候变化 2001：综合报告 ［R］. 日内瓦：IPCC.

［4］ IPCC. 气候变化 2007：综合报告 ［R］. 日内瓦：IPCC.

［5］ IPCC. 气候变化 2014：综合报告 ［R］. 日内瓦：IPCC.

［6］ IPCC. 气候变化 2023：综合报告 ［R］. 日内瓦：IPCC.

［7］ WRI. 对中国碳排放交易试点的梳理与展望 ［R/OL］. 2013. http：//www. wri. org. cn/xinwen/duizhongguotanpaifangjiaoyishidiandeshuli-yuzhanwang.

［8］ 鲍健强，苗阳，陈锋. 低碳经济：人类经济发展方式的新变革 ［J］. 中国工业经济，2008 (4)：153 - 160.

［9］ 曹明德. 从工业文明到生态文明的跨越 ［J］. 人民论坛·学术前沿，2010 (1)：18 - 20.

［10］ 曹明德. 排污权交易制度探析 ［J］. 法律科学，2004，22 (4)：100 - 106.

［11］ 曾鸣，何深，杨玲玲等. 碳排放交易市场排放权的拍卖方案设计 ［J］. 水电能源科学，2010 (9)：161 - 163.

［12］ 常香云，朱慧赟. 碳排放约束下企业制造/再制造生产决策研究 ［J］. 科技进步与对策，2012，29 (11)：75 - 78.

［13］ 陈晖. 澳大利亚碳税立法及其影响 ［J］. 电力与能源，2012，33 (1)：6 - 9.

［14］ 程会强，李新. 四个方面完善碳排放权交易市场 ［J］. 中国科技投资，2009 (7)：42 - 44.

［15］ 杜少甫，董骏峰，梁樑等. 考虑排放许可与交易的生产优化 ［J］. 中国管理科学，2009，17 (3)：81 - 86.

[16] 樊纲. 走向低碳发展：中国与世界——中国经济学家的建议 [M]. 北京：中国经济出版社，2010.

[17] 付允，马永欢，刘怡君等. 低碳经济的发展模式研究 [J]. 中国人口·资源与环境，2008，18（3）：14－19.

[18] 高举红，王海燕，孟燕莎. 基于补贴与碳税的闭环供应链定价策略 [J]. 工业工程，2014，17（3）：61－67.

[19] 关丽娟，乔晗，赵鸣等. 我国碳排放权交易及其定价研究——基于影子价格模型的分析 [J]. 价格理论与实践，2012（4）：83－84.

[20] 桂云苗，张廷龙，龚本刚. CVaR 测度下考虑碳排放的生产策略研究 [J]. 计算机工程与应用，2011，47（35）：7－10.

[21] 何大义，马洪云. 碳排放约束下企业生产与存储策略研究 [J]. 资源与产业，2011，13（2）：63.

[22] 何华，马常松，吴忠和. 碳限额与交易政策下考虑绿色技术投入的定价策略研究 [J]. 中国管理科学，2016，24（5）：74－84.

[23] 何建坤，陈文颖，滕飞等. 全球长期减排目标与碳排放权分配原则 [J]. 气候变化研究进展，2009，5（6）：362.

[24] 侯玉梅，尉芳芳. 碳权交易价格对闭环供应链定价的影响 [J]. 燕山大学学报（哲学社会科学版），2013，14（2）：103－108.

[25] 李伟，张希良，周剑等. 关于碳税问题的研究 [J]. 税务研究，2008（3）：20－22.

[26] 刘伟平，戴永务. 碳排放权交易在中国的研究进展 [J]. 林业经济问题，2004，24（4）：193－197.

[27] 鲁力，陈旭. 不同碳排放政策下基于回购合同的供应链协调策略 [J]. 控制与决策，2014，29（12）：2212－2220.

[28] 鲁力. 碳限额与交易政策下企业的绿色生产决策 [J]. 技术经济，2014，33（3）：108－112.

[29] 马常松，罗振宇，李天等. 碳限额政策约束下考虑绿色技术投入的生产策略 [J]. 系统工程，2015，33（8）：61－64.

[30] 马常松，陈旭，罗振宇等. 随机需求下考虑低碳政策规制的企业生产策略 [J]. 控制与决策，2015，30（6）：969－976.

[31] 马娜. 考虑消费者行为的供应链碳减排协同策略研究 [D]. 上海：华东理工大学，2013.

[32] 马秋卓, 宋海清, 陈功玉. 考虑碳交易的供应链环境下产品定价与产量决策研究 [J]. 中国管理科学, 2014a, 22 (8): 37-46.

[33] 马秋卓, 宋海清, 陈功玉. 碳配额交易体系下企业低碳产品定价及最优碳排放策略 [J]. 管理工程学报, 2014b (2): 127-136.

[34] 梅德文. 中国 GDP 占世界 10% 碳排放增量占世界 45% [R/OL]. http://www.tanpaifang.com/tanjiliang/2013/0225/15641.html.

[35] 聂力. 我国碳排放权交易博弈分析 [D]. 北京: 首都经济贸易大学, 2013.

[36] 牛君, 耿欣钊. 双碳目标下我国碳权交易研究现状和展望 [J]. 中南林业科技大学学报 (社会科学版), 2023, 17 (6): 18-32.

[37] 沈满洪, 吴文博, 魏楚. 近二十年低碳经济研究进展及未来趋势 [J]. 浙江大学学报 (人文社会科学版), 2011, 41 (3): 28-39.

[38] 泰坦伯格. 排污权交易: 污染控制政策的改革 [M]. 崔卫国, 范红延译. 北京: 生活·读书·新知三联书店, 1992.

[39] 听英国专家细释 "低碳经济" [R/OL]. 中国有色网, https://www.cnmn.com.cn/ShowNews1.aspx?id=5235.

[40] 外媒: 中国设 2016 至 2020 年碳排上限 [R/OL]. 人民网, http://caijing.chinadaily.com.cn/2014-12/11/content_19065083.htm.

[41] 王家庭. 基于低碳经济视角的我国城市发展模式研究 [J]. 江西社会科学, 2010 (3): 85-89.

[42] 王陟昀. 碳排放权交易模式比较研究与中国碳排放权市场设计 [D]. 长沙: 中南大学, 2011.

[43] 魏东, 岳杰. 低碳经济模式下的碳排放权效率探析 [J]. 山东社会科学, 2010 (8): 90-92.

[44] 魏涛远. 征收碳税对中国经济与温室气体排放的影响 [J]. 世界经济与政治, 2002 (8): 47-49.

[45] 夏良杰, 赵道致, 李友东. 考虑碳交易的政府及双寡头企业减排合作与竞争博弈 [J]. 统计与决策, 2013 (9): 44-48.

[46] 夏良杰. 基于碳交易的供应链运营协调与优化研究 [D]. 天津: 天津大学, 2013.

[47] 谢鑫鹏, 赵道致. 低碳供应链生产及交易决策机制 [J]. 控制与决策, 2014, 29 (4): 651-658.

［48］徐逢桂．碳税财政支付移转政策对台湾宏观经济影响的模拟研究［D］．南京：南京农业大学，2012.

［49］徐丽群．低碳供应链构建中的碳减排责任划分与成本分摊［J］．软科学，2013，27（12）：104－108.

［50］许广永．低碳经济下我国碳排放定价机制形成的障碍与对策［J］．华东经济管理，2010（9）：35－38.

［51］杨鉴．基于碳排放交易政策的企业生产决策研究［D］．上海：华东理工大学，2013.

［52］尹希果，霍婷．国外低碳经济研究综述［J］．中国人口·资源与环境，2010，20（9）：18－23.

［53］于天飞．碳排放权交易的制度构想［J］．林业经济，2007（5）：49－51.

［54］张靖江．考虑排放许可与交易的排放依赖型生产运作优化［D］．合肥：中国科学技术大学，2010.

［55］张琦，沈依琴．低碳经济的经济学思想［J］．现代经济信息，2015（24）：381.

［56］张晓盈，钟锦文．碳税的内涵、效应与中国碳税总体框架研究［J］．复旦学报（社会科学版），2011（4）：92－101.

［57］张雨，王新，施嘉敏．基于低碳经济理论的电力物资仓库绿色化建设策略研究［J］．产业观察，2023（23）：161－163.

［58］章升东，宋维明，李怒云．国际碳市场现状与趋势［J］．世界林业研究，2005，18（5）：9－13.

［59］赵道致，王楚格．考虑低碳政策的供应链企业减排决策研究［J］．工业工程，2014（1）：105－111.

［60］赵道致，原白云，徐春秋．考虑消费者低碳偏好未知的产品线定价策略［J］．系统工程，2014，32（1）：77－81.

［61］赵玉焕．碳税对芬兰产业国际竞争力影响的实证研究［J］．北方经贸，2011（3）：72－74.

［62］赵振智，冯亿琦，王依凝．碳排放权交易、媒体负面关注与企业资本性环保支出［J］．中国石油大学学报（社会科学版），2024，40（1）：11－21.

［63］郑新奇，姚慧，王筱明．20世纪90年代以来《Science》关

于全球气候变化研究述评 [J]. 生态环境, 2005, 14 (3): 422 - 428.

[64] 中国共产党十八届三中全会公报发布（全文）[EB/OL]. 中国新闻网, http: //news. xinhuanet. com/house/tj/2013 - 11 - 14/c _ 118121513. html.

[65] 仲云云. 经济新常态背景下行为主体的低碳博弈与激励机制 [J]. 产业经济, 2021 (9): 83 - 85, 96.

[66] 周剑, 何建坤. 北欧国家碳税政策的研究及启示 [J]. 环境保护, 2008 (22): 70 - 73.

[67] 周涛, 史培军, 王绍强. 气候变化及人类活动对中国土壤有机碳储量的影响 [J]. 地理学报, 2003, 58 (5): 727 - 734.

[68] 朱慧赟. 碳排放政策下企业制造/再制造生产决策研究 [D]. 上海: 华东理工大学, 2013.

[69] 朱跃钊, 陈红喜, 赵智敏. 基于 BS 定价模型的碳排放权交易定价研究 [J]. 科技进步与对策, 2013, 30 (5): 27 - 30.

[70] 庄贵阳. 气候变化挑战与中国经济低碳发展 [J]. 国际经济评论, 2007 (5): 50 - 52.

[71] 庄贵阳. 中国经济低碳发展的途径与潜力分析 [J]. 国际技术经济研究, 2005, 8 (3): 8 - 12.

[72] Abdallah T, Diabat A, Simchi - Levi D. A carbon sensitive supply chain network problem with green procurement [R]. Paper presented at the The 40th International Conference on Computers & Indutrial Engineering, 2010.

[73] Ahn C, Lee S, Peña - Mora F, Abourizk S. Toward environmentally sustainable construction processes: The US and Canada's perspective on energy consumption and GHG/CAP emissions [J]. Sustainability, 2010, 2 (1): 354 - 370.

[74] Albrecht J. Tradable CO_2 permits for cars and trucks [J]. Journal of Cleaner Production, 2001, 9 (2): 179 - 189.

[75] Aldy J E, Krupnick A J, Newell R G, et al. Designing climate mitigation policy [J]. Journal of Economic Literature, 2010, 48 (4): 903 - 934.

[76] Alward R D, Detling J K, Milchunas D G. Grassland vegetation

changes and nocturnal global warming [J]. Science, 1999, 283 (5399): 229 – 231.

[77] Arslan M C, Turkay M. EOQ Revisited with Sustainability Considerations [J]. Foundations of Computing and Decision Sciences, 2014, 38 (4): 223 – 249.

[78] Badole C M, Jain R, Rathore A, Nepal B. Research and opportunities in supply chain modeling: A review [J]. International Journal of Supply Chain Management, 2012, 1 (3): 63 – 86.

[79] Baldwin R. Regulation lite: The rise of emissions trading [J]. Regulation & Governance, 2008, 2 (2): 193 – 215.

[80] Benjaafar S, Li Y, Daskin M. Carbon footprint and the management of supply chains: Insights from simple models [J]. IEEE Transactions on Automation Science and Engineering, 2012, 10 (1): 99 – 116.

[81] Betz R, Seifert S, Cramton P, Kerr S. Auctioning greenhouse gas emissions permits in Australia [J]. Australian Journal of Agricultural and Resource Economics, 2010, 54 (2): 219 – 238.

[82] Bode S. Multi-period emissions trading in the electricity sector—winners and losers [J]. Energy Policy, 2006, 34 (6): 680 – 691.

[83] Boemare C, Quirion P. Implementing greenhouse gas trading in Europe: Lessons from economic literature and international experiences [J]. Ecological Economics, 2002, 43 (2 – 3): 213 – 230.

[84] Bohringer C. Two decades of European climate policy: A critical appraisal [J]. Review of Environmental Economics and Policy, 2014, 8 (1): 1 – 17.

[85] Bonacina M, Gullì F. Electricity pricing under "carbon emissions trading": A dominant firm with competitive fringe model [J]. Energy Policy, 2007, 35 (8): 4200 – 4220.

[86] Boronoos M, Mousazadeh M, Torabi S A. A robust mixed flexible-possibilistic programming approach for multi-objective closed-loop green supply chain network design [J]. Environment, Development and Sustainability, 2021, 23 (3): 3368 – 3395. doi: 10.1007/s10668 – 020 – 00723 – z.

[87] Bouchery Y, Ghaffari A, Jemai Z, Dallery Y. Including sustain-

ability criteria into inventory models [J]. European Journal of Operational Research, 2012, 222 (2): 229 – 240.

[88] Boyd E, Hultman N, Roberts J T, et al. Reforming the CDM for sustainable development: Lessons learned and policy futures [J]. Environmental Science & Policy, 2009, 12 (7): 820 – 831.

[89] Braswell B, Schimel D S, Linder E, Moore Ⅲ B. The response of global terrestrial ecosystems to interannual temperature variability [J]. Science, 1997, 278 (5339): 870 – 873.

[90] Brodach F G. The Value of Tradable Emission Permits: Development and Exemplary Application of a Valuation Method Based on Internal Opportunity Costs [D]. St. Gallen: University of St. Gallen, 2007.

[91] Bureau B. Distributional effects of a carbon tax on car fuels in France [J]. Energy Economics, 2011, 33 (1), 121 – 130.

[92] Burtraw D, Palmer K, Kahn D. Allocation of CO_2 Emissions Allowances in the Regional Greenhouse Gas Cap – and – Trade Program [R/OL]. https: //core. ac. uk/reader/9307930.

[93] Bush M B, Silman M R, Urrego D H. 48, 000 years of climate and forest change in a biodiversity hot spot [J]. Science, 2004, 303 (5659): 827 – 829.

[94] Cachon G. Supply chain design and the cost of greenhouse gas emissions [R]. Pennsylvania: University of Pennsylvania, 2011.

[95] Chaabane A, Ramudhin A, Paquet M. Design of sustainable supply chains under the emission trading scheme [J]. International Journal of Production Economics, 2012, 135 (1): 37 – 49.

[96] Chen G S, Tian H Q. Land use/cover change effects on carbon cycling in terrestrial ecosystems [J]. Chinese Journal of Plant Ecology, 2007, 31 (2): 189.

[97] Chen X, Chan C K, Lee Y C E. Responsible production policies with substitution and carbon emissions trading [J]. Journal of Cleaner Production, 2016, 134: 642 – 651.

[98] Cheng F, Chen T, Chen Q. Cost-reducingstrategy or emission-reducing strategy? The choice of low-carbon decisions under price threshold

subsidy [J]. Transportation Research Part E: Logistics and Transportation Review, 2022, 157: 102560. doi: https://doi.org/10.1016/j.tre.2021.102560.

[99] Choi T M. Carbon footprint tax on fashion supply chain systems [J]. The International Journal of Advanced Manufacturing Technology, 2013, 68: 835 – 847.

[100] Cholette S, Venkat K. The energy and carbon intensity of wine distribution: A study of logistical options for delivering wine to consumers [J]. Journal of Cleaner Production, 2009, 17 (16): 1401 – 1413.

[101] Cramton P, Kerr S. Tradeable carbon permit auctions: How and why to auctionnot grandfather [J]. Energy Policy, 2002, 30 (4): 333 – 345.

[102] Dales J H. Pollution, Property, and Prices [M]. Toronto: University of Toronto Press, 1968.

[103] De Benedetto L, Klemeš J. The Environmental Performance Strategy Map: An integrated LCA approach to support the strategic decision-making process [J]. Journal of Cleaner Production, 2009, 17 (10): 900 – 906.

[104] De M, Giri B C. Modelling a closed-loop supply chain with a heterogeneous fleet under carbon emission reduction policy [J]. Transportation Research Part E: Logistics and Transportation Review, 2020, 133: 101813. doi: https://doi.org/10.1016/j.tre.2019.11.007.

[105] Demailly D, Quirion P. European emission trading scheme and competitiveness: A case study on the iron and steel industry [J]. Energy Economics, 2008, 30 (4): 2009 – 2027.

[106] Diabat A, Simchi – Levi D. A carbon-capped supply chain network problem [R]. Paper presented at the 2009 IEEE international conference on industrial engineering and engineering management, 2009.

[107] Ding J, Chen W, Wang W. Production and carbon emission reduction decisions for remanufacturing firms under carbon tax and take-back legislation [J]. Computers & Industrial Engineering, 2020, 143: 106419. doi: https://doi.org/10.1016/j.cie.2020.106419.

159

[108] Dobos I. The effects of emission trading on production and inventories in the Arrow – Karlin model [J]. International Journal of Production Economics, 2005, 93: 301 – 308.

[109] Dong H, Dai H, Geng Y, et al. Exploring impact of carbon tax on China's CO_2 reductions and provincial disparities [J]. Renewable and Sustainable Energy Reviews, 2017, 77: 596 – 603. doi: https://doi.org/10.1016/j.rser.2017.04.044.

[110] Drake D, Kleindorfer P, van Wassenhove L. Technology Choice and Capacity Investment Under Emissions Regulations [R]. Faculty and Research Working Paper, 2012/37/TOM/ISIC.

[111] DTI. UK Government Energy White Paper: Our Energy Future—Creating a Low Carbon Economy [R]. London: TSO, 2003.

[112] Du S, Ma F, Fu Z, et al. Game-theoretic analysis for an emission-dependent supply chain in a "cap-and-trade" system [J]. Annals of Operations Research, 2015, 228: 135 – 149.

[113] Echeverría R, Moreira V H, Sepúlveda C, Wittwer C. Willingness to pay for carbon footprint on foods [J]. British Food Journal, 2014, 116 (2): 186 – 196.

[114] Elkins P, Baker T. Carbon taxes and carbon emissions trading [J]. Journal of Economic Surveys, 2001, 15 (3): 325 – 376.

[115] Ernst R L. A linear inventory model of a monopolistic firm [D]. Berkeley: University of California, 1970.

[116] Fitter A, Fitter R. Rapid changes in flowering time in British plants [J]. Science, 2002, 296 (5573): 1689 – 1691.

[117] Fremstad A, Paul M. The impact of a carbon tax on inequality [J]. Ecological Economics, 2019, 163: 88 – 97.

[118] Giraud – Carrier F C. Pollution regulation and production in imperfect markets [D]. Salt Lake City: The University of Utah, 2014.

[119] Goeree J K, Palmer K, Holt C A, et al. An experimental study of auctions versus grandfathering to assign pollution permits [J]. Journal of the European Economic Association, 2010, 8 (2 – 3): 514 – 525.

[120] Goulden M L, Munger J W, Fan S M, et al. Exchange of car-

bon dioxide by a deciduous forest: Response to interannual climate variability [J]. Science, 1996, 271 (5255): 1576 – 1578.

[121] Goulder L H. Effects of carbon taxes in an economy with prior tax distortions: An intertemporal general equilibrium analysis [J]. Journal of Environmental Economics and Management, 1995, 29 (3): 271 – 297.

[122] Grime J P, Brown V K, Thompson K, et al. The response of two contrasting limestone grasslands to simulated climate change [J]. Science, 2000, 289 (5480): 762 – 765.

[123] Hahn R W, Stavins R N. The effect of allowance allocations on cap-and-trade system performance [J]. The Journal of Law and Economics, 2011, 54 (S4): S267 – S294.

[124] Harris I, Naim M, Palmer A, et al. Assessing the impact of cost optimization based on infrastructure modelling on CO_2 emissions [J]. International Journal of Production Economics, 2011, 131 (1): 313 – 321.

[125] He H, Luo Z, Ma C, Yu H. Production strategy with substitution under cap-and-trade regulation [R]. Paper presented at the 2016 International Conference on Logistics, Informatics and Service Sciences (LISS), 2016.

[126] He H, Ma C. The production strategy for two products considering stochastic demand under cap-and-trade regulation [J]. International Journal of Internet Manufacturing and Services, 2018, 5 (1): 38 – 50.

[127] Herbert T, Schuffert J, Andreasen D, et al. Collapse of the California current during glacial maxima linked to climate change on land [J]. Science, 2001, 293 (5527): 71 – 76.

[128] Hertwich E G, Peters G P. Carbon footprint of nations: A global, trade-linked analysis [J]. Environmental Science & Technology, 2009, 43 (16): 6414 – 6420.

[129] Hoel M. Harmonization of carbon taxes in international climate agreements [J]. Environmental and Resource Economics, 1993 (3): 221 – 231.

[130] Hoen K M, Tan T, Fransoo J C, van Houtum G – J. Effect of carbon emission regulations on transport mode selection under stochastic de-

mand [J]. Flexible Services and Manufacturing Journal, 2014, 26: 170 – 195.

[131] Hoen K M, Tan T, Fransoo J C, van Houtum G – J. Switching transport modes to meet voluntary carbon emission targets [J]. Transportation Science, 2014, 48 (4): 592 – 608.

[132] Hong Z, Chu C, Yu Y. Optimization of production planning for green manufacturing [R]. Paper presented at the Proceedings of 2012 9th IEEE International Conference on Networking, Sensing and Control, 2012.

[133] Hua G, Cheng T, Wang S. Managing carbon footprints in inventory management [J]. International Journal of Production Economics, 2011, 132 (2): 178 – 185.

[134] Huang Y, Street – Perrott F A, Metcalfe S E, et al. Climate change as the dominant control on glacial-interglacial variations in C3 and C4 plant abundance [J]. Science, 2001, 293 (5535): 1647 – 1651.

[135] Hugo A, Pistikopoulos E N. Environmentally conscious long-range planning and design of supply chain networks [J]. Journal of Cleaner Production, 2005, 13 (15): 1471 – 1491.

[136] Jaber M Y, Glock C H, El SaadanyA M. Supply chain coordination with emissions reduction incentives [J]. International Journal of Production Research, 2013, 51 (1): 69 – 82.

[137] Jian M, He H, Ma C, et al. Reducing greenhouse gas emissions: A duopoly market pricing competition and cooperation under the carbon emissions cap [J]. Environmental Science and Pollution Research, 2019, 26: 16847 – 16854.

[138] Jin M, Granda – Marulanda N A, Down I. The impact of carbon policies on supply chain design and logistics of a major retailer [J]. Journal of Cleaner Production, 2014, 85: 453 – 461.

[139] Johnson B, Miller G H, Fogel M L, et al. 65000 years of vegetation change in central Australia and the Australian summer monsoon [J]. Science, 1999, 284 (5417): 1150 – 1152.

[140] Johnson E, Heinen R. Carbon trading: Time for industry involvement [J]. Environment International, 2004, 30 (2): 279 – 288.

［141］ Jolly D, Haxeltine A. Effect of low glacial atmospheric CO$_2$ on tropical African montane vegetation ［J］. Science, 1997, 276 （5313）: 786 – 788.

［142］ Keohane N O. Cap and Trade, Rehabilitated: Using Tradable Permits to Control U. S. Greenhouse Gases ［J］. Review of Environmental Economics and Policy, 2009, 3 （1）: 42 – 62.

［143］ Kim N S, Janic M, Van Wee B. Trade-off between carbon dioxide emissions and logistics costs based onmultiobjective optimization ［J］. Transportation Research Record, 2009, 2139 （1）: 107 – 116.

［144］ Klingelhöfer H E. Investments in EOP – technologies and emissions trading – Results from a linear programming approach and sensitivity analysis ［J］. European Journal of Operational Research, 2009, 196 （1）: 370 – 383.

［145］ Kou G, Yüksel S, Dinçer H. Inventive problem-solving map of innovative carbon emission strategies for solar energy-based transportation investment projects ［J］. Applied Energy, 2022, 311: 118680. doi: https: // doi. org/10. 1016/j. apenergy. 2022. 118680.

［146］ Krass D, Nedorezov T, Ovchinnikov A. Environmental taxes and the choice of green technology ［J］. Production and Operations Management, 2013, 22 （5）: 1035 – 1055.

［147］ Kremen C, Niles J O, Dalton M, et al. Economic incentives for rain forest conservation across scales ［J］. Science, 2000, 288 （5472）: 1828 – 1832.

［148］ Kuik O, Mulder M. Emissions trading and competitiveness: Pros and cons of relative and absolute schemes ［J］. Energy Policy, 2004, 32 （6）: 737 – 745.

［149］ Lee K H. Integrating carbon footprint into supply chain management: The case of Hyundai Motor Company （HMC） in the automobile industry ［J］. Journal of Cleaner Production, 2011, 19 （11）: 1216 – 1223.

［150］ Lee Y B, Lee C K. A study on international emissions trading ［J］. Journal of American Academy of Business, 2011, 16 （2）: 173 – 181.

［151］ Letmathe P, Balakrishnan N. Environmental considerations on the optimal product mix [J]. European Journal of Operational Research, 2005, 167 (2): 398 – 412.

[152] Lopomo G, Marx L M, McAdams D, Murray B. Carbon allowance auction design: An assessment of options for the United States [J]. Review of Environmental Economics and Policy, 2011, 5 (1).

[153] Lu L, Chen X. Optimal production policy of complete monopoly firm with Carbon Emissions Trading [R]. Paper presented at the 2012 International Conference on Computer Science and Information Processing (CSIP), 2012.

[154] Lucht W, Prentice I C, Myneni R B, et al. Climatic control of the high-latitude vegetation greening trend and Pinatubo effect [J]. Science, 2002, 296 (5573): 1687 – 1689.

[155] Lund P. Impacts of EU carbon emission trade directive on energy-intensive industries—Indicative micro-economic analyses [J]. Ecological Economics, 2007, 63 (4): 799 – 806.

[156] Lyu Z H, Shang W L. Impacts of intelligent transportation systems on energy conservation and emission reduction of transport systems: A comprehensive review [J]. Green Technologies and Sustainability, 2023, 1 (1). doi: https://doi. org/10. 1016/j. grets. 2022. 100002.

[157] Ma C S, Du Y F, Wu Z R, et al. Under the Carbon Emissions and Cap – and – Trade Enterprises' Pricing Strategy Research when Put into Technology [R]. Paper presented at the LISS 2014: Proceedings of 4th International Conference on Logistics, Informatics and Service Science, 2015.

[158] Ma C S, He H, Luo Z Y, Wu Y. An inter-temporal production strategy under a carbon trading policy [J]. Environmental Engineering & Management Journal, 2017, 16 (10): 2401 – 2412.

[159] Ma C S, He H, Xun L. Inventory Management Strategy of Retail Trade on Revenue Management [R]. ICLEM 2010: Logistics for Sustained Economic Development: Infrastructure, Information, Integration, 2010. https://doi. org/10. 1061/41139 (387) 119.

[160] Ma C S, Hou B, Yuan T T. Low-carbon Manufacturing Decisions Considering Carbon Emission Trading and Green Technology Input [J].

Environmental Engineering & Management Journal (EEMJ), 2020, 19 (9).

[161] Ma C S, Li T, Li C, He H. Pricing strategy and governments intervention for green supply chain with strategic customer behavior [J]. Journal of Systems Science and Information, 2014, 2 (3): 206 – 216.

[162] Ma C S, Yuan T T, Yao Y Z, et al. A Decision – Making System for Low Carbon Manufacturing [J]. Computational Intelligence and Neuroscience, 2022. doi: 10. 1155/2022/5791880.

[163] Ma C S, Yuan T T, Zhong L, Liu W. Production decision-making system for manufacturing enterprises constrained by carbon reduction policies [J]. Complex & Intelligent Systems, 2021, 9 (1): 1 – 19.

[164] Ma J, Hou Y, Yang W, Tian Y. A time-based pricing game in a competitive vehicle market regarding the intervention of carbon emission reduction [J]. Energy Policy, 2020, 142. doi: https://doi. org/10. 1016/j. enpol. 2020. 111440.

[165] Masanet E, Kramer K J, Homan G, et al. Assessment of household carbon footprint reduction potentials, 2009. https://doi. org/10. 2172/971193.

[166] Melillo J, Steudler P, Aber J, et al. Soil warming and carbon-cycle feedbacks to the climate system [J]. Science, 2002, 298 (5601): 2173 – 2176.

[167] Mills E S. Uncertainty and price theory [J]. The Quarterly Journal of Economics, 1959, 73 (1): 116 – 130.

[168] Montgomery W D. Markets in licenses and efficient pollution control programs [J]. Journal of Economic Theory, 1972, 5 (3): 395 – 418.

[169] Murray B C, Newell R G, Pizer W A. Balancing cost and emissions certainty: An allowance reserve for cap-and-trade [J]. Review of Environmental Economics and Policy, 2009, 3 (1): 84 – 103.

[170] Nong D, Simshauser P, Nguyen D B. Greenhouse gas emissions vs CO_2 emissions: Comparative analysis of a global carbon tax [J]. Applied Energy, 2021, 298. https://doi. org/10. 1016/j. apenergy. 2021. 117223.

[171] Oberthür S, Ott H E. The Kyoto Protocol: International climate policy for the 21st century [M]. Heidelberg: Springer Berlin, 1999.

[172] Paksoy T. Optimizing a supply chain network with emission trading factor [J]. Scientific Research and Essays, 2010, 5 (17): 2535 – 2546.

[173] Parry I W H. Are emissions permits regressive? [J]. Journal of Environmental Economics and Management, 2004, 47 (2): 364 – 387. doi: https://doi.org/10.1016/j.jeem.2003.07.001.

[174] Parry I W H. Fiscal interactions and the case for carbon taxes over grandfathered carbon permits [J]. Oxford Review of Economic Policy, 2003, 19 (3): 385 – 399.

[175] Penkuhn T, Spengler T, Püchert H, Rentz O. Environmental integrated production planning for the ammonia synthesis [J]. European Journal of Operational Research, 1997, 97 (2): 327 – 336.

[176] Perroni C, Rutherford T F. International trade in carbon emission rights and basic materials: General equilibrium calculations for 2020 [J]. The Scandinavian Journal of Economics, 1993, 95 (3): 257 – 278.

[177] Piao S, Wang X, Wang K, et al. Interannual variation of terrestrial carbon cycle: Issues and perspectives [J]. Global Change Biology, 2020, 26 (1): 300 – 318.

[178] Pizer W, Burtraw D, Harrington W, et al. Modeling economy-wide vs sectoral climate policies using combined aggregate-sectoral models [J]. The Energy Journal, 2006, 27 (3): 135 – 168.

[179] Plambeck E L. Reducing greenhouse gas emissions through operations and supply chain management [J]. Energy Economics, 2012, 34: S64 – S74.

[180] Ramudhin A, Chaabane A, Kharoune M, Paquet M. Carbon market sensitive green supply chain network design [R]. Paper presented at the 2008 IEEE International Conference on Industrial Engineering and Engineering Management, 2008.

[181] Ramudhin A, Chaabane A, Paquet M. Carbon market sensitive sustainable supply chain network design [J]. International Journal of Management Science and Engineering Management, 2010, 5 (1): 30 – 38.

[182] Rehdanz K, Tol R S. Unilateral regulation of bilateral trade in

greenhouse gas emission permits [J]. Ecological Economics, 2005, 54 (4): 397 – 416.

[183] Reich – Weiser C, Dornfeld D. A discussion of greenhouse gas emission tradeoffs and water scarcity within the supply chain [J]. Journal of Manufacturing Systems, 2009, 28 (1): 23 – 27.

[184] Rong A, Lahdelma R. CO_2 emissions trading planning in combined heat and power production via multi-period stochastic optimization [J]. European Journal of Operational Research, 2007, 176 (3): 1874 – 1895.

[185] Rose A, Stevens B. The efficiency and equity of marketable permits for CO_2 emissions [J]. Resource and energy economics, 1993, 15 (1): 117 – 146.

[186] Rosič H, Bauer G, Jammernegg W. A framework for economic and environmental sustainability and resilience of supply chains [R]. Paper presented at the Rapid Modelling for Increasing Competitiveness: Tools and Mindset, 2009.

[187] Rosič H, Jammernegg W. The economic and environmental performance of dual sourcing: A newsvendor approach [J]. International Journal of Production Economics, 2013, 143 (1): 109 – 119.

[188] Sadegheih A. Optimal design methodologies under the carbon emission trading program using MIP, GA, SA, and TS [J]. Renewable and Sustainable Energy Reviews, 2011, 15 (1): 504 – 513.

[189] Sarkar B, Sarkar M, Ganguly B, Cárdenas – Barrón L E. Combined effects of carbon emission and production quality improvement for fixed lifetime products in a sustainable supply chain management [J]. International Journal of Production Economics, 2021, 231. https://doi. org/10. 1016/j. ijpe. 2020. 107867.

[190] Schimel D, Melillo J, Tian H, et al. Contribution of increasing CO_2 and climate to carbon storage by ecosystems in the United States [J]. Science, 2000, 287 (5460): 2004 – 2006.

[191] Schimel D, Pavlick R, Fisher J B, et al. Observing terrestrial ecosystems and the carbon cycle from space [J]. Global Change Biology, 2015, 21 (5): 1762 – 1776.

［192］Schultz K, Williamson P. Gaining competitive advantage in a carbon-constrained world: Strategies for European business ［J］. European Management Journal, 2005, 23 (4): 383 – 391.

［193］Schulze E D, Wirth C, Heimann M. Managing forests after Kyoto ［J］. Science, 2000, 289 (5487): 2058 – 2059.

［194］Shammin M R, Bullard C W. Impact of cap-and-trade policies for reducing greenhouse gas emissions on US households ［J］. Ecological Economics, 2009, 68 (8 – 9): 2432 – 2438.

［195］Shaw M R, Zavaleta E S, Chiariello N R, et al. Grassland responses to global environmental changes suppressed by elevated CO_2 ［J］. Science, 2002, 298 (5600): 1987 – 1990.

［196］Shu T, Liu Q, Chen S, Wang S, Lai K K. Pricing Decisions of CSR Closed – Loop Supply Chains with Carbon Emission Constraints ［J］. Sustainability, 2018, 10 (12): 4430.

［197］Silver E A, Peterson R. Decision Systems for Inventory Management and Production Planning ［M］. New York: John Wiley & Sons, 1979.

［198］Smale R, Hartley M, Hepburn C, et al. The impact of CO_2 emissions trading on firm profits and market prices ［J］. Climate Policy, 2006, 6 (1): 31 – 48. doi: 10. 1080/14693062. 2006. 9685587.

［199］Song J, Leng M. Analysis of the single-period problem under carbon emissions policies ［M］//Choi T M. Handbook of Newsvendor Problems: Models, Extensions and Applications. Berlin: Springer, 2012: 297 – 313.

［200］Stern N H. The Economics of Climate Change: The Stern Review ［M］. Cambridge: Cambridge University Press, 2007.

［201］Stranlund J K. The regulatory choice of noncompliance in emissions trading programs ［J］. Environmental and Resource Economics, 2007, 38: 99 – 117.

［202］Street – Perrott F A, Huang Y, Perrott R A, et al. Impact of lower atmospheric carbon dioxide on tropical mountain ecosystems ［J］. Science, 1997, 278 (5342): 1422 – 1426.

［203］Subramanian R, Gupta S, Talbot B. Compliance strategies un-

168

der permits for emissions [J]. Production and Operations Management, 2007, 16 (6): 763 – 779.

[204] Subramanian R, Talbot B, Gupta S. An approach to integrating environmental considerations within managerial decision-making [J]. Journal of Industrial Ecology, 2010, 14 (3): 378 – 398.

[205] Sun H, Yang J. Optimal decisions for competitive manufacturers under carbon tax and cap-and-trade policies [J]. Computers & Industrial Engineering, 2021, 156: 107244.

[206] Sundarakani B, De Souza R, Goh M, et al. Modeling carbon footprints across the supply chain [J]. International Journal of Production Economics, 2010, 128 (1): 43 – 50.

[207] Szabó L, Hidalgo I, Ciscar J C, Soria A. CO_2 emission trading within the European Union and Annex B countries: The cement industry case [J]. Energy Policy, 2006, 34 (1): 72 – 87.

[208] The Carbon Trust. Carbon footprint in supply chain: The next step for business [R]. London: The Carbon Trust, 2006.

[209] Thowsen G T. A dynamic, nonstationary inventory problem for a price/quantity setting firm [J]. Naval Research Logistics Quarterly, 1975, 22 (3): 461 – 476.

[210] Tietenberg T H. Economic instruments for environmental regulation [J]. Oxford Review of Economic Policy, 1990, 6 (1): 17 – 33.

[211] Toptal A, Özlü H, Konur D. Joint decisions on inventory replenishment and emission reduction investment under different emission regulations [J]. International Journal of Production Research, 2014, 52 (1): 243 – 269.

[212] Tsai W H, Lin W R, Fan Y W, et al. Applying a mathematical programming approach for a green product mix decision [J]. International Journal of Production Research, 2012, 50 (4): 1171 – 1184.

[213] Tseng S C, Hung S W. A strategic decision-making model considering the social costs of carbon dioxide emissions for sustainable supply chain management [J]. Journal of Environmental Management, 2014, 133: 315 – 322.

［214］Usman A, Ozturk I, Ullah S, Hassan A. Does ICT have symmetric or asymmetric effects on CO_2 emissions? Evidence from selected Asian economies ［J］. Technology in Society, 2021, 67. https: //doi. org/10. 1016/j. techsoc. 2021. 101692.

［215］Van den Akker I. Carbon Regulated Supply Chains: Calculating and reducing carbon dioxide emissions for an eye health company ［C］. Eindhoven: Eindhoven University of Technology, 2009.

［216］Wahab M, Mamun S, Ongkunaruk P. EOQ models for a coordinated two-level international supply chain considering imperfect items and environmental impact ［J］. International Journal of Production Economics, 2011, 134 (1): 151 – 158.

［217］Walker B. The terrestrial biosphere and global change: Implications for natural and managed ecosystems (Vol. 4) ［M］. Cambridge: Cambridge University Press, 1999.

［218］Wang Y, Xu X, Zh, Q. Carbon emission reduction decisions of supply chain members under cap-and-trade regulations: A differential game analysis ［J］. Computers & Industrial Engineering, 2021, 162. https: // doi. org/10. 1016/j. cie. 2021. 107711.

［219］Wedin D A, Tilman D. Influence of nitrogen loading and species composition on the carbon balance of grasslands ［J］. Science, 1996, 274 (5293): 1720 – 1723.

［220］Xiao J, Chevallier F, Gomez C, et al. Remote sensing of the terrestrial carbon cycle: A review of advances over 50 years ［J］. Remote Sensing of Environment, 2019, 233: 111383.

［221］Yang Y, Goodarzi S, Jabbarzadeh A, Fahimnia B. In-house production and outsourcing under different emissions reduction regulations: An equilibrium decision model for global supply chains ［J］. Transportation Research Part E: Logistics and Transportation Review, 2022, 157. https: // doi. org/10. 1016/j. tre. 2021. 102446.

［222］Yu Y, Zhou S, Shi Y. Information sharing or not across the supply chain: The role of carbon emission reduction ［J］. Transportation Research Part E: Logistics and Transportation Review, 2020, 137. https: //

doi. org/10. 1016/j. tre. 2020. 101915.

[223] Zeng N, Neelin J D, Lau K M, Tucker C J. Enhancement of interdecadal climate variability in the Sahel by vegetation interaction [J]. Science, 1999, 286 (5444): 1537 – 1540.

[224] Zetterberg L, Wråke M, Sterner T, et al. Short-run allocation of emissions allowances and long-term goals for climate policy [J]. Ambio, 2012, 41: 23 – 32.

[225] Zhang B, Xu L. Multi-item production planning with carbon cap and trade mechanism [J]. International Journal of Production Economics, 2013, 144 (1): 118 – 127.

[226] Zhang J J, Nie T F, Du S F. Optimal emission-dependent production policy with stochastic demand [J]. International Journal of Society Systems Science, 2011, 3 (1 – 2): 21 – 39.

[227] Zhao J, Hobbs B F, Pang J S. Long-run equilibrium modeling of emissions allowance allocation systems in electric power markets [J]. Operations Research, 2010, 58 (3): 529 – 548.

[228] Zhuang Q, McGuire A, Melillo J, et al. Carbon cycling in extratropical terrestrial ecosystems of the Northern Hemisphere during the 20th century: A modeling analysis of the influences of soil thermal dynamics [J]. Tellus B: Chemical and Physical Meteorology, 2011, 55 (3): 751 – 776.